Op weg naar Vrijheid

Deel 1

Op weg naar Vrijheid

Een pelgrimstocht in India, deel 1

Door
Swami Paramatmananda Puri

Mata Amritanandamayi Center, San Ramon
Californië, Verenigde Staten

Op weg naar Vrijheid, Deel 1
Een pelgrimstocht in India

Uitgegeven door:
  Mata Amritanandamayi Center
  P.O. Box 613
  San Ramon, CA 94583
  Verenigde Staten

—————————————— *On the Road to Freedom 1 (Dutch)* ——————————

Eerste uitgave door het MA Center: mei 2016

In Nederland:
  www.amma.nl
  info@amma.nl

In België:
  www.vriendenvanamma.be

In India:
  www.amritapuri.org
  inform@amritapuri.org

Opdracht

Dit boek wordt nederig opgedragen aan
Mata Amritanandamayi,
de Belichaming van de Goddelijke Moeder,
met diepe devotie, respect en eerbiedige begroetingen.

---

gurucaranāmbuja nirbara bhaktah
samsārād acirād bhava muktah |
sendriya mānasa niyamad evam
draksyasi nijahrdayastham devam ||

Wijd je volledig toe aan de lotusvoeten van de guru,
en word spoedig bevrijd van het transmigratieproces.
Aanschouw zo door de discipline van beheersing
                    over de zintuigen en de geest,
de Godheid die in je hart verblijft.

Inhoud

Inleiding

Dit boek is geschreven op aandringen van een paar medezoekers die vonden dat mijn leven en ervaringen met enkele echte Indiase heiligen over de afgelopen achtentwintig jaar interessant en nuttig zouden zijn voor andere aspiranten op het spirituele pad. Toen ik hun verzoek hoorde werd ik meteen herinnerd aan de woorden van een van die heiligen die mij vertelde dat alleen een Gerealiseerde Ziel een boek over spiritualiteit moest schrijven. Als een onwetend persoon (iemand die de Waarheid niet gerealiseerd heeft) dat zou doen, zou hij alleen in de val van het egoïsme lopen en zijn spirituele ondergang tegemoet gaan. Ik zei dit tegen deze vrienden maar zij volhardden in hun verzoek. Uiteindelijk zei ik hun dat alleen als mijn spirituele meester, Mata Amritanandamayi, mij zou zeggen een boek te schrijven, ik het zou doen omdat ik wist dat Haar Genade mij zou beschermen en leiden. Nadat deze vrienden Haar benaderd hadden en met Haar gesproken hadden, zei Zij mij dat ik het boek moest schrijven als dienst aan andere aspiranten.

Hoewel dit boek de vorm van een autobiografie aanneemt, is het enige doel ervan om de grootheid en de methoden van onderwijs van de *mahatma's* (heiligen) van India naar voren te brengen. Als men zich na het lezen hiervan geïnspireerd voelt om hun heilige gezelschap op te zoeken en de wonderbaarlijke vruchten daarvan te plukken, dan heeft het meer dan zijn doel bereikt. De oude wijze Narada zegt in de *Narada Bhakti Sutra's* of *Aforismen over devotie*:

> *"Zeldzaam is het gezelschap van de grote heiligen;*
> *ontoegankelijk, maar onfeilbaar is het,*
> *alleen door de Genade van de Heer te verkrijgen."*

(vers 39-40)

Hoewel het waar is dat er altijd charlatans in de vorm van heiligen geweest zijn en zullen zijn, nu misschien meer dan in het verleden, zal men, als men oprecht en intens is in zijn zoektocht naar de Werkelijkheid, zeker een echte mahatma vinden om hem te leiden en te beschermen op het spirituele pad dat vergeleken is met het scherp van de snede in de moeilijkheid om erop te lopen zonder te vallen. Zolang de mensheid op deze aarde bestaat, zullen er zulke Gerealiseerde Zielen zijn om hen te leiden en hun dorst naar echte spirituele ervaring en mentale rust te lessen. Men moet niet denken dat alleen zij die bekend zijn, groot zijn. In feite zijn vele mahatma's betrekkelijk onbekend voor de buitenwereld. Gezegend zijn inderdaad de heiligen die zelf gelukzalig zijn en anderen ook gelukzalig maken.

Swami Paramatmananda Puri

Hoofdstuk 1

Het begin: van Chicago naar India

"Ik heb gelezen dat veel mensen op het spirituele pad krijgen wat een glimp van Kosmisch Bewustzijn genoemd kan worden. Zou U me alstublieft willen uitleggen hoe zo'n ervaring precies is?" vroeg ik.

Ratnamji, een weinig bekend maar groot mysticus uit India, antwoordde zonder te aarzelen met een enigszins ondeugende glimlach op zijn stralende gezicht: "Wanneer er op een donkere nacht plotseling een bliksemschicht op een heuvel als deze is, wordt de hele omgeving, die een moment geleden volledig onzichtbaar was, een paar seconden lang duidelijk zichtbaar. Maar het volgende moment is alles weer donker."

Zodra hij zijn zin beëindigde, flitste er een bliksemschicht door de hemel. Het hele gebied, kilometers in de omtrek, werd een seconde verlicht en toen was alles weer donker. Hoewel het een bewolkte hemel was, was er tot dan toe geen weerlicht geweest. Ik was erg geraakt dat zijn voorbeeld onmiddellijk en dramatisch door Moeder Natuur zelf gedemonstreerd werd en ik vroeg me af wie dit was dat de Natuur hem diende. Ik vroeg verder niets. Verbijsterd ging ik terug naar mijn kamer en ging liggen om te slapen. Ik vroeg me af of ik die verbazingwekkende man ooit weer zou kunnen ontmoeten.

Ik kon echter niet in de slaap vallen. Ik kon mijn goede geluk nauwelijks geloven dat ik in de aanwezigheid van een echte heilige gekomen was zonder er zelfs naar gezocht te hebben. Droomde ik? Hoe kwam ik in deze heilige plaats aan het ander einde van de wereld? Mijn geest schoot terug naar de gebeurtenissen uit het verleden die er uiteindelijk toe geleid hadden dat ik Amerika verliet en naar India ging. Het was begonnen met de dood van mijn vader, een jaar of zeven terug...

"O, mijn God! Neal, kom snel! Er is iets mis met papa!"
Toen ik de slaapkamer van mijn ouders binnenrende, trof ik mijn vader bewusteloos aan terwijl er een gorgelend geluid uit zijn keel kwam. Rustig maar snel legde ik hem plat op bed en begon zijn hart te masseren, waarbij ik er af en toe krachtig op drukte zoals ik op een tv-programma over mensen met een hartverlamming gezien had. Hij leek helemaal niet te reageren, dus belde ik meteen de huisarts en de politie. Mijn moeder en zus waren hysterisch. Ik leidde hen de kamer uit en wachtte op de politie. Er kwam spoedig hulp, maar mijn vader kon niet meer tot leven gebracht worden. Een hartverlamming op de leeftijd van vierenveertig. Hij was een succesrijke zakenman op weg om miljonair te worden. Hij was nooit ernstig ziek geweest maar werd plotseling door de dood weggerukt.

Er begonnen familieleden te komen die mijn moeder en zus probeerden te troosten, maar zonder resultaat. Toen richtten ze zich tot mij, de jongste in het gezin die toen twaalf was. Ik voelde me heel kalm en onthecht zonder de minste neiging om te huilen en misschien schokte dit mijn verwanten. Ik ging wandelen en dacht na over de betekenis van wat er gebeurd was. Waar was mijn vader heengegaan? Zijn lichaam lag in de slaapkamer en zou spoedig begraven worden. Ik zou hem nooit meer terugzien. Ik ervoer een licht gevoel van leegheid, maar dat was alles. Boven alles voelde ik me niet op mijn plaats. Iedereen huilde, maar ik was gewoon mijzelf. Tijdens de hele begrafenis deed ik mijn uiterste best om te huilen, maar zonder resultaat. Ik voelde me enigszins schuldig dat iedereen huilde behalve ik. Er kwamen eenvoudig geen tranen. Niet dat ik niet van mijn vader hield, maar op de een of andere manier was het element van gehechtheid afwezig.

Spoedig na de dood van mijn vader begonnen de onvermijdelijke verlangens van de jeugd in mijn geest op te komen. Ik werd als het ware wakker voor de wereld om mij heen. Hoewel ik naar school ging, was mijn enige gedachte uitgaan en van de wereld genieten. Mijn moeder hield mij daarin niet tegen omdat ze aarzelde mij in toom te houden aangezien ze dacht dat ik een groot verlies geleden had door de dood van mijn vader. Misschien dacht ze dat opgelegde discipline een extra bron van lijden voor mij zou zijn, of misschien miste zij eenvoudig de strenge aard van een vader. Als ze een manier gevonden had om mij in die ontvankelijke periode van mijn leven in bedwang te houden, dan was mijn latere spirituele leven misschien veel soepeler verlopen. Door mijn egoïsme en arrogantie en haar toegevende natuur kon ik als wild gras groeien.

Vrijheid stond bij mij hoog in het vaandel. Ik wist in die tijd niet dat vrijheid en anarchie tegenpolen zijn, hoewel zij uiterlijk gelijk zijn. Echte vrijheid wordt geboren uit een innerlijke discipline en wordt gekenmerkt door een innerlijke kalmte die niet aangetast wordt door de onvermijdelijke voor- en tegenspoed in het leven. Anarchie daarentegen is naar de pijpen dansen van de grillen en stemmingen van je geest zonder aan de gevolgen te denken. Verre van het genieten van de gelukzaligheid en vrede van vrijheid is de anarchist altijd rusteloos omdat hij een slaaf is van zijn impulsen en heen en weer geslingerd wordt door de afwisselende golven van genot en pijn die het leven vormen. Zonder je geest systematisch discipline bij te brengen kan er van vrijheid geen sprake zijn. In die tijd wist ik het verschil tussen de twee natuurlijk niet en kon het me ook niets schelen.

Toen ik de middelbare school afgemaakt had, vroeg mijn moeder mij wat ik graag wilde als afstudeercadeau. Ik zei haar dat ik erg graag in de zomer naar Europa wilde gaan voordat ik over mijn toekomstige opleiding zou beslissen. Ze stemde daarmee in en spoedig reisde ik alleen in Europa rond. Vol verwachting ging ik van plaats naar plaats en bezocht vele beroemde historische monumenten en kunstwerken zoals de Eiffeltoren, Westminster Abbey en de beeldhouwwerken van Leonardo da Vinci. Op de een of andere manier leken zij allemaal hetzelfde, gewoon baksteen, cement, hout of ijzer op verschillende manieren gerangschikt. Niets riep enige respons in mij op. De verwachte spannende toer bleek een saaie boel te zijn.

Ik dacht dat er misschien iets mis was met mij. Hoe was het mogelijk dat miljoenen toeristen in vervoering raakten van deze bezienswaardigheden terwijl ik onbewogen bleef? Hoewel ik toen pas zeventien was, begon ik mij serieus vragen te stellen over het doel van mijn leven. Ik vond geen bevredigend antwoord. Genot en plezier leken de directe doelen van mijn leven, maar met deze toer had ik reeds mijn eerste desillusie ervaren. Misschien leverde het zoeken van genot in de toekomst meer op, of was genot alleen een projectie van mijn geest? Wat voor zo velen een bron van zoveel geluk was, schonk mij geen vreugde. Ik keerde naar Amerika terug, teleurgesteld en enigszins in verwarring, maar vastbesloten om dat te vinden wat mij gelukkig zou maken.

Na mijn terugkeer uit Europa nodigde mijn oudere broer Earl mij uit om hem op te zoeken in Ann Arbor, Michigan, waar hij voor zijn doctoraal studeerde. Ik reisde met de auto vanaf Chicago en kwam rond het avondeten aan. Ik was verrast toen ik ontdekte dat mijn broer vegetariër geworden was. Hij was in een merkbaar betere conditie, gezonder en kalmer dan de laatste keer dat ik hem gezien had. Ik vroeg hem waarom hij zijn eetgewoonten veranderd had.

"Zes maanden geleden ben ik begonnen met het leren en beoefenen van hatha yoga. Ik heb hier in Ann Arbor een lerares gevonden die verschillende jaren in India heeft doorgebracht waar zij yoga bij een meester gestudeerd heeft. Ze is een erg ongewoon iemand. Ik wil dat je haar ontmoet. Ze heeft me uitgelegd dat voedsel een tweeledige aard heeft: subtiel en grof. Het grove deel vormt het lichaam en de subtiele essentie beïnvloedt de aard van de geest. De subtiele componenten van vegetarisch voedsel zijn beter voor de gezondheid en geven geleidelijk een zachtaardigere neiging aan de geest wat het op zijn beurt makkelijker maakt om te mediteren. Door meditatie kan men de gelukzaligheid van Zelfrealisatie ervaren, een gelukzaligheid vergeleken waarmee wereldse genoegens smakeloos zijn. Door directe intuïtieve ervaring weten dat je niet het fysieke lichaam of de rusteloze geest bent, maar eerder een onvergankelijke massa van Zuiver Bestaan en Gelukzaligheid is Zelfrealisatie of de kennis van je eigen Ware Aard. Er zijn er velen geweest die die toestand bereikt hebben en zij hebben verteld dat het werkelijke doel van het menselijke bestaan in die ervaring ligt. We kunnen haar morgen op gaan zoeken."

India, yoga, meditatie… er flitste een lichtstraaltje door mijn tot dan toe dode hart. Ik was enthousiast en tegelijkertijd bang bij het vooruitzicht om een "yogini" te ontmoeten. Ik verwachtte dat zij iets uit de vierde dimensie zou zijn.

's Morgens bracht mijn broer mij naar het huis van zijn yogalerares. Wat een verrassing! Ze was toch een menselijk wezen! Barbara was een vrouw van middelbare leeftijd, levendig, lief en natuurlijk. Ik voelde me opgelucht. Ik had verwacht een ernstige persoon te zien, die een meter boven de grond leviteerde terwijl ze op haar hoofd stond. We werden meteen vrienden. Ze gaf me een exemplaar van de Bhagavad Gita, een bekende verhandeling over yoga, en vroeg mij het te lezen. Nadat we het middageten bij haar gebruikt hadden en over wat gewone dingen gepraat hadden, gingen we naar Earls huis terug. Een korte ontmoeting maar misschien wel de belangrijkste in mijn leven! Ik besefte toen nauwelijks dat het zaad van spiritualiteit gezaaid was en spoedig zou ontkiemen en uitgroeien tot de uitwaaierende boom van diepe innerlijke rust.

's Avonds begon ik aan de Bhagavad Gita. De Bhagavad Gita is misschien het meest gerespecteerde hindoegeschrift en bevat de essentie van hen allemaal. Het is een deel van een veel groter werk, de Mahabharata, en bevat de filosofie van de wetenschap van Zelfkennis zoals Sri Krishna, een incarnatie van God, die op het slagveld aan Zijn toegewijde Arjuna leerde. Het is wijd en zijd door velen van de meest vermaarde geleerden over de hele wereld uitgeroepen tot het geschrift dat de hoogste wijsheid bevat die de mens kan bereiken. Ik kon de titel niet eens uitspreken maar ik hoopte er het beste van en begon te lezen.

Toen ik het las, liet ieder woord een trilling door mijn hart gaan. Ik voelde me alsof ik Arjuna was en Sri Krishna direct tot mij sprak. Alle vragen die op mijn geest gedrukt hadden werden beantwoord, en zelfs vragen die zich nog niet gevormd hadden werden duidelijk en twijfels werden weggenomen. Voor het lezen van de Bhagavad Gita wist ik nooit wat het woord "wijsheid" betekende. De aard van de geest en het doel van het leven werden in ondubbelzinnige taal bekendgemaakt. Klaarblijkelijk, of zo leek het mij, was het doel van het leven niet om eindeloos tot de dood zintuiglijk plezier te zoeken en te genieten. Integendeel, het doel was om de geest duidelijk te begrijpen, hem te zuiveren en hem te transcenderen om de Werkelijkheid te ervaren waar stille Gelukzaligheid alleen het hoogste gezag voert. Voor het eerst sinds ik een klein jongetje was huilde ik. Die tranen kwamen niet voort uit verdriet of egoïsme maar uit vreugde. Ik sliep die nacht niet. Mijn verlangen om het boek uit te lezen was zo groot. Af en toe kwam mijn broer binnen om te zien wat er aan de hand was. Wat kon ik antwoorden? Ik was die nacht als het ware een andere wereld binnengegaan.

De volgende dag besloot ik om op een vegetarisch dieet over te gaan. Ik was zo naïef om te denken dat dit genoeg was om Zelf-realisatie te bereiken. Ik verwachtte de hoogste staat van *samadhi* of absorptie in de Hoogste Realiteit binnen een paar dagen te bereiken! Ik bracht verscheidene dagen bij mijn broer door en ging toen naar Chicago terug. Ik was blij dat ik wat richting in mijn leven gevonden had.

Ik besloot dat ik niet direct naar de universiteit wilde. Het leek mij dat het uiteindelijke doel van zulk geïnstitutionaliseerd onderwijs was om je in staat te stellen geld te verdienen, wat het op zijn beurt mogelijk maakte om van de zogenaamde genoegens van het leven te genieten. Ik vond dat een heel eenvoudig leven waar niet veel geld voor nodig was, genoeg voor mij zou zijn. Dus was een bescheiden baan voldoende. Waarom zou ik vier of zes jaar van mijn leven aan de universiteit doorbrengen?

Deze beslissing was natuurlijk teleurstellend voor mijn moeder. Ze had verwacht dat ik een normaler leven zou leiden en naar de universiteit zou gaan, maar ze stemde met mijn voorstel in. In de hoop dat ik later van mening zou veranderen liet ze mij mijn eigen gang gaan. Ik verkocht mijn telescoop, muntenverzameling, auto en andere bezittingen die een typische Amerikaanse teenager uit de hogere standen hoorde te hebben, en besloot om naar de Westkust te gaan en een rustige plaats op het platteland te vinden waar ik vegetarisch voedsel kon eten en kon mediteren! Bovendien waren mijn zinnelijke begeerten tot nu toe niet helemaal bevredigd. Hoewel ik de Bhagavad Gita gelezen had, begreep ik nog niet dat de geest nooit rustig zou worden tenzij de zintuigen onder controle gebracht worden. Zonder een rustige geest zijn succesvolle meditatie en de eruit voortvloeiende Realisatie van het Zelf onmogelijk. Net zoals iedere wetenschap moet de weten-schap van yoga gevolgd worden overeenkomstig de regels en de procedures die voorgeschreven zijn om de gewenste resultaten te bereiken. Ik dacht ten onrechte dat Zelfrealisatie, wat de genieting van de Hoogste Gelukzaligheid is, bereikt kon worden door een beetje lukrake inspanning samen met goed geluk, net zoals de genoegens en het plezier van de wereld.

In het gezelschap van een paar vrienden reed ik in de auto van mijn zus naar Berkeley, Californië in de herfst van 1967. Vegetarisch eten was in die dagen niet populair in Amerika. Onderweg dit soort voedsel vinden gaf echt problemen. Hoe lang kun je van boterhammen met kaas en sla eten? Op dat moment dacht ik dat het spirituele leven misschien niets voor mij was, maar de schande om mijn nederlaag zo snel toe te moeten geven weerhield me ervan om het op te geven. Toen we in Berkeley aankwamen nam ik de taak op me om het ideale huis te vinden in de juiste omgeving. Dit was niet zo gemakkelijk als ik gedacht had. Na vele dagen zoeken en vele kilometers rijden in alle richtingen rondom Berkeley kwam er een gevoel van mislukking en berusting over me. Juist op dat moment trok een ideaal huis mijn aandacht zonder dat ik nog verder hoefde te zoeken, en we besloten het te huren. Het was groot genoeg om aan ons allemaal en nog meer mensen onderdak te bieden. Ik schreef mijn broer en zus en zij besloten ook om naar Californië te verhuizen en kwamen spoedig bij mij wonen.

Een van de belangrijkste interesses in mijn leven werd het bereiken van Zelfrealisatie maar, om helemaal eerlijk te zijn, nog sterker dan dat was het verlangen om met een vrouw samen te leven. Dit is een heel normaal verlangen voor iedere Amerikaanse teenager, maar thuis bij mijn moeder leven had dat moeilijk gemaakt, zo niet onmogelijk. Dit was ongetwijfeld een van mijn redenen om Chicago te verlaten en naar Californië te gaan, wat in die tijd het toevluchtsoord voor mensen als ik was. Nadat ik me in het nieuwe huis thuis was gaan voelen, richtten mijn gedachten zich op het bereiken van mijn directe doel. Omdat ik van nature wat gereserveerd ben besloot ik dat, als ik een geschikte partner wilde krijgen, het op dezelfde manier moest gaan als ik het huidige huis gevonden had, namelijk door de Voorzienigheid. Dus deed ik geen moeite om een vriendin te vinden. Het mag vreemd lijken maar de volgende dag verscheen er een meisje aan mijn deur. Ze was op zoek naar mij! Ze had in Chicago over mij gehoord en was naar Californië gekomen op zoek naar mij. Of ze al dan niet de waarheid vertelde, wist ik niet, en ik wilde het ook niet weten omdat mijn wens uit zichzelf vervuld was.

De invloed van deze ervaring op mijn geest was dat ik serieus begon te geloven dat alles wat ik echt nodig had gegeven zou worden. In feite heb ik tot op heden de waarheid hiervan talloze malen ervaren. Wat nodig is verschilt natuurlijk naar plaats en tijd en kan zowel pijnlijk als aangenaam zijn. Maar als men geduldig is en Realisatie van God als doel voor ogen houdt, zal men vinden dat er zich omstandigheden vormen voor je spirituele vooruitgang. Op dat moment had ik een vriendin nodig. Later was het gezelschap van heiligen essentieel. Nog later waren ziekte en lijden nodig. In feite is alles wat er op het huidige moment gebeurt heel goed in de ogen van spirituele aspiranten en wordt op het juiste moment op een zeer mysterieuze manier geschonken door een zeer genadig Wezen.

Nadat Earl gekomen was, gaf hij mij een nieuw boek te lezen. Het was het leven en onderricht van een grote Indiase heilige, Sri Ramana Maharshi. Toen Ramana een jongen van zestien was, werd hij plotseling overvallen door de angst voor de dood. Er was niets mis met zijn gezondheid, noch was er enige reden dat zo'n angst toen op moest komen. Toch voelde hij dat hij zou sterven en dat hij het probleem daar en onmiddellijk op moest lossen. Hij ging liggen en simuleerde de dood. Toen dacht hij bij zichzelf: "Nu is het lichaam dood, maar ik ervaar toch het gevoel van 'ik' dat van binnen schijnt. Daarom ben ik de onsterfelijke Geest en niet het inerte lichaam." Dit kwam niet als een logische conclusie in hem op, maar eerder als een flits van intuïtie en een directe ervaring. Dit was niet enkel een glimp van de Realiteit die weer spoedig daarna door de duisternis van onwetendheid bedekt zou worden. Vanaf dat moment bleef het bewustzijn van zichzelf als zuivere Geest voorbij de dood intact tot het overlijden van zijn lichaam ongeveer drie en vijftig jaar later in 1950. Vlak voor zijn dood verzekerde Ramana zijn toegewijden dat hij bij hen zou blijven en hen zou leiden ondanks de dood van het fysieke lichaam. Hij had Realisatie bereikt door een spontane daad van het innerlijk onderzoeken "Wie ben ik?" waarbij hij het lichaam en de geest als zijn echte Wezen uitsloot en duidelijk ervoer dat hij Zuiver Bewustzijn was dat alles transcendeerde. Daardoor werd hij vrij van alle verlangens en angst, zelfs de angst voor de dood en bleef hij in volmaakte vrede gevestigd. Ramana leefde bij een heilige berg, Arunachala, in het zuidelijke deel van India. Hij straalde licht en vrede uit. Hij werd een levend voorbeeld van het ideale gedrag van een Gerealiseerde wijze in het dagelijks leven. Als het middel om die Staat te bereiken beval hij de voortdurende leiding van en overgave aan een Verlicht Persoon of het onafhankelijk volgen van het pad van Zelfonderzoek aan. Door een van beide benaderingen krijgt men de noodzakelijke kalmte en concentratie om de innerlijke Waarheid te ervaren.

Zijn onderricht en leven trokken me erg aan en ik besloot om beide methoden te beoefenen. Zelfonderzoek nam de vorm aan van rustig zitten en "ik, ik, ik…" in mijzelf te herhalen terwijl ik mijn aandacht op de betekenis van het woord probeerde te richten, op datgene in mij wat schijnt als "ik." In mijn dagelijkse leven probeerde ik overgave aan Ramana die ik als mijn meester beschouwde, te beoefenen door de omstandigheden waarin ik mij bevond te accepteren zonder positief te reageren op het aangename of negatief op het pijnlijke. Mijn broer leerde mij wat hatha yoga houdingen om mijn gezondheid te verbeteren en mijn zenuwstelsel te zuiveren. Dit alles hielp om wat discipline in mijn overigens ongebonden leven te brengen. In die tijd dacht ik dat ik zou trouwen en een leven zou leiden dat een mengsel was van een spiritueel en een werelds leven of een vergeestelijkt werelds leven. Maar het zou anders aflopen.

Op een dag kwam er een brief voor Earl van Barbara, zijn yogalerares in Michigan. Daarin stond: "Ik ben heel blij om te horen dat Neal de houdingen die jij hem geleerd hebt beoefent. Hij is nog erg jong. Waarom wordt hij geen monnik en wijdt hij zich niet volledig aan het bereiken van het Zelf?" Hij liet mij de brief zien. Nadat ik hem gelezen had voelde ik me als iemand die plotseling een bitter kruid krijgt onder het eten van zoete pudding. Ik was heel gelukkig met mijn vriendin en het beoefenen van meditatie en ik was niet van plan om een van de twee op te geven. Ik zette de zaak van mij af en pakte mijn gewone routine op.

Een paar dagen later werd onder het mediteren mijn concentratie ineens intens en mijn verstrooide geest loste zich in één enkel punt op. De geest doofde als een klein lichtje uit en op dat moment bleef er alleen Oneindig Licht, Volmaakte Gelukzaligheid en Allesdoordringende Eenheid over. Ieder spoor van individualiteit en objectiviteit was verdwenen. De ervaring was onbeschrijfelijk. Toen kwam mijn geest als een neergaande lift terug in het bestaan en werd het lichaam en de wereld gewaar, maar ging het volgende moment opnieuw op in dat Licht. Dit herhaalde zich drie of vier keer waarna ik als een kleine baby zat te huilen en snikken bij de gedachte aan die geweldige Vrede en Grootsheid. De onthulling dat ik nog een keer voor altijd in dat Hoogste Licht op zou gaan na het ondergaan van veel pijnlijke lessen in het leven, verscheen van binnenuit als een zekerheid.

Ik voelde dat Ramana op een onverklaarbare manier verantwoordelijk was voor deze verheven ervaring want had ik mijn leven mentaal niet aan hem overgegeven? Hij had zijn toegewijden verzekerd dat hij zelfs na de dood van zijn lichaam bij hen zou zijn en dus moest hij zeker ook bij mij zijn. Ik verkeerde echter in de grote illusie dat het hebben van zo'n prachtige ervaring na slechts een paar dagen mediteren betekende dat als ik door zou gaan met mediteren, ik dezelfde ervaring steeds weer zou krijgen totdat die binnen hoogstens een paar weken blijvend zou worden. Onnodig te zeggen dat dit niet het geval was, hoewel de herinnering aan en de smaak van die Gelukzaligheid daarna steeds gebleven zijn. Op de een of andere manier werd een glimp van het Doel verleend en nu was het aan mij om het steile pad dat daarheen leidde te bewandelen.

Vanaf die tijd begon er een geleidelijke verandering in mijn geest plaats te vinden. Ik voelde een zeer subtiele, lichte extase na de yogaoefeningen. Het was niet zozeer fysieke versterking maar eerder een gevoel van zalige onthechting van het lichaam en de wereld. Ik ontdekte ook dat seksuele intimiteit die gelukzaligheid bijna helemaal liet verdwijnen totdat ik de yogaoefeningen opnieuw deed. Hoewel de zinnelijke seksuele genoegens erg aantrekkelijk waren, leken zij echt grof vergeleken met de subtiele spirituele gelukzaligheid. Ik kon seks echter niet simpelweg opgeven maar ik wilde ook mijn pas ontdekte schat van spirituele ervaring niet steeds verliezen. Ik besloot daarom om het gezelschap van mijn vriendin zo veel mogelijk te vermijden en dus nam ik na de yoga 's morgens de auto en ging de heuvels in achter Berkeley. Ik las spirituele boeken, mediteerde en keek tot zonsondergang naar de heuvels en dalen. De gedachte dat ik na zonsondergang naar mijn vriendin terug moest keren maakte me neerslachtig en met grote tegenzin keerde ik terug naar huis. Deze routine ging zo een paar dagen door maar leek het probleem niet op te lossen.

Mijn vriendin begon te vermoeden dat ik overdag een andere vrouw ontmoette wat haar vastberaden maakte om mij 's nachts nog meer te bezitten.

Deze situatie deed mij inzien dat de relatie tussen een man en een vrouw op de eerste plaats op zelfbelang gebaseerd is. Als ze, zoals zij beweerde, werkelijk van me hield, zou ze dan niet proberen om me gelukkig te maken in plaats van ellendig? Ik had mijn spirituele ervaringen aan haar uitgelegd en mijn redenen om overdag naar de bergen te gaan en ook het effect van seksuele intimiteit op mijn innerlijke geluk. In feite verborg ik met het vertrouwen van een onschuldig kind niets voor haar, maar zij kon alleen aan haar eigen genoegens denken. Ik vroeg haar op een dag: "Als ik me kaal zou scheren en mijn baard af zou scheren zou je dan nog van me houden? Of als ik niet langer seks met je zou kunnen hebben, zou je dan nog van me houden?" Er kwam een geschokte uitdrukking op haar gezicht, maar ze gaf geen antwoord op mijn vraag. Hierdoor begon ik te begrijpen dat wat wij liefde noemden niets anders was dan het wederzijds bevredigen van egoïstische verlangens, zowel fysiek als mentaal. Voor het grootste deel was het alleen gebaseerd op de fysieke aantrekking die wij voor elkaar voelden en ook een bepaalde mate van geestelijke affiniteit. Deze zogenaamde liefde was erg oppervlakkig en kon door elke onenigheid instorten.

In die tijd wist ik niets van de zichzelf wegcijferende Goddelijke Liefde van grote heiligen voor de lijdende mensheid, maar ik wist wel dat oppervlakkige liefde weinig waarde voor me had. Ik vroeg me af hoe ik me uit de huidige situatie kon redden zonder haar reeds verontruste geest pijn te doen. Bovendien begonnen de woorden van de yogalerares van mijn broer "Word monnik, word monnik" mij te achtervolgen en ik begon te denken dat dat was wat ik moest doen. Maar hoe?

In deze tijd verhuisde Barbara, Earls yogalerares, naar Nepal met haar man die daarheen was overgeplaatst als hoofd van het Vredeskorps. Mijn broer vroeg mij of ik zin had om met hem, zijn vrouw en hun baby mee te gaan naar Nepal omdat hij ernaar verlangde om zowel Barbara als India te zien. Hij zei dat ik onderweg in een zenboeddhistisch klooster kon gaan en zenmonnik kon worden als het bij mij paste. Ik beschouwde dit als een buitenkans om aan mijn hachelijke situatie te ontsnappen en stemde er meteen mee in om met hem mee te gaan. Ik maakte een tijdelijke financiële regeling voor mijn vriendin. Ik beloofde haar te schrijven en indien mogelijk haar zelfs te laten komen. Ik wilde dat onze scheiding voor haar zo pijnloos mogelijk was. Ik dacht zelfs niet aan de absurditeit van wat ik voorstelde, maar zij deed dat wel. "Wat moet ik in een klooster doen zelfs als ik zou komen?" vroeg zij een beetje kwaad over mijn duidelijke onoprechtheid. Nu was het mijn beurt om met mijn mond vol tanden te staan.

Uiteindelijk kwam de dag van vertrek en na een kort vaarwel bij het dok nam ik afscheid van mijn moeder, mijn vriendin en een paar vrienden die gekomen waren om ons uit te wuiven. Toen het schip tenslotte uit het dok wegdreef slaakte ik een diepe zucht van verlichting. Ik gaf alles op wat me vertrouwd was en toch stond ik er om de een of andere reden heel onverschillig tegenover. Ik herinnerde me hetzelfde gevoel van onthechting ten tijde van mijn vaders overlijden. Zoals de boeg van het schip door de wolken brak, ging mijn leven vooruit en ik vroeg me af wat er voor me lag.

Toen het schip de baai van San Francisco uitvoer, klom ik naar het bovenste dek en ging zitten. Hoewel ik toen pas achttien was, voelde ik me alsof ik een lang huwelijksleven achter de rug had en als een man die uit een diepe afgrond omhoog geklommen was. Mijn vertrouwen in Ramana was duidelijk niet misplaatst geweest. Ik vond dat hij mij uit een heel moeilijke situatie gered had. Toen ik daar naar het dek beneden zat te kijken, had ik plotseling het gevoel alsof iets heel zachts op de bovenkant van mijn hoofd drukte en er begon een grote rust in mijn geest te stromen. De bewegingen van de geest bedaarden en toen ik naar beneden keek kon ik mannen en vrouwen met elkaar op het dek zien praten. Het werd mij, bij gebrek aan een beter woord, "geopenbaard" dat de aantrekking tussen de geslachten de krachtigste drang in de natuur was die verantwoordelijk was voor veel van de onophoudelijke activiteit van de mens. Dit lijkt misschien een erg elementaire bewustwording, en ik geef toe dat het dat is, maar op dat moment was het echt een nieuwe openbaring voor me. Op dat moment wist ik dat ik niet hetzelfde pad zou volgen als de gewone man, het pad van genoegens, maar dat ik ernaar zou streven om de oneindige gelukzaligheid van het Zelf te bereiken of bij die poging zou sterven. Hoewel ik niets wist van het orthodoxe kloosterleven en zelfs niet dat celibaat voorgeschreven is als een essentiële discipline om Verlichting te bereiken, voelde ik op de een of andere manier de behoefte aan een kuis leven dat gewijd was aan een verheven doel. Ik had niet gelezen noch was mij verteld dat de seksuele drang beheerst moest worden en gesublimeerd. Ik kwam door mijn eigen ervaring tot die conclusie.

Earl en ik hadden besloten om liever een schip te nemen dan een vliegtuig omdat we erop gebrand waren om punctueel en zonder onderbreking met onze yogaoefeningen door te gaan. We deden de houdingen regelmatig een uur 's morgens en een uur 's avonds. Ook wijdden we wat tijd aan meditatie en het bestuderen van spirituele boeken. We hadden geen haast om Japan te bereiken en de ontspannen snelheid van het reizen per boot paste bij onze levensstijl. Terwijl iedereen nog sliep stond ik om half vijf 's ochtends op, nam een douche en deed yoga en meditatie op het dek. De zuivere lucht, de stilte van de uitgestrekte zee en de grootsheid van het dagelijkse drama van de zonsopkomst kalmeerden mijn geest. Maar de rusteloosheid om spirituele Realisatie te ervaren veroorzaakte een onophoudelijk brandend gevoel in mijn hart.

Op de een of andere manier was er een kinderlijk vertrouwen in een grote *mahatma* in mijn hart opgekomen. Ik had in mijn leven nooit aan God gedacht behalve bij een of twee gelegenheden toen ik als kind geen andere manier kon vinden om iets te krijgen wat ik dolgraag wilde hebben, en ik dus als experiment tot Hem bad. Groot was mijn verwondering toen mijn liefste wens in vervulling ging! Mijn ouders waren allebei agnostisch en stuurden me naar de zondagsschool waarschijnlijk om de simpele reden dat de andere kinderen uit de omgeving gingen en niet uit geloof of vrees voor God. God leek alleen een woord te zijn dat in verbinding met andere woorden gebruikt werd zoals "God verhoede het," "God mag het weten" en "God verdomme!"

Zelfs nu dacht ik nooit aan God, het Universele Wezen, als degene die mijn nieuwe leven leidde, maar eerder aan Ramana die beloofd had om zijn toegewijden, waar ik nu ook bij hoorde, te leiden. Ik beredeneerde nooit hoe dat mogelijk kon zijn. Hoe kon de ene man de omstandigheden van het leven van de ander sturen? En in het bijzonder een man die 20.000 kilometer ver weg gewoond had en achttien jaar geleden gestorven was. Wel, Ramana had het Zelf gerealiseerd en als zodanig was en is hij niet verschillend van het Hoogste Wezen dat geen geboorte en dood kent. Ik nam dit als absolute waarheid aan en ervoer het vanaf die tijd ieder moment.

Mijn persoonlijkheid onderging heel snel een diepgaande verandering. Als ik met anderen op de boot praatte, luisterde ik naar hun problemen met een nieuw gevoel van sympathie. Ik begon te zien dat iedereen, hoe gelukkig hij ook was, toch op zoek was naar meer en hoger geluk. Bevrediging van het ene verlangen maakte plaats voor een ander. De mensen leken niet te weten of zich erom te bekommeren dat er iets bestond voorbij werelds geluk. Hun enige interesse leek geld, seks, roem en gezondheid te zijn. Bij het najagen van deze dingen kregen zij slechts "een stuiver plezier voor een pond zweet." Voor men het in de gaten had, namen de ouderdom en de dood je weg.

Ik kreeg een zwaarmoedig hart toen ik dacht: "Is dit alles wat er in het leven van de gemiddelde mens is? Geboorte, het zoeken naar genot en dan de dood?" Ik had een glimp van het geluk ervaren dat voorbij het gebied van de zintuigen en de geest lag. Ik volgde het spirituele pad maar hoe zat het met de anderen? Omdat ik geen bevredigend antwoord op mijn twijfels kon vinden, begon ik het leven en de problemen van de mens van een welwillend standpunt te bekijken door niets van iemand te verlangen maar te geven wat ik kon geven. Het leek mij dat egoïsme iemand blind maakt voor alles behalve zijn eigen kleine beperkte wereldje, zoals de spreekwoordelijke kikker in de put.

Toen ik op een dag in de bibliotheek van het schip aan het snuffelen was, kwam ik een boek tegen dat geschreven was door Swami Shivananda uit Rishikesh, een dorp aan de voet van de Himalaya's. Klaarblijkelijk had zijn leerling, Swami Chidananda, een andere keer ditzelfde schip genomen en dit boek aan de bibliotheek gedoneerd. Het stipte alle aspecten van het spirituele leven aan. Toen ik het las stootte ik op de bewering dat, wie men ook mag zijn, het gezelschap van een levende meester essentieel is om Zelfrealisatie te bereiken. Ik begon te peinzen wat ik moest doen. Was Ramana niet genoeg? 's Nachts, nadat iedereen naar bed was gegaan, ging ik met een pijnlijk hart naar het dek van het schip. Voor de eerste keer in mijn leven huilde ik uit het diepst van mijn hart en riep in de donkere nacht uit: "O Ramana! Wat moet ik doen? Hoe is het mogelijk om zonder meester het doel te bereiken? Wie zal mij de weg tonen en mij leren hoe ik een spiritueel leven moet leiden? Is het mogelijk dat er een ander bestaat die even groot als U is? Ik zal niemand accepteren die minder is dan U. Wilt U mij de weg niet tonen?" Ik huilde en huilde als een klein kind. Ik had nooit zo'n verdriet ervaren of geweten wat voor gelukzaligheid er kan zijn om tranen met tuiten te huilen voor de Heer, voor de guru. De komende maanden ervoer ik dat mijn gebed inderdaad verhoord was.

De boot stopte in Hawaï en we gingen een dag bezienswaardigheden bezoeken. We reden in een gehuurde auto het eiland rond en kwamen bij een prachtig strand met turkoois water, een blauwe hemel en scherp ingesneden rotsen die uit de zee oprezen. Het landschap was inderdaad betoverend, maar mijn gedachten waren ergens anders. Ik kon van niets genieten, een beetje als een man die verdrietig is om zijn geliefde, afwezig en niet in staat om van ganser harte aan iets deel te nemen. Earl en zijn vrouw genoten enorm van de plaats en om te vermijden dat zij zich door mij niet op hun gemak voelden, maakte ik ook een vertoning van belangstelling en genieten.

Na nog enkele dagen op zee bereikten we Japan. Na in Yokohama aan land gegaan te zijn besloot Earl dat we de trein naar Kyoto, de stad van de tempels, moesten nemen. Binnen een paar uur kwamen we op de plaats aan die voor de komende vier maanden mijn nieuwe huis zou zijn.

Nadat we een comfortabel hotelletje ingetrokken waren, vond Earl dat het eerste wat we moesten doen was naar Gary Snyder zoeken, een bekende Amerikaanse dichter van wie we wisten dat hij in Kyoto woonde. Hij had Ramana Maharshi's ashram in Zuid India bezocht en had wat gedichten geschreven voor het driemaandelijkse tijdschrift van de ashram. Als toegewijden van Ramana dachten wij dat we hem konden benaderen voor advies over een verblijfplaats en bezienswaardigheden. Na drie of vier uur hadden we de hoop om zijn woning te vinden bijna opgegeven, toen een Engelsprekende heer ons de weg wees.

Gary was zeer vriendelijk en gastvrij. Hij nodigde ons uit om binnen te komen en vroeg zijn vrouw om thee voor ons allemaal te zetten. Hij vertelde ons dat hij acht jaar als zenmonnik in een klooster gewoond had en dat hij daarna besloot om te trouwen. Hij trouwde met een Japans meisje en ze hadden onlangs een baby gekregen. Hij was bezig met het vertalen van enkele boeddhistische geschriften in het Engels en ook met het schrijven van gedichten. In feite was hij van plan om terug te gaan naar Amerika om een spirituele gemeenschap op te zetten en daar te wonen. Hij zou zijn huis graag aan ons verhuurd hebben na zijn vertrek naar Amerika, maar hij had het al aan iemand anders beloofd. Hij verzekerde ons dat hij voor ons de volgende dag een geschikte plaats zou vinden en ons in ons hotel zou ontmoeten.

Gary richtte zich toen tot mij en vroeg mij naar mijn plannen. Ik vertelde hem dat ik graag monnik wilde worden, misschien een zenmonnik, maar dat wist ik niet zeker. Ik vroeg hem of er een plaats was waar ik een voorproefje van dit soort leven kon krijgen. Hij scheen erg blij te zijn met mijn aspiratie en zei me dat hij me zo'n plaats zou tonen nadat we gesetteld waren. Ik voelde me erg vredig en op mijn gemak in zijn aanwezigheid en dacht dat hij zeker een goed niveau van spiritualiteit bereikt moest hebben door zijn zentraining. Ik hoopte dat hij mij wat leiding zou geven op het spirituele pad en ik werd daarin niet teleurgesteld. Toen wij weggingen bracht hij ons naar de deur. In alle oosterse landen doet men zijn schoenen uit voordat men een huis binnengaat. We hadden onze schoenen bij de deur neergezet. Gary keek ernaar. Eén paar was netjes neergezet, terwijl de anderen lukraak waren rondgestrooid. Hij wachtte om te zien welke schoenen van wie waren. Toen hij mij het eerste paar aan zag trekken glimlachte hij en zei: "Ik kan iemands geest kennen door zoiets simpels. Iemand die belangstelling voor meditatie heeft moet altijd bedachtzaam zijn en een ordelijk en geconcentreerd leven leiden. Alleen dan kun je concentratie in meditatie krijgen."

Ik was erg blij om zulk praktisch advies te horen en zelfs nu denk ik er nog aan wanneer ik mijn schoenen uitdoe voordat ik ergens binnenga. Deze eigenschap om goed advies ter harte te nemen en het in de praktijk te brengen totdat het resultaat gerealiseerd is, ontstond op dat moment. Hoewel het een klein advies was, waren de implicaties enorm. Niet alleen het neerzetten van schoenen maar iedere handeling moet met concentratie en zorg gedaan worden. Ik besloot mijn uiterste best te doen om zijn advies op te volgen.

De volgende morgen kwam Gary naar ons hotelletje en na het ontbijt gingen we op zoek naar een huis. Ik voelde het geluk van iemand die een lang verloren vriend teruggevonden had. Om een onverklaarbare reden begon ik mij op een spirituele manier met Gary verbonden te voelen. Het was een nieuwe ervaring die zich vele keren in de toekomst met andere mensen zou herhalen.

Gary bracht ons naar een aantal huizen. In Japan benadert een vreemdeling iemand niet direct voor belangrijke zaken. Men moet een bemiddelaar inschakelen. Hoewel het een beetje lastig is, verzekert het beide partijen dat de ander betrouwbaar is. Met andere woorden: voorkomen is beter dan genezen. Dit gezonde gebruik is in de hele oriënt van kracht. Uiteindelijk vond hij een zeer comfortabel huis met twee verdiepingen voor een redelijke huur. We gingen er binnen een paar dagen wonen.

Op een avond nodigde Gary ons uit om met hem naar een zentempel in de buurt te gaan. Hij vertelde mij dat een klein meditatiecentrum dat bij de tempel hoorde, geleid en gesuperviseerd werd door een Japanse zenmeester. Leken mochten er drie of vier avonden per week voor meditatie zitten onder de supervisie van de Roshi of meester en zijn assistent. Hij vroeg of ik wilde proberen daar te mediteren. Enthousiast antwoordde ik ja.

We kwamen daar rond half zes 's middags aan. Het centrum bestond uit een kleine groep gebouwen dat tegen de buitenmuur van de belangrijkste zentempel aanlag. Binnen was er een zeer mooie kleine Japanse tuin, een bibliotheek en een zitkamer, een woning voor de Roshi en een meditatiezaal of zendo. Na even met de Roshi gesproken te hebben leidde Gary Earl en mij de zendo binnen en we gingen alle drie op onze plek zitten op het verhoogde platform. Ik wist niet wat ik moest verwachten, dus keek ik wat de andere twintig mensen deden. Er werd op een gong geslagen en iedereen ging rechtop op zijn kussen zitten. Ik zat in de halve lotushouding en probeerde te mediteren op het "ik" dat in me scheen. Ik kon de assistent van de Roshi langzaam op en neer in de zaal zien lopen met een platte stok in zijn hand en ik vroeg me af waarvoor die gebruikt werd. Mijn vraag werd spoedig beantwoord. Hij kwam naar de man naast mij toe en tikte hem met de stok licht op de schouder. Na elkaar op de oosterse manier met de handen tegen elkaar gegroet te hebben, boog de man naast mij voorover en kreeg twee felle klappen met de stok op zijn rug. Ik sprong op van de schrik!

Omdat ik bang was voor de stok, kon ik me niet meer concentreren. Mijn gedachten waren bij de man met de stok. Na een half uur werden mijn benen stijf en mijn rug begon te buigen. Ik durfde niet te bewegen uit vrees dat ik geslagen zou worden. Ik dacht dat mijn benen eraf zouden vallen of op zijn minst nooit meer tot leven zouden komen. De assistent bleef langzaam de zaal op en neer lopen. Toen stopte hij tot mijn grote ergernis bij mij en tikte mij met de stok op de schouder. Ik zweette hevig en groette hem en boog voorover en MEP! Het was over voordat ik wist wat er gebeurd was. Er was een brandende gewaarwording, maar geen pijn. Ik voelde me daarentegen onmiddellijk daarna versterkt en ging rechtop zitten. Mijn benen bleven echter stijf.

Na veertig minuten werd de gong geluid. De mediterenden stonden van hun kussens op en liepen in een rij de zendo uit. Zij liepen kordaat en stil vijf minuten eromheen en probeerden hun meditatie voort te zetten. Toen gingen ze terug naar de zendo en zetten hun meditatie voort. Deze activiteit werd nog een keer herhaald. Toen reciteerden enkele monniken de Prajñaparamita Sutra in weergalmende tonen en allen bogen ter aarde. Daarna gingen zij naar de zitkamer om een paar minuten bij de Roshi te zijn en wat thee te drinken. Hoewel de Roshi bijna zestig jaar was, straalde hij een kinderlijke onschuld uit. Ik vroeg hem hoe hij zo'n toestand van geluk bereikt had.

"Ik werd monnik toen ik acht was. Ik was overtuigd van de waarheid van het onderricht van de Boeddha en wijdde me helemaal aan de taak om Verlichting te bereiken. Toen de tweede wereldoorlog uitbrak, werden zelfs monniken voor militaire dienst opgeroepen, maar er waren er twee of drie die vrijgesteld werden op grond van hun toewijding aan het kloosterleven. Ik was een van hen. Ik heb zo hard gewerkt om mijn huidige gelukkige toestand te bereiken dat ik gewoonlijk het gevoel had dat mijn botten zouden breken. Als je hetzelfde voor jezelf wil, moet je ook bereid zijn om je botten te breken." Deze woorden lieten een diepe indruk op mij na.

Na thee gedronken te hebben gingen we terug naar huis. Gary ging zijn eigen weg nadat hij ons verteld had dat we vier avonden per week op dezelfde tijd in de zendo konden zitten. Op weg naar huis voelde ik me erg vernederd, niet op een pijnlijke manier, maar verfrist. Onbewust had ik een zeer hoge dunk van mezelf, maar mijn trots en verwaandheid hadden een knauw gekregen door de stok van de assistent. De woorden van de Roshi echoden in mijn oren. Ik besloot dat ik, wat er ook mocht gebeuren, de volgende zitting naar de zendo terug zou gaan en "mijn botten zou breken."

Na twee dagen keerden Earl en ik naar het meditatiecentrum terug. Ik ging direct de zendo binnen en vond een plaats om te zitten. De zomerhitte was drukkend en voor de muggen was het feest. Er was zelfs geen lichte bries in de zendo. Wel, ik was gekomen om mijn botten te breken, nietwaar? De zitting begon met het luiden van de gong. Ik was net begonnen met mediteren toen mijn geest zeer geconcentreerd werd. Gedachten werden minder en het gevoel "ik ben" manifesteerde zich duidelijk als een soort subtiele verlichting of stroom van licht in mij. Ik voelde heel duidelijk dat ik noch het lichaam, noch de geest, maar alleen die stroom van licht was. Ik was opgetogen. Zelfs na het einde van de zitting bleef dit gevoel. Toen Earl en ik na de meditatie de zendo verlieten, liep ik bijna tegen een tegemoetkomende bus op. Ik vond het volkomen onmogelijk om aandacht te schenken aan dingen buiten mij en als gevolg daarvan gaf ik er niet om wat er zou gebeuren. Gelukkig greep Earl mij bij de arm en vroeg wat er aan de hand was. Ik dacht dat hij mij misschien niet geloofde of dat er misschien een spoor van trots in mijn stem zou zijn. Na erover gedacht te hebben antwoordde ik voorzichtig:

"Terwijl ik daar binnen zat te mediteren, voelde ik plotseling alsof ik alleen "ik" ben en niet het lichaam. In feite leek het lichaam een heel vreemd voorwerp te zijn, verschillend van mijzelf. Zelfs nu duurt dat gevoel voort. Ook voelt mijn geest alsof hij schoongewassen is met koel water en hij heeft een kalm en zuiver gevoel. Ik begin pas nu een beetje van de betekenis van Ramana's onderricht te begrijpen."

Earl leek verdiept in zijn eigen gedachten en we bereikten het huis zonder nog iets te zeggen. Ongeveer een halfuur bleef dat gevoel van verlichting. Toen verdween het geleidelijk. Ik was natuurlijk vol verlangen om die toestand terug te krijgen en keek ernaar uit om naar de zendo terug te gaan. Iedere keer dat ik terugging om te mediteren in de zendo, had ik dezelfde ervaring van helderheid en koel, zuiver licht. De hitte, muggen en pijn in mijn benen maakten dat ik me alleen maar intenser aan mijn innerlijke rust vasthield. Na iedere sessie voelde ik dat mijn geest een koele douche genomen had en hoewel de zomerse hitte ondraaglijk was, had ik de indruk dat het weer best aangenaam was. Deze ervaring van innerlijk licht hield een tijdje stand na de meditatie en vervaagde dan zoals tevoren.

Op een dag nodigde Gary ons bij hem thuis uit voor een picknick. Toen we daar aan kwamen troffen we nog acht of tien andere westerlingen aan die kennelijk zijn vrienden waren. We gingen allemaal naar een heuvel bij het huis en zaten in een cirkel met Gary in het midden. Hij begon toen te zingen:

Hare Krishna Hare Krishna Krishna Krishna Hare Hare,
Hare Rama Hare Rama Rama Rama Hare Hare.

Hij zong met heel zijn hart en het leek erop dat hij zou huilen. Ik voelde me erg geraakt en was nieuwsgierig wat hij zong. Nadat hij opgehouden was zaten we allemaal een tijd in stilte. Toen vroeg ik hem naar het lied.

"Een vriend van mij, Richard Alpert (nu bekend als Ramdas), die enige tijd in India doorgebracht heeft, heeft mij dit lied geleerd. Het bestaat uit de verschillende namen van God. In India is de Hoogste Realiteit bekend onder verschillende namen. Hier kunnen we het de naam Boeddha Natuur geven, maar daar noemen de mensen het Krishna, Rama of Hari. Het zingen van de Goddelijke Naam geeft een unieke gelukzaligheid. Men moet proberen om onder het zingen op te gaan in en een te worden met Dat."

Nadat ik dit gehoord had was mijn belangstelling om naar India te gaan opnieuw gewekt. Hoewel ik ongetwijfeld wat spirituele mentale rust kreeg door mijn meditatie in de zendo, zeurde het gevoel dat ik niet in Japan thuishoorde altijd in mijn achterhoofd. De boeddhistische cultuur leek mij vreemd. Ik dacht niet dat ik die ooit als mijn cultuur zou kunnen beschouwen. We hadden vier maanden in Japan doorgebracht en Earl verlangde er ook naar om verder naar India te gaan. We boekten onze tickets voor de eerste boot naar Bangkok en nadat we afscheid genomen hadden van Gary en zijn gezin, gingen we op weg.

We stopten in Manilla, Hong Kong en een paar andere plaatsen voordat we Bangkok bereikten. In Bangkok vonden we een goedkope kamer en we dachten erover om te gaan sightseeën. Terwijl Earl en zijn vrouw weggingen om inlichtingen in te winnen over interessante plaatsen, besloot ik om mijn yogaoefeningen te doen. Ik was er net klaar mee en zat in de lotushouding klaar om te mediteren toen er op de deur geklopt werd. Een vrouwenstem vroeg of ze binnen mocht komen. Toen ik ja zei, ging de deur open en er kwam een aantrekkelijke maar zeer schaars geklede dame binnen. Ik begreep eerst niet wat ze wilde omdat ze Thai sprak en ik dacht dat ze een lid van de hotelstaf was. Door haar gebaren te observeren werd het me uiteindelijk duidelijk dat ze een prostituee moest zijn en op zoek was naar klanten. Ik had nooit eerder een prostituee gezien, of in ieder geval had ik er nooit een herkend. Een moment voelde ik een geringe verleiding. Toen zag ik mezelf in de lotuspositie zitten en kreeg kracht. Ik zei tegen haar: "Ik doe yoga. Kun je dat niet zien?" Zij kon natuurlijk niet begrijpen wat ik zei en ze had waarschijnlijk ook nooit eerder iemand yoga zien doen. Ze bleef mij vragen of ik wilde dat ze bleef en ik bleef zeggen "yoga, yoga," totdat ze uiteindelijk ongeduldig werd en nijdig wegging. Wel, ik had me op de een of andere manier tegen een val beschermd, maar ik voelde me heel beroerd vanwege mijn gebrek aan mentale kracht om eenvoudig te zeggen: "Eruit!"

Bezienswaardigheden in Thailand zien bestond uit het bekijken van de ene boeddhistische tempel na de andere. Dit maakte me alleen maar rustelozer om naar India te gaan, het land waar het boeddhisme ontstaan is. Binnen een paar dagen namen we een vliegtuig en bereikten het gezegende land van de heiligen. Toen we op het vliegveld in Calcutta zaten te wachten op het aansluitende vliegtuig naar Nepal, was ik me er nauwelijks bewust van dat ik op een vliegveld zat. Iedere centimeter land, iedere boom en iedere persoon scheen vol heiligheid te zijn. Ik dacht telkens opnieuw dat dit het heilige land was waar Heer Krishna geboren was en aan Arjuna de Bhagavad Gita onderwezen had, waar Boeddha geboren was en het evangelie van Verlichting verspreid had en waar Ramana Zelfkennis verkregen had. Iedere man met een baard leek voor mij een heilige. Je kunt zeggen dat het lichtgelovig is maar zelfs nu, na achtentwintig jaar in India geleefd te hebben, vind ik nog dat het de heiligste plaats op aarde is. Mijn geluk dat ik in India aangekomen was kon niet uitgedrukt worden, maar we waren nauwelijks aangekomen of we waren al op weg naar Nepal.

Toen we in Kathmandu aankwamen, gingen we naar het huis van Barbara, de yogalerares van mijn broer in Amerika. Ze was al de directe aanleiding van veel belangrijke veranderingen in mijn leven geweest door mij de Bhagavad Gita te lezen te geven en door te suggereren om monnik te worden. Ik vroeg me af wat ik nu van haar zou leren. Zij en haar man hadden van de regering van Nepal een mooi en ruim huis met drie verdiepingen gekregen. Het was heel dicht bij de Indiase ambassade en maar een paar minuten van de rijstvelden vandaan. Op een heldere dag kon je de met sneeuw bedekte Himalaya's in de verte zien. Barbara had de bovenste verdieping van het huis omgebouwd tot een werk-kamer voor het beoefenen en onderwijzen van yoga. Die kamer was fris, met volop licht en overal prachtige uitzichten. Ik kreeg een afzonderlijke kamer.

Barbara was net naar Nepal teruggekeerd van een reis naar India. Ze was naar het zuiden van India gereisd om Ramana Maharshi's ashram te bezoeken. Ze bruiste van vreugde en vertelde me dat ze daar duidelijk Ramana's aanwezigheid kon voelen. Ze zei dat de spirituele rust daar zo tastbaar was, dat hij om te snijden was. Dit was niet de rust van een kerkhof, maar de stralende vrede rondom een gerealiseerde heilige. De heilige heuvel Arunachala leek voor Barbara levend te zijn en ze had vele malen erop en eromheen gelopen waarbij ze een diepe concentratie in haar geest ervoer. Ze vertelde me ook dat er een leerling van Ramana in de ashram was, Ratnamji genaamd, die het echte leven in de ashram was. In feite was zij van mening dat zonder hem de ashram, hoewel het een plaats van rust was, levenloos zou zijn. Ratnamji was in 1942 op de jonge leeftijd van twintig naar Ramana toegekomen en was Ramana's persoonlijke bediende geweest tot Ramana in 1950 zijn lichaam verliet. Ratnamji had toen over heel India gereisd, waarbij hij in nauw contact bleef met enkele van de grootste heiligen in het land en velen van hen diende. Hij had dertig jaar gewijd aan intense spirituele ascese en studie. Hij had een zichtbare gloed om zich heen, uitgebreide kennis van de geschriften en, boven alles, een kracht in zijn woorden die de luisteraar tot sublieme hoogten van begrip en ervaring verhief. Ze zei me dat ik zeker een ontmoeting met hem moest hebben. Dit was natuurlijk meer dan ik kon verdragen. Ik was al ongedurig om naar de ashram te gaan en het horen van deze woorden deed mijn verlangen alleen maar toenemen. Mijn hele geest werd beheerst door het verlangen om mijn biezen te pakken en naar Ramana's heilige aanwezigheid te rennen. Earl wilde wat sightseeing doen en stelde zelfs voor dat we wat tijd in de Himalaya's door zouden brengen. Wat mijzelf betrof: mijn ogen waren altijd op de grond gericht om te proberen mijn meditatie dag en nacht vast te houden. Ik zei hem dat de Himalaya's er altijd zouden zijn, maar wij niet. Spirituele Realisatie moet men meteen bereiken. Hij was overdonderd door mijn bewering. Ik zei hem dat ik er de voorkeur aan gaf om naar India te gaan en zo spoedig mogelijk naar Ramana's ashram te gaan.

Met een mengsel van gekwetste gevoelens en wat boosheid zei Earl me dat ik kon doen waar ik zin in had, dat ik niet met hem mee hoefde te gaan. Tot dan toe was hij mijn gids geweest, steeds bezorgd over mijn geluk en welzijn. Hij had onze reis georganiseerd en alle verantwoordelijkheid op zich genomen om ons leven glad te laten verlopen. Het was begrijpelijk dat hij zich gekwetst voelde door mijn plotselinge vertoning van onafhankelijkheid, maar wat kon ik doen? Ik voelde me als een stukje ijzervijlsel dat door een sterke magneet werd weggetrokken van alles behalve van zichzelf. Ik vertelde hem dit en ging een ticket terug naar India kopen.

De volgende dag was ik op het vliegveld met Earl, Barbara en haar man om mij uit te wuiven na een verblijf van slechts enkele dagen in Nepal. Ik voelde me een beetje onzeker over mijzelf. Ik sloeg mijn eigen weg in op mijn negentiende. Ik was duizenden kilometers verwijderd van mijn eigen land en stond op het punt om hals over kop in een nieuwe cultuur te duiken waarvan ik niets wist. Ik had geen toekomstplannen behalve dat ik Ramana's ashram wilde bereiken en Verwerkelijking van het Zelf wilde verkrijgen. Het was werkelijk uitgesloten om te argumenteren met de innerlijke roep om iedereen en alles te verlaten. Het was zo duidelijk als de zon die hoog aan de hemel staat, maar de onzekerheid over de toekomst maakte me een beetje bang.

Nadat ik uit Nepal vertrokken was en opnieuw in Calcutta aangekomen was, nam ik het eerste vliegtuig naar Madras in Zuid India, het vliegveld dat het dichtst bij mijn bestemming Tiruvannamalai was. Ik schreef me in voor een hotel, zette mijn koffers in mijn kamer en ging wandelen. Ik zag dat de meeste mensen op blote voeten liepen. Schoenen leken in dit klimaat helemaal niet nodig. In plaats van een broek droegen de mannen een doek die om hen heen gewikkeld was vanaf het middel naar beneden en die dhoti genoemd werd. Hij kon gemakkelijk gewassen en gedroogd worden, was goedkoop en paste bij het hete klimaat. Ik besloot mijn westerse kleding op te geven inclusief mijn schoenen. Ik kocht een dhoti en vroeg de hotelmanager om mij te laten zien hoe je die moest dragen. Nadat hij mij dat had laten zien, probeerde ik vele malen om hem rond mijn middel te binden maar zodra ik begon te lopen gleed hij naar beneden. Toen stond ik daar in de hotellobby in mijn ondergoed! Met wat inspanning slaagde ik er uiteindelijk in om hem voor langere tijd te laten zitten.

Vervolgens kwam het wennen aan het Indiase eten. Ik had nooit in mijn leven rode chili's gegeten. Hoewel de naam "koud" betekent, is het dat in feite helemaal niet. Ook eten alle mensen in India met hun handen, niet met een lepel of vork. Ze zeggen dat het gebruik van bestek bij het eten als het gebruik van een tolk in een liefdesaffaire is. De kelner in het restaurant vroeg mij of ik een lepel wilde, maar ik weigerde. Ik keek verlegen hoe de andere mensen aten en probeerde het zelf. Ik moet zeggen dat ik meer voedsel in mijn mond kreeg dan bij het gebruik van eetstokjes, maar dat zegt niet zoveel. De kelner drong er bij mij herhaaldelijk op aan om een lepel te gebruiken, maar ik bleef volhouden. Wat de man naast me in tien minuten opat duurde bij mij een half uur, om nog maar niet te spreken over de rommel op de tafel en op mijn kleren. Halfdood van verlegenheid stond ik uiteindelijk op van het slagveld op de tafel en ging triomfantelijk mijn handen wassen. Ik was blij dat het ergste over was en hoopte dat het de volgende keer makkelijker zou gaan.

De volgende morgen vertelde de hotelmanager mij dat ik na zes uur ieder uur een bus naar Tiruvannamalai kon nemen.

Gelukkig schreef hij de naam van de stad in de plaatselijke taal op een stuk papier op omdat, zei hij, mijn uitspraak zo grappig was dat ik waarschijnlijk in Pakistan uit zou komen. Nadat ik de hotelrekening betaald had, nam ik een fietsriksja naar de bushalte. Ik liet het papier zien en men wees mij de weg naar de bus. Met mijn koffer in de ene hand, de richtingaanwijzingen in de andere en mijn dhoti die telkens opnieuw afgleed, moet ik een uniek schouwspel voor mijn medepassagiers geweest zijn! Uiteindelijk vertrok de bus en ik ging op de oncomfortabele bank zitten. Ik wachtte op een glimp van de heilige berg Arunachala.

Hoofdstuk 2

Het leegmaken van het vat: Tiruvannamalai 1968

Tweehonderd kilometer en vijf uur later was ik aan de voet van de heilige berg. Volgens oude hindoelegenden was deze berg de eerste plaats op het oppervlak van de aarde waar God zich na de schepping manifesteerde als een brandende pilaar van Licht die zich eindeloos in de lucht uitstrekte. Omdat Zijn toegewijden erom baden om een grovere vorm aan te nemen, werd Hij een berg, Arunachala, wat de rode of vurige berg betekent. Rood staat voor Goddelijk Licht. Door de jaren heen hebben talloze spirituele aspiranten Arunachala tot hun woonplaats gemaakt omdat ze het daar bevorderlijk vonden voor spirituele oefeningen. Ze hebben een rijke overvloed aan gedichten achtergelaten waarin de kracht van deze heuvel geprezen wordt omdat die de spirituele onwetendheid kan verdrijven en de Waarheid die in je schijnt, kan onthullen. In recentere tijden voelde Ramana Maharshi zich geweldig aangetrokken tot deze heuvel, zelfs na zijn Realisatie. Hij heeft er meer dan vijftig jaar gewoond. Uit zijn eigen ervaring vertelde hij zijn volgelingen dat de Hoogste Realiteit, hoewel hij allesdoordringend is, zich in bijzondere mate op bepaalde plaatsen op aarde manifesteert. De invloed van deze plaatsen kan door gevorderde aspiranten gevoeld en voor spirituele vooruitgang benut worden. Samen met het zich ophopende effect van de ascese van talloze heiligen die er gewoond hebben, was en is Arunachala een ideale plaats voor het disciplineren van de geest als voorbereiding op het opgaan in de Waarheid. Toen een groep Amerikaanse geologen

41

een paar jaar geleden rotsmonsters van de heuvel nam, vonden zij dat deze heuvel in dezelfde tijd gevormd was als de aardkorst. Ondanks de vele bodemverheffingen en overstromingen die op het aardoppervlak door de eeuwen heen hebben plaatsgevonden, is Arunachala onaangetast gebleven.

Vanaf de bushalte kon ik de stad zien die aan de voet van de heuvel lag. In het centrum van de stad lag het enorme tempel-complex dat tot de opkomst van bioscopen het middelpunt van het religieuze en sociale leven van de mensen geweest was. Veel festivals werden er het hele jaar door gehouden waar je muziek, dans en drama kon vinden. Mensen zetten kraampjes op waar verschillende soorten voedsel en huishoudelijke artikelen verkocht werden inclusief speelgoed voor kinderen. Om de gemiddelde man op te voeden en te onderrichten in moraal en verheven onderwerpen en om hem bewust te maken van de betekenis en het doel van het leven las iedere avond na zonsondergang een geleerde die goed op de hoogte was van de oude geschriften, wat verzen voor en gaf uitleg aan de verzamelde menigte. Geleerden uit andere plaatsen werden ook uitgenodigd om lezingen te geven en er werden discussies georganiseerd. Op deze manier probeerde men vroeger om de geest van de massa, die anders al zijn tijd zou besteden aan wereldse zaken, te verheffen. Ook nu kunnen deze dingen in hindoetempels nog gezien worden, maar de opkomst is sterk verminderd door de rage van modern plezier en amusement. De tempel die aan de Heer als Arunachala gewijd is, is een van de grootste in India. Hij beslaat bijna tien hectare binnen vier reus-achtige muren rondom het complex, met enorme torens aan alle kanten. De grootte ervan wekt een gevoel van eerbiedig ontzag.

Ik stapte in een door paarden getrokken wagen en ging verder naar Sri Ramanashram. Dit was meer dan vijftig jaar lang Ramana's verblijfplaats en lag twee en een halve kilometer buiten de stad in de rustige buitenwijken. Voordat Ramana daar gekomen was, bestonden er zelfs geen buitenwijken. Tussen de stad en de ashram of het kluizenaarsverblijf was alleen onbewoond land. Voorbij de ashram was de begraafplaats voor de doden van de stad. De enige keer dat iemand daarheen ging was voor een begrafenis. Nu lag er geen centimeter onbewoond land tussen de stad en de begraafplaats. De weg naar de ashram was altijd vol ossenwagens, fietsers en dorpelingen die naar en van de stad liepen. Omdat Tiruvannamalai een regenseizoen van slechts een of twee maanden per jaar had, was het een hete en stoffige plaats, maar dit deed niets af aan het gevoel van oude heiligheid. Ik was alleen in Madras geweest, een grote, half verwesterde stad. Nu zag ik het echte India, dorpen die bestonden uit een eenvoudige en oude cultuur.

Toen ik in de ashram aankwam, werd ik begroet door een kantoorbediende. Ik had een telegram gestuurd om ze van mijn komst op de hoogte te stellen. Ik werd onmiddellijk naar een schone en nette kamer binnen de ashram gebracht en alleen gelaten. Ik keek rond. De kamer had een bed, een ingebouwde kast en een ventilator. Dit zou mijn huis zijn. Wat er ook zou komen, ik had besloten om hier te blijven tot ik Realisatie van het Zelf bereikt had. Ik dacht aan het verdriet dat mijn moeder moest ervaren nu ik zo ver weg was. Haar beeld kwam steeds opnieuw voor mijn geest. Ik leerde later dat zelfs als je je los kunt maken van verwanten, vrienden en andere menselijke contacten, je van je meditatie afgeleid kunt worden wanneer deze mensen voortdurend aan je denken. Nadat ik een tijd met zulke afleidingen geworsteld had, deed ik een beroep op Ramana om mijn geest alleen vol van zijn aanwezigheid te laten zijn. De gedachten aan het verleden namen geleidelijk af.

Toen ik me in de kamer zat af te vragen wat ik hierna zou gaan doen, verscheen dezelfde jongen en vroeg of ik de ashram wilde bezichtigen. Enthousiast antwoordde ik "Ja." Het ashramcomplex

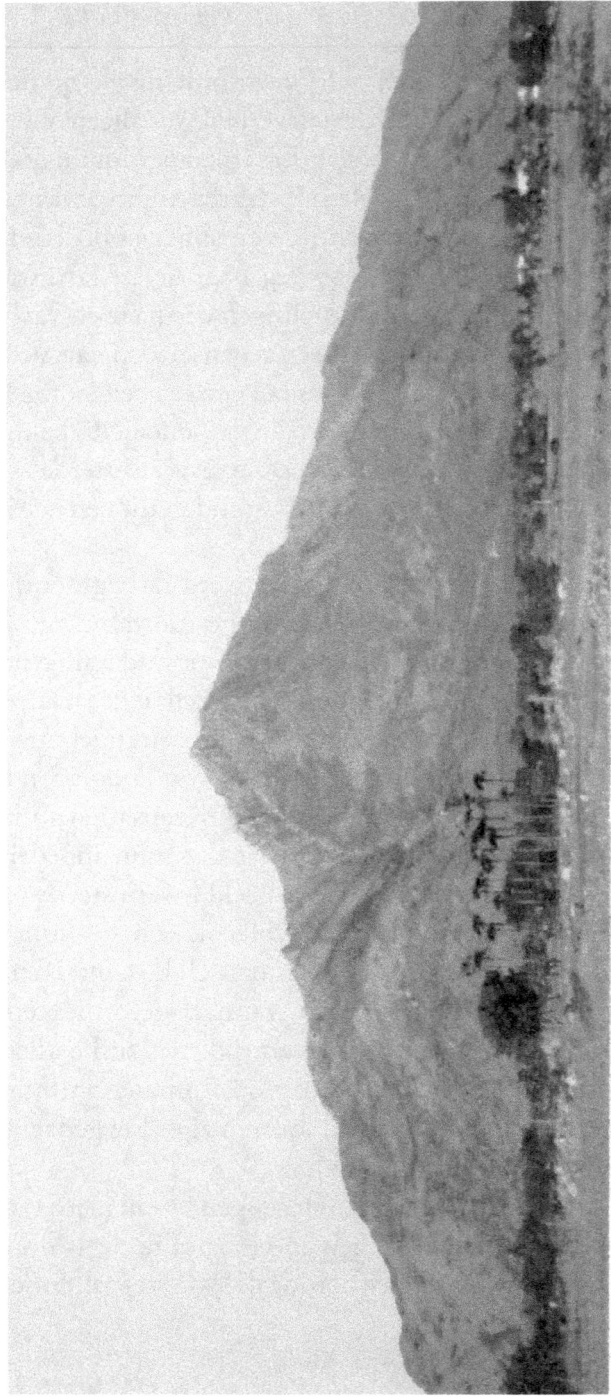

De heilige berg Arunachala

strekte zich over ongeveer twee en een halve hectare uit. De faciliteiten bestonden uit een grote eetzaal en keuken, een kantoor met boekenstalletje, de koeienstal, een school voor het leren van de Veda's of hindoegeschriften, verblijfplaatsen voor mannelijke gasten en een klein ziekenhuis. Vrouwen en gezinnen werden buiten het ashramcomplex ondergebracht in huisjes die voor dat doel gebouwd waren. Op bevel van Ramana moesten vrouwen het ashramterrein na het donker verlaten en in de verblijven net buiten de ashram slapen om problemen te vermijden die konden ontstaan door verleiding van een van beide geslachten. Hoewel Ramana's behandeling van mannen en vrouwen gelijk was, was hij zich volledig bewust van menselijke zwakheden. Zij die naar hem toe kwamen hadden dit duidelijk gedaan om zich toe te wijden aan de taak van het temmen van de geest en de zintuigen en die te overstijgen naar het echte Zelf. Omdat we weten dat seks de sterkste kracht is om de menselijke geest af te leiden, moet er een atmosfeer geschapen worden die zulke mogelijkheden minimaal maakt. De mannen en vrouwen 's nachts gescheiden houden leek de beste manier.

De belangrijkste attractie voor mij was Sri Ramana's graftombe of samadhi zoals die genoemd wordt. De eerste keer dat ik die bekeek, was er een rituele aanbidding aan de gang. De samadhi was aan alle kanten open en alleen omgeven door een ijzeren hek of traliewerk. Boven op de tombe lag een grote witte marmeren lotusbloem waarop een Shivalinga of zwarte ovaalvormige steen van ongeveer 12 centimeter lang rustte. De hindoewijzen hadden door de eeuwen heen gevonden dat de ronde of ovale vorm het beste de vormloze Werkelijkheid representeerde, omdat die zonder begin of einde is. Omdat de vormloze Realiteit door zijn extreme subtiliteit ons begrip te boven gaat, dachten de oude heiligen dat concentratie erg moeilijk zou zijn als men de geest geen afbeelding zou geven. Door zich te concentreren op een vorm die Goddelijkheid voorstelt, zou de geest geleidelijk helderder en verfijnder worden en Goddelijkheid in zichzelf gaan waarnemen. In dat stadium lijken alle vormen in het universum doordrongen van Goddelijkheid omdat de geest door 'Dat' gekleurd is, net zoals iemand die een groene zonnebril draagt, alles groen ziet. Het is een bekend feit dat iemands waarneming van de wereld bepaald wordt door de aard van zijn geest. Wanneer de geest doordrongen wordt van de Goddelijke Aanwezigheid, zal er vanzelf een gelijkmatige visie ontstaan, dat wil zeggen 'Het' wordt overal waargenomen. Dit kan natuurlijk niet bereikt worden tenzij men een onberispelijke concentratie verkrijgt. Het selecteren van één vorm uit de oneindige vormen in het universum en het visualiseren van Goddelijkheid daarin is één methode voor het bereiken van zo'n concentratie, zoals sommige mahatma's erkend en ervaren hebben.

In het hindoeritueel beschouwt men God als zijn geliefde gast en offert devoot talloze dingen aan Hem zoals water, voedsel, bloemen en zang. De laatste offergave is het branden van kamfer voor het beeld. Wanneer kamfer verbrand wordt, laat het geen overblijfsel van as na. Het verdampt eenvoudig volledig. Als men het voor God verbrandt, moet men voelen dat mijn zijn individualiteit aan Hem offert. Als de individualiteit geofferd en geaccepteerd wordt, blijft alleen God als de Essentie van iemands zelf over. Dit is God- of Zelfrealisatie. Toen ik de priester de kamfer voor de samadhi zag verbranden, voelde ik duidelijk dat er een levendige aanwezigheid van uitstraalde die gelijk was aan de stroom van licht die ik tijdens meditatie ervoer behalve dat deze straling van buiten mij stroomde. Ik voelde een diepe vrede en was aangenaam verrast toen ik ontdekte dat dit de plaats was waar Ramana's heilige overblijfselen begraven waren.

Vanaf die dag werd zijn graftombe de daarop volgende twaalf jaar het middelpunt van mijn leven. Daar voelde ik zijn levende aanwezigheid en ontving de antwoorden op veel twijfels, louter door die aanwezigheid. In die tijd hield ik me er nog niet mee bezig of God bestond of niet. Ik wist dat Ramana altijd voor me zou zorgen. Geleidelijk daagde het in me dat de entiteit die ik Ramana noemde, God, Allah, Christus of Krishna genoemd werd door mensen van verschillende religies. De oneindige Werkelijkheid kon ontelbaar veel gedaantes aannemen die bij de tijd en plaats pasten om de toegewijden te zegenen en te leiden.

Die nacht had ik voor het eerst in mijn leven wat ik een visioen zou willen noemen. Ik was net in slaap gevallen. Ik zat op het bed toen Ramana mijn kamer binnenkwam. Hij ging naast mij zitten, tikte me zachtjes op mijn knie en zei: "Ik ben blij dat je gekomen bent." Zijn gezicht straalde met een goddelijke schittering en er straalde een zachte, gelukzalige aanwezigheid van hem uit. Ik voelde me zoals een kind zich bij zijn moeder voelt. Plotseling werd ik wakker zonder een spoor van slaperigheid. Mijn onzekere geest was gerustgesteld dat ik juist gehandeld had door alles achter me te laten en naar hem toe te komen. Dit was de eerste van veel zulke visioenen.

Vanaf de volgende dag volgde ik een dagelijkse routine die vooral uit meditatie bestond, samen met studie en yoga. Ik voelde dat ik acht uur slaap nodig had en dus ging ik om negen uur naar bed en stond om vijf uur 's morgens op. Na het avondeten om half acht was ik altijd slaperig rond negen uur tenzij er iets was dat werkelijk mijn aandacht nodig had. Ik begreep later dat 's avonds zwaar eten slaperigheid veroorzaakt door de druk op het spijsverteringssysteem en dat als men 's avonds sober eet of helemaal niet, vijf tot zes uur slaap meer dan genoeg is.

De meeste tijd bracht ik door in de zaal waar Ramana de laatste vijfentwintig jaar van zijn leven gewoond had temidden van een steeds groeiende kring van toegewijden. De kamer was na zijn overlijden omgebouwd tot een meditatieruimte en men kon daar mensen zien mediteren op ieder uur van de dag van vier uur 's morgens tot tien uur 's avonds. Ik bracht er gewoonlijk ongeveer acht uur per dag door met proberen te mediteren.

Eén maand was er voorbij gegaan sinds ik in de ashram was gaan wonen, toen er een zeer belangrijke gebeurtenis plaatsvond. Toen ik op een dag van mijn kamer naar de meditatieruimte liep met mijn ogen zoals gewoonlijk op de grond gericht, riep iemand die uit de tegenovergestelde richting kwam naar mij: "Hé, broer, heb je goede meditaties? Ik zie je iedere dag zo veel uren in de zaal mediteren." Toen ik opkeek zag ik een gebaarde figuur met zo'n zichtbare gloed om zich heen dat er een schok door mij heen ging. Ik gromde enkel "Hum." Hij was ook op weg ergens heen en stopte niet om met me te praten. Hoewel ik me vaag herinnerde dat ik gelezen had dat heiligen een goddelijke glans om zich heen hebben, had ik persoonlijk zoiets nooit gezien, of toch? Toen Ramana een maand geleden in een droom verschenen was, had ik een gelijke straling op zijn gezicht gezien. Ik vroeg me af wie de vertrouwde vreemdeling kon zijn, maar het zien van zijn straling had mijn geest zo verdoofd dat ik niet helder kon denken. Ik zat verdwaasd in de meditatieruimte.

's Middags vroeg een Amerikaans echtpaar dat de ashram bezocht aan mij of ik die avond een van Ramana's leerlingen wilde horen spreken. Ik stemde ermee in om hen na het avondeten op de heuvel achter de ashram te ontmoeten. Toen ik om ongeveer acht uur op de plaats aankwam, was ik overdonderd. De leerling was niemand anders dan de gebaarde figuur met wie ik die morgen gesproken had. Hij begroette mij met een grote glimlach en vroeg mij om naast hem te zitten. Hij sprak over enkele filosofische onderwerpen. Ik vroeg hem over de aard van een glimp van Kosmisch Bewustzijn en kreeg een dramatisch antwoord in de vorm van een stralende bliksemschicht die het landschap een paar seconden verlichtte. Toen ik naar mijn kamer terugkeerde bracht ik een slapeloze nacht door in afwachting van de volgende ontmoeting met hem.

De volgende dag was ik weer met mijn vrienden op de heuvel en wachtte op Ratnamji zoals zij hem noemden. Waar had ik die naam gehoord? Nadat ik er lang over nagedacht had, realiseerde ik me dat dit de Ratnamji moest zijn over wie Barbara me verteld had toen ik bij haar in Nepal verbleef. Dingen begonnen in elkaar te passen. Ratnamji kwam spoedig, zijn gezicht stralend zoals gewoonlijk. Ik had nooit iemand gekend die de hele tijd onveranderlijk gelukkig was totdat ik Ratnamji ontmoette. Hij straalde geluk uit. Ik verlangde ernaar om hem een vraag te stellen die me dwars gezeten had sinds ik Amerika verlaten had.

"Ratnamji, mag ik een vraag stellen?"

"Ja, wat is het?" zei hij glimlachend tegen mij.

"Sinds ik Amerika zes maanden geleden verlaten heb, heb ik steeds gevoeld dat geld een last is. Ik wil monnik worden, maar tegelijkertijd heb ik geld op zak. Zou het niet beter zijn als ik al mijn geld aan een ashram zou geven en daar vredig de rest van mijn leven door zou brengen?" vroeg ik.

"Broeder, je begint net aan je spirituele leven en hebt niet de innerlijke rijkdom van spirituele oefening. Wanneer je dat hebt, zal God je alles geven. Zelfs als je je geld aan een ashram zou geven, hoe lang zouden ze je dan laten blijven? Misschien een paar maanden, en dan zouden ze meer geld willen en als je niets meer zou hebben dan zouden ze je vragen om te vertrekken. Wat zou je dan doen? Toch is het erg gemakkelijk om zonder geld te leven. Het is gewoon een kwestie van eraan wennen en je behoeften aanpassen aan wat je krijgt. Er is niets geweldig of moeilijk aan. Maar het is veel moeilijker om wat geld te houden en het gul uit te geven zonder te berekenen hoeveel er over is en hoeveel er nog zal komen. De drang om te leven maakt voedsel noodzakelijk en geld is gewenst om voedsel te kopen. De gehechtheid aan geld is als het zich vastklampen aan het leven. In feite kunnen we geld de uitwendige adem van de wereldse man noemen. Als het hem ontnomen wordt, voelt hij zich alsof hij helemaal stikt. Maar als je geld zonder gehechtheid uitgeeft, kun je waarnemen hoe je geest handelt en langzaam iedere gehechtheid die in je verborgen kan zijn, uitroeien. Als ik jou was zou ik met mijn meditatie doorgaan en tegelijkertijd het geld uitgeven zonder je zorgen over de toekomst te maken."

Ik was onder de indruk van zijn praktische kennis van het spirituele leven en de werking van de geest. Ik was van mijn last af. Een diepe eerbied en liefde welden in mijn hart op voor deze wijze man, zo eenvoudig en gelukkig als een kind maar met de diepe wijsheid van een heilige. Ik genoot van zijn gezelschap als een uitgehongerde man die een overvloedige maaltijd krijgt. Ik vroeg me af hoe ik een nauwere relatie met hem kon ontwikkelen. Ik wist niet eens waar hij verbleef of hoe hij zijn tijd doorbracht. Nadat ik hem met mijn vrienden had horen praten, gingen wij uit elkaar.

De volgende avond was ik om ongeveer negen uur gaan liggen om te slapen. Om elf uur werd er op de deur geklopt. Ik wilde niet gestoord worden en dus stond ik niet op om open te doen. Enkele ogenblikken later werd er op het raam naast mijn bed geklopt.

"Neal, Neal! Ben je wakker?"

"Nee!" antwoordde ik een beetje geïrriteerd.

"Open de deur. Ik heb honger," zei de stem.

Met tegenzin stond ik op en deed de deur open. Ratnamji liep naar binnen.

"Ik moest vanavond naar de stad gaan om daar enkele toegewijden te ontmoeten. Hun vader is onlangs gestorven en ze wilden dat ik kwam en de Goddelijke Naam zong en hen wat troostte. Ik heb problemen met mijn maag en als ik af en toe niet wat eet, wordt het erger. Heb je iets te eten in huis?" Hij keek me

Ratnamji

strak aan om, naar ik vermoedde, te zien of ik boos was omdat ik wakker gemaakt was.

Ik had wat pinda's en ruwe suiker in mijn kamer. Ik pakte die en gaf hem er wat van, maar hield de rest voor mijzelf achter. Het was toevallig zijn favoriete snack. Hij bleef om meer en meer vragen, totdat ik geërgerd zag dat alles op was. Hij ging door met vertellen wat hij tegen de mensen in de stad gezegd had om hen te troosten en sprak over andere gewone dingen die echter erg educatief waren. Hij sloeg mij de hele tijd nauwkeurig gade. Ik dacht er nog over om terug naar bed te gaan maar hij vertrok pas na één uur. Ik voelde een eigenaardige gelukzaligheid toen ik bij hem zat, maar mijn wrevel dat hij mij gestoord had en het verlangen om verder te slapen verstoorden die.

Ik vermoedde niet dat hij mij testte om mijn mentale aard in te schatten. Wilde ik werkelijk monnik worden of wilde ik mij aan andere dingen dan het Echte, zoals slaap, vasthouden? Hij wist de manier om erachter te komen. Net de vorige dag had ik vragen gesteld over het afstand doen van geld en nu was ik bezorgd omdat mijn voorraad pinda's opgegeten was. Ik zat al te berekenen hoeveel geld ik aan pinda's en ruwe suiker uit zou moeten geven als hij iedere nacht zou komen en hoeveel geld er over zou zijn! Hier was mijn eerste praktische les in geld uitgeven zonder gehechtheid en ik had natuurlijk hopeloos gefaald.

Ratnamji verbleef in een kamer in het ashramziekenhuis. Hij hielp de hoofdpriester bij de dagelijkse aanbidding die bij Ramana's samadhi gehouden werd. Vanwege deze dienstverlening had men hem een kamer gegeven zodat hij de ashram niet vele malen hoefde te verlaten om te rusten. Drie keer per dag was er een aanbidding, wat betekende dat hij het grootste deel van de dag bezig was met schoonmaken, water halen, offergaven ordenen en alles klaar houden voor de volgende aanbidding.

De dag nadat Ratnamji mijn pinda's opgegeten had, kwam hij naar mijn kamer en ging op de vloer liggen. Er was geen ventilator in zijn kamer en de hitte was echt ondraaglijk. Hij dacht dat hij mijn ventilator kon gebruiken en dat we wat tijd samen door konden brengen. Door een vals superioriteitsgevoel stoorde ik me eraan dat hij inbreuk maakte op mijn privacy, maar tegelijkertijd genoot ik wel van zijn gezelschap. Ik ging op het bed liggen en hij lag op de vloer. Ik was toen zo bot en oneerbiedig dat ik hem mijn bed niet aanbood. Hij was toen achtenveertig en ik was negentien. Omdat ik in Amerika opgevoed was, wist ik niet hoe ik me moest gedragen in de aanwezigheid van ouderen en heiligen en zelfs als ik het geweten had, had ik waarschijnlijk toch niet juist gehandeld uit arrogantie en luiheid.

In die tijd had ik een erg hoge dunk van mijzelf omdat ik mijn huis verlaten had. En omdat ik een paar yogahoudingen kon doen en wat meditatie, dacht ik dat ik al een volleerde yogi was! Het was nooit in mij opgekomen dat een echte yogi vol nederigheid is door de ervaring van de aanwezigheid van de onpersoonlijke Realiteit in hem. Hij realiseert zich dat zijn persoonlijkheid of individualiteit niets is, enkel een schimmig verschijnsel dat aan voortdurende verandering onderhevig is en dat het onpersoonlijke Zijn, dat de basis van het individu is, alleen werkelijk en onveranderlijk is. De golven behoren bij de oceaan en niet andersom. De golven komen en gaan maar de oceaan blijft hetzelfde. Een echte mahatma of grote ziel is iemand die voelt dat hij niets is en dat alleen God, het Universele Zelf, echt is.

Ik vroeg Ratnamji hoe hij bij Ramana gekomen was. Zijn antwoord kwam in de vorm van een fantastisch verhaal. Omdat ik zijn oprechtheid zag kon ik de waarheid ervan niet betwijfelen.

"Toen ik achttien was," begon hij, "had ik net mijn opleiding voltooid en ontving ik een baccalaureaat in de exacte wetenschappen en ook een studiebeurs om mijn studie voort te zetten. Ik was een zeer goede student. In die tijd begon ik aan een mysterieuze ziekte te lijden. Ik ontwikkelde een onlesbare dorst en moest de hele dag door enorme hoeveelheden water drinken. Wanneer ik enorme hoeveelheden zeg bedoel ik rond de vijftig tot vijfenzeventig liter of ongeveer drie tot vier emmers water in vierentwintig uur. Dit was vreemd genoeg, maar het merkwaardigste was dat ik alleen de normale hoeveelheid urine uitscheidde. Hoewel ik vijfenzeventig liter water per dag dronk, scheidde ik slechts iets van een halve liter uit. Ik voelde ook zware pijn beneden in mijn rug. Mijn verwanten namen me mee naar allerlei dokters: kruidendokters, homeopaten, allopaten en verschillende natuurgenezers, maar zonder resultaat. Zij konden de oorzaak niet vinden, noch de kuur. Tenslotte werd ik toegelaten tot het Staatsziekenhuis in Madras, ongeveer achthonderd kilometer van mijn eigen dorp. Een neef van mij vergezelde me daarheen.

Na een verblijf van twee maanden werd ik in dezelfde toestand ontslagen. De doktoren waren onthutst over mijn geval. Ik werd iedere dag zwakker en besloot uiteindelijk om naar huis te gaan en mijn dood af te wachten. Mijn neef en ik stapten in een trein en reisden naar een plaats ongeveer tweehonderd vijftig kilometer van mijn dorp waar een andere neef woonde. We besloten om daar het middageten te gebruiken en brachten er de nacht door voordat we de volgende dag verder gingen naar ons dorp. Toen we bij het huis kwamen begroette mijn neef ons. Hij vroeg waarom we van Madras kwamen. Toen hij over mijn toestand hoorde, zei hij mij: "Er is een man die nu deze stad bezoekt en die, naar de mensen zeggen, allerlei schijnbaar ongeneeslijke ziekten kan genezen. Zullen we hem op gaan zoeken voordat je weggaat? Hij is geen dokter, maar ik heb gehoord dat hij in trance gaat en dan bepaalde remedies voorschrijft." Nu ik al het andere geprobeerd had, dacht ik "Waarom niet? Wat heb ik te verliezen?" Na het middageten gingen we naar de man toe.

Zodra ik de kamer binnenging riep de man uit: "Ratnamji is gekomen! Kom onmiddellijk hier!" Ik was natuurlijk, op zijn zachtst uitgedrukt, verbaasd. Hoe kon hij mijn naam geweten hebben? Niemand daar verwachtte of kende ons. Ik ging dicht naar hem toe en zag dat hij op de grond zat met een afbeelding van Hanuman voor zich. De afbeelding was versierd met bloemen en er lag een geweldige hoop betelblaren voor."

"Wie is Hanuman?" vroeg ik.

"Er is een oud werk dat de Ramayana genoemd wordt en dat het levensverhaal van Sri Rama is. Hij wordt in India als een incarnatie van God beschouwd, net zoals Christus in het Westen. De hindoes geloven dat God ontelbare keren in de loop van de menselijke geschiedenis incarneert om de mens op het juiste pad dat naar Realisatie leidt, te zetten. Hij corrigeert de zondaars en helpt de deugdzamen. Hij incarneert in alle delen van de wereld naar gelang Hij nodig vindt of Hij zendt Zijn naaste toegewijden of heiligen naar deze wereld om het werk te doen, waarbij Hij hun goddelijke macht geeft. Duizenden jaren geleden werd Sri Rama in Noord India geboren en voerde Zijn levensdrama op. Hanuman was een van Zijn trouwe dienaren en toegewijden van het niet menselijke rijk. Hij was een aap, maar een erg intelligente en trouwe. In feite was hij volgens de Ramayana een deel van de Goddelijkheid zelf, dat naar beneden kwam om deel te nemen aan Sri Rama's goddelijke drama. Als zodanig wordt hij zelfs vandaag de dag nog aanbeden. Men heeft ontdekt dat zijn aanbidding erg effectief is voor het verdrijven van kwade geesten."

"Wat bedoelt U met kwade geesten?" vroeg ik Ratnamji. "Gelooft U echt dat zoiets bestaat?"

"Wel, net zoals jij was ik in die tijd ook erg rationeel over spirituele en religieuze zaken. Tenzij ik iets direct ervoer, nam ik het niet zo maar aan. Ik heb zelfs een verhandeling geschreven waarin ik het traditionele standpunt van bepaalde hindoe-overtuigingen en gewoonten veroordeelde. Maar wat er gebeurde overtuigde mij spoedig van de waarheid dat er meer is dan wat met het oog zichtbaar is. Hanumadass, zoals deze man heette, gebaarde dat ik dichterbij moest komen. Hij sloot zijn ogen en vertelde toen langzaam fluisterend dat ik geen ziekte had maar dat het probleem iets anders was en dat het door Hanumans genade weg zou gaan. Er was een nieuwe Hanumantempel in de stad. Hij vroeg mij om er een maand lang zonder onderbreking iedere dag honderd en acht keer omheen te lopen en dan naar hem terug te komen. Toen hij mij opdroeg om rondom de tempel te lopen zei hij: 'Ga rondom mijn tempel,' zodat ik zou begrijpen dat Hanuman zelf tot mij sprak.

Niet erg onder de indruk verlieten we de plek en gingen terug naar het huis van mijn neef. Ik had al zoveel tijd bij dokters en in ziekenhuizen doorgebracht, dat ik dacht 'Wat doet het er toe als ik dit een maand probeer? Zelfs als er niets uitkomt, heb ik mijn tijd op een goede manier doorgebracht door God in de vorm van Hanuman te aanbidden.' Ik besloot om de volgende dag te beginnen met rondom de tempel te lopen.

De volgende morgen was ik bij Hanumans tempel. Er liep een pad omheen dat speciaal bedoeld was voor hen die ervoor kozen om te aanbidden door een ommegang. Ik bad tot Hanuman voor succes bij de onderneming, deed de honderd en acht ommegangen en ging terug naar huis. Onmiddellijk nadat ik die avond in slaap gevallen was, droomde ik dat Hanuman in een uiterst kleine vorm naast mijn bed stond. Hij glimlachte en wees naar de andere kant van het bed. Toen ik daarheen keek, zag ik een ijle, spookachtige gedaante. Ik was een beetje bang, maar toen verdween de gestalte. Ik werd wakker en ontdekte dat Hanuman nog steeds naast mijn bed stond. Binnen een paar seconden verdween de gestalte van Hanuman ook geleidelijk. Ik kon de rest van de nacht niet slapen maar ging rechtop zitten en herhaalde de naam van Hanuman en mediteerde.

Nadat de zon opgekomen was, ging ik naar het huis van Hanumadass en vertelde hem mijn ervaring van de vorige nacht. Hij was niet in trance en vertelde me dat er niets was om me zorgen over te maken. Ik was bezeten door een geest die mijn lichaam gebruikte om zijn intense dorst te lessen. Door zijn vorm te laten zien stelde Hanuman me gerust dat hij van de parasiet af zou komen. Dat was met vele mensen gebeurd, werd mij verteld.

Ik ging negenentwintig dagen door met de ommegang rond de tempel, maar de dorst werd helemaal niet minder. Mijn vertrouwen wankelde. Maar toen ik op de dertigste dag wakker werd, was de dorst verdwenen. Die hele dag wachtte ik om te zien wat er zou gebeuren, maar ik voelde me volkomen normaal en zelfs de pijn in mijn rug was afgenomen. Ik was opgetogen. Nadat ik naar de tempel gegaan was, ging ik naar Hanumadass en vertelde hem het goede nieuws. Ik vroeg hem of hij mij wilde initiëren in de aanbidding en een mantra van Hanuman. Hij stemde daarmee in. Ik woonde bij hem en zijn vrouw bijna als hun eigen kind. Ik reisde met hem naar verschillende dorpen en hielp hem bij zijn werk van het verdrijven van kwade geesten. Ik hielp hem bij de dagelijkse aanbidding, bij het koken van de offergaven en al het andere dat ik mocht doen.

Op een dag werden wij gevraagd om naar een dorp te komen waar, naar men dacht, een jonge vrouw van ongeveer zesentwintig bezeten was. Ze sprak vaak in vloeiend Engels, een taal die zij niet kende. Toen wij aankwamen werden wij naar het huis van het meisje gebracht en zij werd binnengebracht. Hanumadass vroeg haar wie zij was. Er kwam geen antwoord. Hij herhaalde de vraag en stelde haar gerust dat hij niet gekomen was om haar pijn te doen. Ze begon in volmaakt Engels te praten.

57

Ze zei: 'Ik was een student die iedere dag op weg naar school langs dit huis kwam en ik werd verliefd op de schoonheid van dit meisje. Ik had een sterk verlangen om haar gezelschap te genieten. Dit was natuurlijk onmogelijk tenzij we zouden trouwen. Plotseling raakte ik op een dag betrokken bij een ongeluk en stierf. Nu geniet ik van haar op een subtiele manier. Als je denkt dat Hanuman me kan verwijderen, heb je het mis. Ik zal niet zo gemakkelijk gaan als mijn vriend uit Ratnamji's lichaam vertrokken is!'

Ik was op zijn zachtst gezegd verbaasd toen ik die woorden hoorde. Blijkbaar leven deze wezens in een gemeenschappelijke wereld die de mensen niet zien. Maar door bepaalde riten te volgen bevrijdde Hanumadass het meisje spoedig van de bezetenheid.

Ik had ongeveer twee jaar bij Hanumadass doorgebracht toen hij mij op een dag riep terwijl hij in trance was. Hij vertelde mij dat er in Zuid India een grote heilige was genaamd Ramana Maharshi en dat ik daarheen moest gaan. Dat ik bij hem moest leven en door hem te dienen het echte doel van het leven moest bereiken, Realisatie van mijn Werkelijke Aard. Hanumadass noch ik hadden van deze heilige gehoord. We wonnen inlichtingen in en uiteindelijk kwamen we erachter dat hij aan de voet van de Arunachalaheuvel verbleef in een stad genaamd Tiruvannamalai. Ik nam afscheid van mijn eerste guru en zijn vrouw en ging op weg naar Arunachala.

Toen ik hier aankwam, ging ik meteen de zaal binnen waar Ramana op zijn sofa zat. Hij wenkte mij dat ik moest gaan zitten. Ik boog voor hem en ging op de vloer zitten. Ik sloot mijn ogen en begon de mantra te herhalen die ik van Hanumadass had gekregen, maar vreemd genoeg kon ik mij die niet herinneren! Ik had hem de laatste twee jaar duizenden keren herhaald, maar nu was ik hem helemaal vergeten. Het volgende moment voelde ik het bewustzijn van mijn lichaam verdwijnen en in plaats daarvan was een uitgestrekte oceaan van stralend licht. Mijn geest was volkomen stil en vol met een onuitsprekelijke vrede en licht. Ik weet niet hoe lang ik zo bleef.

Uiteindelijk opende ik na enige tijd mijn ogen en ontdekte dat Ramana naar me staarde met een glimlach op zijn lippen. Ik boog voor hem en verliet de zaal. Steeds wanneer ik de komende dagen in zijn aanwezigheid zat, herhaalde dezelfde ervaring zich. Ik voelde dat ik hier thuishoorde en wenste deze plaats tot mijn permanente thuis te maken. Ik hoopte dat ik in de ashram kon wonen. Maar ik vond dat ik de toestemming van mijn moeder nodig had voordat ik hier permanent kon wonen. Ik ging weg bij de Maharshi en ging per trein naar huis terug. Toen ik in de trein reed, ervoer ik dezelfde vrede en licht die ik in de zaal ervaren had. Ik kwam in mijn dorp aan en vertelde mijn moeder wat er gebeurd was. Ze huilde tranen van vreugde en zei: 'Mijn kind, ik wilde ook een leven van onthechting en spiritualiteit leiden maar op de een of andere manier trouwde ik. Ik was teleurgesteld dat niemand van mijn negen kinderen een dergelijke aspiratie had. Ze zijn allemaal blij een werelds leven te leiden. Alleen jij, de jongste, bent het antwoord op mijn gebeden. Het verlangen van mijn leven om als non te leven vindt zijn vervulling door jou. Ga, mijn zoon. Je vader is Ramana en je echte huis is Arunachala. Hij roept je. Je hebt mijn volledige zegen.'

Ik kwam toen hier terug en werd geleidelijk als Ramana's persoonlijke dienaar geaccepteerd. Dat was ongeveer twintig jaar geleden."

Tegen de tijd dat Ratnamji klaar was met het vertellen van dit verhaal, was het voor hem tijd om te gaan omdat hij een strikte routine volgde. Hij stond op en vertrok en ik volgde hem. Ik wilde zien hoe hij zijn tijd doorbracht. 's Avonds maakte hij de samadhitombe schoon, deed mee met het reciteren van de Veda's, nam deel aan de aanbidding en ging dan ongeveer twee uur alleen weg om te mediteren. Na het avondeten ontving hij bezoekende toegewijden, studeerde of liep alleen of in het gezelschap van anderen rond de Arunachalaheuvel. Hij sliep nooit voor elf uur. Hij stond iedere morgen om half vier op en volgde dezelfde routine van het schoonmaken van de tombe, aanbidding en meditatie tot het middageten. Hij had ook zijn eigen persoonlijke aanbidding of *puja* zoals het genoemd wordt, die hij in zijn kamer deed. Ik sloeg hem een aantal dagen gade en vroeg me af hoe hij het klaarspeelde met slechts viereneenhalf uur slaap. Tenslotte benaderde ik hem met een verzoek dat, zonder dat ik het wist, mijn hele leven zou veranderen.

"Ratnamji, U lijkt zich zo in te spannen. Is er werk dat ik zou kunnen doen en dat Uw last zou verlichten?" vroeg ik hem.

"Wel, waarom begin je niet met het plukken van bloemen voor de ochtendaanbidding? Je moet ze me om zes uur geven. Om op tijd klaar te zijn moet je om half vijf met het werk beginnen. Het is het beste om daarvoor je natuurlijke behoeften te doen, je tanden te poetsen en een bad te nemen. Dan zul je in een goede conditie zijn om God te dienen."

Het werk moet om half vijf beginnen? Dat betekent dat ik om vier uur op moet staan. Het is verrassend dat de schijnbaar onmisbare en onmogelijk op te geven slaap in de vroege morgen zo gemakkelijk gemist kan worden als de noodzaak zich voordoet. Als je om vijf uur een vliegtuig moet halen, zou je dan niet om half vier opstaan? In feite zijn veel van onze zogenaamde behoeften onnodige gewoonten. De meesten van ons slapen te veel, eten te veel, praten te veel en piekeren te veel en we denken dat het allemaal erg noodzakelijk is.

Ik leerde snel dat men zijn levensbehoeften tot het allernoodzakelijkste kan beperken om energie te besparen zonder het lichaam op enige manier te schaden. Als we de tijd en energie in ons leven juist gebruiken, kunnen zij ons in dít leven naar het spirituele doel brengen. Doordat we onze levenskracht verspillen door overmatig slapen en andere onnodige activiteiten, slagen we er niet in te bereiken wat we ons voorgenomen hadden te bereiken. Het is niet ongewoon om mensen tegen te komen die twintig of dertig jaar gemediteerd hebben, maar die geen merkbare vooruitgang gemaakt hebben. Ze hebben ook geen spirituele ervaring gehad op een beetje gemoedsrust na ook al is die vaak bros. Als men nauwkeurig naar hun innerlijke leven zou kijken, zou men vinden dat ze hun energie door onwetendheid of onzorgvuldigheid verspild hebben en het bereiken van hun doel tegengewerkt hebben. Als we willen dat water snel de bovenste verdiepingen van een huis bereikt, moeten we ervoor zorgen dat de kranen beneden gesloten zijn. Op dezelfde manier moeten we, als we snel spirituele vooruitgang willen maken, erg zuinig zijn met onze energie zodat de levenskracht door concentratie steeds meer omhoog, naar het bovenste punt van het hoofd kan gaan, en uiteindelijk in de Hoogste Werkelijkheid opgaat.

Het was midden in de winter en hoewel het overdag warm was, was het 's nachts erg koel. In de vroege morgen was de temperatuur misschien twaalf graden Celsius. Omdat ik niet wist dat er warm water was in de badkamer van de ashram, bewaarde ik 's nachts een voorraad water in een vat in mijn badkamer. Dat ijskoude water in de koele morgenbries over mijn lichaam gieten was een verkorte weg naar het transcenderen van lichaamsbewustzijn! Na het baden en aankleden nam ik een mand mee naar de grote ashrambloementuin. Hoewel het fijn was om 's morgens vroeg bloemen te plukken in de uitgestrekte tuin, was er één probleem. Het hele gebied werd onveilig gemaakt door schorpioenen en allerlei soorten slangen, variërend van onschadelijke waterslangen tot koningscobra's. Het dragen van een zaklamp was niet mogelijk omdat beide handen voor het werk nodig waren. Het enige licht

In de bloementuin in Tiruvannamalai

was een zwakke vijfentwintig watt lamp in een veranda ongeveer vijftig meter verderop.

Dit was een echte les om zich aan de meester over te geven. Was mijn geest bij de bloemen of bij de slangen? Geleidelijk ontwikkelde ik genoeg vertrouwen in Ramana om zelfs niet meer aan de slangen en schorpioenen te denken. Ik werd nooit gebeten of gestoken door iets dat giftiger was dan een honingbij of een mug. Soms was er 's morgens een stortregen wanneer het moessonseizoen net begonnen was. Stortregen of niet, de bloemen moesten om zes uur precies bij de tombe zijn. Ik dacht erover een paraplu te kopen, maar Ratnamji wilde er niets van weten. Hij zei dat ik het met het allernoodzakelijkste moest stellen omdat ik monnik wilde worden. Hij liet me zien hoe je een dhoti zo kunt knopen dat hij als paraplu diende, zoiets als een poncho, maar dan van katoen.

Bij het plukken van de bloemen merkte ik een iets merkwaardigs op over hoe mijn geest werkte. Zelfs voor het plukken van één bloem was mijn oog al bij de volgende. Ik was verbaasd over mijn gebrek aan concentratie. Het plukken van bloemen werd eigenlijk een les in concentratie en overgave en niet te vergeten geduld. Nadat ik de bloemen bij de samadhi afgegeven had, had ik nog behoefte aan meer werk. Ratnamji zei dat ik het gebied rond de graftombe kon vegen en de trappen aan de voorkant die daarheen leidden, kon wassen. Ik ben linkshandig. Dus toen ik de bezem oppakte en begon te vegen, merkte hij op dat ik wat hij de verkeerde hand noemde, gebruikte. Ondanks mijn protest stond hij erop dat ik alleen de rechterhand gebruikte, in ieder geval terwijl ik diensten aan God verrichtte. Ik vroeg hem of het niet een beetje ouderwets was om de linkerhand als de verkeerde te beschouwen. Hij antwoordde dat de oude heiligen geen dwazen waren. Zij hadden een alwetende visie. Zij dachten dat de linkerhand negatieve vibraties had en alleen als hulp voor de rechterhand gebruikt moest worden. Als ik aan de wijzen twijfelde, kon ik natuurlijk doen zoals ik verkoos.

Omdat ik niet zo dapper was om dat te doen, worstelde ik om te leren vegen met mijn rechterhand. Een ander probleem was dat de bezem slechts ongeveer vijftig centimeter lang was. Hij was erg oud en versleten en ik moest vooroverbuigen om goed te kunnen vegen. Het terrein voor de graftombe was groot. Zelfs met een goede bezem zou er ongeveer een half uur voor nodig zijn om het schoon te maken. Met deze korte bezem had ik er bijna drie kwartier voor nodig en ik snakte daarna naar adem. Ik was zo vrij om een betere te vragen.

"Wij zijn arme monniken en moeten het met het minimum stellen. Indien nodig zal Ramana automatisch voor een betere zorgen. Tot dan werk je met deze," was het antwoord.

Ik begon me af te vragen waar ik me in begeven had door aan te bieden Ratnamji bij zijn werk te helpen, maar ik kon het niet zo snel opgeven nadat ik eraan begonnen was en dus ging ik door.

Steeds wanneer Ratnamji een paar minuten vrije tijd had, kwam hij naar mijn kamer om te praten. Hij vertelde me over zijn leven bij Ramana, die een strenge tucht handhaafde voor zijn naaste leerlingen. Natuurlijk toonde hij hun allemaal ook veel affectie en belangstelling voor hun spirituele vooruitgang. Voor hen die het krijgen van spirituele ervaring echt serieus namen, was hij heel strikt over alle details. Een stompje potlood mocht niet weggegooid worden, zelfs als er een nieuw potlood beschikbaar was, omdat alles door God gegeven werd en volledig en juist gebruikt hoorde te worden. Zelfs oud papier moest tenminste gebruikt worden om het vuur aan te steken en niet zomaar weggegooid worden. Ramana sneed de witte randen van een krant af, bond ze samen en gebruikte ze om kleine verzen of aantekeningen op te schrijven. Hij leerde door zijn voorbeeld dat men het minimum voor zichzelf moest nemen en het maximum aan anderen moest geven. Zelfs op zijn sterfbed, toen hij zijn laatste adem uitblies, stond hij erop dat zij die gekomen waren om hem te zien, dat mochten. Zijn bestaan was onbaatzuchtig en zonder verlangens en hij verwachtte hetzelfde van zijn leerlingen.

In die tijd waren er vier of vijf mannen die afwisselend voor Ramana zorgden. Toen Ratnamji zich bij de ashram aansloot, vroegen ze hem aan welke dienst hij de voorkeur gaf. Hij antwoordde dat hij zou nemen wat er overbleef nadat zij allemaal hun keuze gemaakt hadden. Natuurlijk wilde niemand de nachtdienst van tien uur 's nachts tot vier uur 's morgens want dat betekende geen slaap. Deze dienst werd aan Ratnamji gegeven. Hij zei dat hij, omdat hij zichzelf op de laatste plaats gesteld had en bereid was om het slechtste deel te nemen, feitelijk het beste kreeg, omdat er 's nachts niemand in de ashram was en hij alleen met Ramana in de zaal was. Ramana sliep heel weinig en hij leerde Ratnamji veel. Ook was er niemand anders in de buurt. In heel korte tijd leerde Ratnamji meer van Ramana dan in vele jaren mogelijk zou zijn.

Door met mij te praten en zijn ervaringen met mij te delen, liet Ratnamji me voelen dat ik zijn eigen kind was of een jongere broer. Hij vroeg mij ook naar mijn verleden en suggereerde veel dingen inzake dieet, yogahoudingen en meditatie. Geleidelijk verdiepte onze relatie zich. Het daagde langzaam bij me dat Ratnamji het antwoord was op mijn gebed voor een guru. Hij was zeer nauwgezet getraind door Ramana en was op zichzelf een wijs man. Op een dag ging ik naar hem toe en zei hem: "Ik denk dat U mijn guru bent."

"Je hebt ongelijk." zei hij. "Jij en ik hebben dezelfde guru. Dat is Ramana Maharshi. Wat mij betreft ben je mijn jongere spirituele broer."

Ik was teleurgesteld en dat was kennelijk op mijn gezicht te zien.

"Goed, als je je daarbij beter voelt, kun je mij als een instrument van Ramana zien dat Hij jou gegeven heeft om je de weg te wijzen. Maar ik moet je nu waarschuwen. In mijn achtentwintig jaar hier heb ik nooit één enkele persoon gezien die mij bij kon houden. Ik moet de normen aanhouden die mijn guru mij getoond heeft en zij die met mij mee willen gaan, zullen hetzelfde moeten doen. Ik heb nooit iemand weggejaagd, maar de meesten zijn uit eigen beweging weggegaan omdat ze mijn tempo niet bij konden houden."

Ik besloot onmiddellijk dat ik, zelfs als ik in de poging zou sterven, hem nooit zou verlaten of af zou vallen. Ik vroeg hem wat de plichten van een leerling waren.

"Nadat men vertrouwen in de meester ontwikkeld heeft, moet men onvoorwaardelijk alles wat hij zegt gehoorzamen wetend dat hij alleen met jouw spirituele groei voor ogen jou vraagt om iets op een speciale manier te doen. Als je geen volledig vertrouwen in een heilige hebt, is het beter om hem niet als je meester aan te nemen, maar als je dat wel doet, moet je onvoorwaardelijk gehoorzaam zijn. Zelfs bij wereldse kennis moet je de instructies van je leraar opvolgen om te leren en de gewenste resultaten te krijgen. Dit geldt veel sterker als je spirituele ervaring wil, die veel subtieler en complexer is dan wereldlijke kennis."

Gehoorzaamheid. Hoewel ik de betekenis van het woord kende, had ik geen praktische ervaring. Vanaf mijn kinderjaren gehoorzaamde ik consequent niet aan mijn moeder, mijn leraren en de samenleving. Mijn leven was er een van anarchie: doen wat ik leuk vond, wanneer en hoe ik het leuk vond. Ik kon echter begrijpen dat men voorgeschreven regels moet volgen om een bepaald doel te bereiken. Ik wilde de ervaring van Absolute Gelukzaligheid en ik voelde dat Ratnamji die had en bereid was om mij de weg daarheen te wijzen. Het zou zeker niet erg moeilijk zijn om hem te gehoorzamen. Maar de daarop volgende acht jaar van onze relatie tot aan zijn heengaan was gehoorzaamheid mijn belangrijkste spirituele oefening en worsteling.

Iemand die een echte heilige gehoorzaamt krijgt langzaam blijvende gemoedsrust. Dezelfde toestand van Godsbewustzijn die de heilige ervaart, ervaart men geleidelijk zelf ook. Het is als een radio afstemmen. Er bevinden zich talloze radiogolven in de atmosfeer, maar we horen alleen die waarop onze radio is afgestemd. Onze geest is als een radio die ononderbroken grove stimuli ontvangt van de vijf zintuigen en subtiele van de geest en vibraties van andere levende wezens. Het subtielste van alle principes is natuurlijk de Waarheid of God. Er is ons verteld door hen die het ervaren hebben, dat we God alleen kunnen kennen wanneer de geest uiterst subtiel, zuiver en rustig wordt. Het bereiken van die toestand vereist voortdurende training en een onbuigzame leiding door iemand die God perfect kent. Onze activiteiten en taal volgen de ingevingen van onze geest. De mentale gesteldheid van iemand kan men redelijk beoordelen wanneer men zijn woorden en activiteiten observeert, hoewel er zoiets als verborgen motieven bestaat, maar daar hoeven we het nu niet over te hebben. Spirituele aspiranten hebben door de eeuwen heen ook geleerd dat men zijn mentale conditie kan wijzigen door zijn activiteiten en woorden te veranderen.

Dit is de essentie van de relatie tussen een echte heilige en een oprechte leerling. De leerling verlangt naar de ervaring van de Realiteit, maar door foutief denken en handelen is het onmogelijk om die ervaring te bereiken tenzij hij op de fouten van zijn gewoonten gewezen wordt en deze gecorrigeerd worden. Wanneer de geest gezuiverd, is zal de aanwezige waarheid spontaan naar buiten schijnen, vrij van belemmerende krachten. Een echte heilige wijst je alleen op je fouten en helpt je om jezelf te verbeteren. Wanneer de geest een zuivere toestand bereikt heeft, zal alles moeiteloos in een ogenblik tot stand gebracht worden.

Hoewel het advies van de meester soms zinloos lijkt, kan men de betekenis van zulke instructies volledig begrijpen wanneer de spirituele ervaring zich verdiept. Tot dan toe is gehoorzaamheid de enige weg.

Vandaag de dag zijn er veel sekten en mensen die zich tot guru uitroepen. Ik heb het niet over hen. Het gaat mij alleen om iemand die oprecht streeft naar Zelfkennis en een echte heilige die in die toestand leeft. Natuurlijk moet iedereen observeren en proberen te beoordelen of een bepaald individu geschikt is om een gids te zijn op het spirituele pad, hoewel ik toegeef dat het erg moeilijk is om te beoordelen of iemand verlicht is of niet. Hoewel onbevreesdheid, onbaatzuchtigheid, afwezigheid van genotzucht en een gevoel van gelijkheid tegenover iedereen enkele van de onderscheidende kenmerken van een Gerealiseerde Ziel zijn, hoeven deze zich niet altijd op een duidelijke manier te manifesteren. Uiteindelijk moet onze intuïtie beslissen. Het lijkt een Natuurwet te zijn dat een oprechte aspirant uiteindelijk in het gezelschap van een echte heilige komt, hoewel er soms wat uitstel is.

Ongeveer één maand nadat ik Ratnamji ontmoet had, realiseerde ik me dat mijn dagelijkse routine drastisch veranderd was. Wat begonnen was als een beetje hulp om zijn last te verlichten, werd een fulltime job. Ik had praktisch geen tijd om te zitten mediteren. Naarmate mijn liefde en bewondering voor hem groeiden, nam ook de tijd die ik met hem doorbracht toe totdat ik vierentwintig uur per dag met hem optrok. Ik observeerde nauwkeurig zijn manier van leven en wat hij tegen mij en anderen zei. Hij zei me vele keren dat ik niets moest accepteren van wat hij zei, simpelweg omdat hij het was die het zei. Ik moest diep nadenken of het wel of niet juist was en als er enige twijfel was moest ik het hem vragen. Bij deze fantastische man werd mij niets voorgekauwd en er was ook geen dictatuur. Hij wilde dat ik me door mijn eigen intelligentie ontwikkelde. Hij was de gids maar ik was de bestuurder.

Hoewel hij mij nooit vroeg iets uit eigen beweging te doen, breidde ik mijn werk uit van het plukken van bloemen en vegen tot het schoonmaken van zijn kamer, zijn persoonlijke puja opstellen, 's morgens heet water voor zijn bad halen, optreden als secretaris voor zijn Engelse correspondentie en verschillende andere taken. Ik bracht mijn slaap tot vijf uur terug en voelde me er niet minder om. Integendeel, ik voelde me frisser en alerter. Ik ontdekte ook dat twee flinke maaltijden per dag zonder iets tussendoor meer dan genoeg waren en mijn lichaam licht hielden. Als ik dacht dat Ratnamji een bepaald supplement nodig had bij zijn normale dieet, dan kocht ik dat zonder dat hij erom vroeg. Zijn behoeften waren uiterst miniem.

Ik begon op de vloer te slapen zoals hij deed en vond het comfortabeler dan een bed. Als je eenmaal aan een simpel leven gewend bent, kun je overal gelukkig leven, zelfs als je niets hebt. Omdat wij sommige van onze zogenaamd noodzakelijke dingen niet kunnen krijgen, lijden we heel veel aan geestelijke zorgen en onrust. Als er geen luxe kamer met een dikke matras, een tv en een badkamer beschikbaar is, vinden velen van ons dat het leven ondraaglijk is. In feite is twee meter ruimte waar dan ook, zelfs onder een boom, echt genoeg voor iedereen die gezond is. De houding van de geest veroorzaakt het hele verschil.

Op een dag kwam er een briefkaart voor Ratnamji die hem uitnodigde om een festival in een ashram in Noord India bij te wonen. Aan de bovenkant van de kaart was een mantra van de Goddelijke Naam gedrukt. Daaronder was een citaat uit een van de hindoegeschriften, die de kracht van die mantra prees. Daarin stond dat als men die mantra vijfendertig miljoen keer herhaalde, de geest absolute zuiverheid zou krijgen en in het Werkelijke op zou gaan. Ik vroeg Ratnamji of dat zo was.

"Natuurlijk is het zo. De geschriften werden samengesteld door de oude heiligen die allemaal door verschillende methoden God gerealiseerd hadden. Zij waren wetenschappers die met verschillende spirituele praktijken experimenteerden en Godsrealisatie als resultaat verkregen. Zij gaven de informatie door aan hun leerlingen die het op hun beurt aan hun leerlingen doorgaven, enzovoorts. Dit werd allemaal mondeling gedaan. In oude tijden waren er geen drukpersen en kennis werd in een mondelinge traditie doorgegeven. Omdat zij een gedisciplineerd leven volgden, hadden zij een geweldig geheugen en konden zij zich alles herinneren wat hun geleerd werd, zelfs als het duizenden verzen waren.

De geschriften zijn het verslag van de spirituele ervaringen van die oude heiligen. Natuurlijk werden die verzen jaren geleden verzameld, opgeschreven en massaal verspreid. Een paar jaar geleden zag ik een Vedische geleerde uit het hoofd een deel van de Veda reciteren dat achtentwintig uur duurde! Niet alleen moeten de verzen correct zijn, maar iedere lettergreep moet met een bepaalde intonatie gereciteerd worden, anders kan de betekenis veranderen. Zelfs op de dag van vandaag zijn er geleerden met zo'n uitmuntend geheugen."

Toen ik deze woorden hoorde, besloot ik dat ik de mantra vijfendertig miljoen keer zou herhalen. Ik berekende dat als ik hem achttien uur per dag met een matige snelheid zou herhalen, ook als ik andere dingen deed, het mij ongeveer vijfentwintig jaar zou kosten om het te voltooien. Ik vroeg Ratnamji of hij het een goed idee vond en hij stemde ermee in. Vanaf dat moment beschouwde ik dit als mijn belangrijkste oefening om God te realiseren.

Nadat ik twee maanden in de ashram was geweest, begonnen er wat moeilijkheden op te komen. Sommige sadhu's of monniken die daar verbleven, begonnen jaloers op Ratnamji te worden. Zij dachten dat ik hem misschien grote bedragen geld gaf. In India denken de bewoners gewoonlijk dat westerlingen rijk zijn, en ze kunnen rijk zijn vergeleken met de Indiërs. In werkelijkheid had ik Ratnamji nooit geld gegeven en behalve wat voedsel kocht ik nooit iets voor hem. Af en toe werd ik gewaarschuwd niet met hem om te gaan, waartegen ik ernstige bezwaren maakte. Dit maakte de zaak geleidelijk erger. Op een dag werd ik gevraagd om mijn kamer uit te gaan en te verhuizen naar de algemene gastenkamer met de overige bezoekende monniken. Ik vertelde het Ratnamji en hij stelde voor dat ik naar een kamer buiten de ashram zou zoeken, want het zou slechts een kwestie van tijd zijn voordat men mij zou vragen om weg te gaan. Ik zocht in de wijk rondom de ashram en vond een grote kamer tegen een heel redelijke huur bij het allereerste huis waar ik informeerde. Diezelfde dag verplaatste ik mijn weinige bezittingen naar de nieuwe kamer en zo begon een nieuw hoofdstuk in mijn training.

Dit huis behoorde toe aan een van de oudste toegewijden van Ramana. Hij had daar sinds de dertiger jaren met zijn gezin gewoond. Hij was ook een goede vriend van Ratnamji die ongeveer twintig jaar eerder in dit huis gewoond had. Hij was een zeer heilig en kinderlijk persoon die altijd bereid was om boeiende verhalen over zijn leven met Ramana te vertellen. Het huis was vijf minuten lopen van de ashram en werd omgeven door een grote tuin van ongeveer vierduizend vierkante meter met veel fruit- en bloemenbomen. Het was de ideale plaats om een afgezonderd leven van spirituele oefeningen te leiden. Narayana, zoals hij heette, vertelde me dat toen hij een put voor het huis wilde graven, hij een plattegrond van zijn land naar de Maharshi meenam en hem vroeg waar hij de put moest graven. Ramana plaatste zijn vinger op één plaats en daar werd de put gegraven. Tijdens het hete seizoen droogde bijna iedere put in het gebied op, behalve deze en de put in de ashram, die minstens halfvol bleven omdat ze beide door een niet opdrogende bron gevoed werden.

Narayana was als scepticus alleen op aandringen van een vriend naar de Maharshi gekomen. Toen hij de zaal binnenkwam, besprak Ramana een onderwerp uit de Vedantische geschriften die over de eenheid van God en Zijn schepping gaan. Hij zei dat iemand die na het zuiveren van de geest gelijkheid met God bereikt had, op geen enkele manier verschillend was van het Vormloze Absolute, ook al had hij een lichaam. De Kracht van het Hoogste Wezen is in zo iemand zichtbaar.

Narayana wachtte tot Ramana de zaal uit kwam op weg om zijn maaltijd te gebruiken en hij vroeg hem: "U sprak over de gelijkheid van God met een bevrijd iemand. Spreekt U uit eigen ervaring?"

Ramana glimlachte vriendelijk en antwoordde: "Zou ik zoiets zeggen zonder het ervaren te hebben?" Toen Narayana deze woorden hoorde werd hij overmand door een gevoel van eerbied en viel als een blok hout op de grond voor de Maharshi. Vanaf toen werd hij iemand van de kring van vertrouwelingen onder zijn toegewijden.

Binnen een paar dagen nadat ik naar de nieuwe kamer verhuisd was, kwam Ratnamji de plek bekijken. Nadat hij groeten met Narayana had uitgewisseld, nam hij een kijkje in de kamer. Hij zei dat het beter was om mijn eigen voedsel te koken dan het van het gezin te nemen. Het zou goedkoper zijn en een grote hulp voor mijn spirituele leven. Volgens Ratnamji wordt voedsel als het eenmaal gekookt is, gevoelig voor hen die ermee omgaan. Als een magneet neemt het de vibraties op en houdt die vast. Als zij de het voedsel aanraken vol negatieve of wereldse gedachten zijn, zullen sommige van die gedachten onze geest binnendringen nadat we het voedsel tot ons genomen hebben. De subtiele gedachte beïnvloedt het subtiele deel van ons lichaam, de geest, terwijl het grove gedeelte bijdraagt tot de opbouw van het fysieke lichaam.

Dit heeft weinig invloed op wereldse mensen omdat ze niet erg geïnteresseerd zijn in het vormen van de inhoud van hun geest.

Maar een spirituele aspirant moet er goed voor zorgen dat hij zijn gedachten vermindert en zuivert. Alleen in de absoluut gedachtevrije geest kan het Echte Zelf onbelemmerd stralen. Door voor zichzelf te koken zal men geleidelijk in staat zijn om vast te stellen wat eigen gedachten zijn en wat de gedachten van anderen zijn. Wanneer men er zoveel mogelijk tijd aan besteedt om te proberen de geest te temmen en te concentreren, begint men er de waarde van in te zien. Hij zei ook dat men niet moest aarzelen om eten te accepteren van iemand die een hoger niveau van spirituele Realisatie bereikt heeft omdat je dat spiritueel kan helpen. Hij zei me dat ik een goedkoop petroleumstel moest kopen en wat aardewerk potten samen met rauw voedsel.

De volgende dag ging ik naar de markt en kocht alle benodigde dingen. Rond tien uur kwam Ratnamji nadat hij zijn werk in de ashram voltooid had. Hij vroeg mij water te halen en nadat ik het op de kachel gezet had, liet hij mij zien hoe ik groenten moest snijden. Hij zei: "In India gebruiken we slechts één groente per dag als bijgerecht en we wisselen die iedere dag af. Rijst of tarwe is het hoofdvoedsel, dus het koken kan heel gemakkelijk zijn. Kook de rijst gewoon in een pot. Doe dan wat linzen in een andere pot en nadat je ze gekookt hebt totdat ze zacht zijn, doe je de groenten erin en voeg je specerijen en zout toe. Als je graag wilt, koop dan wat melk en maak er yoghurt van die je met het voedsel mengt. Voor de afwisseling kun je iedere dag andere groente nemen. Dit is misschien niet de manier waarop mensen met een gezin koken omdat het erg minimaal is, maar voor ons is het genoeg. Als je de geest wil vereenvoudigen, moet je alles in je uiterlijke leven vereenvoudigen. Dit kan voor gewone mensen saai zijn, maar voor een aspirant is het van minuut tot minuut een avontuur om te zien hoe ver hij de gedachtestroom kan verminderen."

"Waarom snij je de groenten zo langzaam? Als je het zo doet, zullen we het middageten morgen pas klaar hebben!" riep hij uit.

Ik vond dat ik heel snel sneed en zei hem dat. Hij nam het mes uit mijn handen en maakte het werk in de helft van de tijd af die ik ervoor nodig gehad zou hebben.

"Men kan voorzichtig zijn en tegelijkertijd snel. Uit naam van voorzichtigheid moet men geen slome duikelaar zijn. Kalmte en dufheid zien er van buiten voor een oppervlakkige waarnemer hetzelfde uit. Je moet het verschil tussen de twee begrijpen en traagheid afschaffen. Een toegewijde moet snel en efficiënt zijn en tegelijkertijd moet hij zijn innerlijke rust niet verliezen. Hij moet evenveel of meer werk dan anderen kunnen verzetten maar helemaal geen mentale vermoeidheid voelen. Ik herinner me dat ik op een dag de kniegewrichten van de Maharshi met medicinale olie masseerde. Hij had zware reumatiek en had dagelijks massage nodig. Toen ik over zijn knieën wreef, begon ik te hijgen en te puffen. Hij zei me dat ik op moest houden: 'Omdat je je zoveel met het werk identificeert, raakt je levensadem geïrriteerd. Wanneer je werk verricht, laat je geest er dan niet aan gehecht raken. Probeer mentaal op een afstand te blijven, als een getuige, kalm en rustig van binnen, hoewel je aan de buitenkant als een idioot werkt,' adviseerde hij mij.

Ik probeerde het en nu kan ik iedere hoeveelheid werk doen zonder mentale vermoeidheid of toename van gedachten. Als ik voor meditatie ga zitten, zinkt mijn geest onmiddellijk naar de diepte en lost op in zijn bron. Als we met gehechtheid en irritatie werken, is het vele uren daarna onmogelijk om te mediteren totdat de beweging van de gedachtegolven langzamer wordt. Hoewel je nu misschien niet onthecht bent, moet je op zijn minst de Goddelijke Naam onder het werk herhalen. Geleidelijk zal zelfs onder het werk je geest zich aan de Naam vasthouden in plaats van aan het werk en zal je rust niet verstoord worden."

Hij riep mij bij zich en wees naar de pot met kokende stukjes groente. Hij zei: "Zie je, door de hitte springen en dansen de stukjes groente. Als ik de pot verwijder, zal alles rustig zijn. De geest is ook zo. Door te werken met gehechtheid raakt je geest verhit en je gedachten beginnen te springen en dansen. Geen hitte, geen gedans!"

Alles leek voor Ratnamji een gelegenheid te zijn om me een spiritueel principe te leren. Bij hem zijn betekende voortdurend leren. Ik had vaak van school gespijbeld toen ik jong was. Nu betaalde ik daarvoor door dag en nacht lessen te krijgen!

Ik zat in de hoek om te zien wat er zou volgen. Hij nam de potten van het vuur en deed wat eten op mijn bord en toen op een ander bord voor hemzelf. Toen vroeg hij mij of ik een foto van Ramana had. Ik had een boek met een foto erin en haalde dat. Hij plaatste die bij het voedsel en deed alsof hij de foto langzaam te eten gaf. Dit duurde ongeveer vijftien seconden en toen nam hij wat van het voedsel mee naar buiten en gaf het aan enkele hongerige honden en kraaien die daar wachtten. Daarna gingen we allebei zitten om te eten.

"Wat was dat allemaal?" vroeg ik hem.

"We zien Ramana als onze guru en God. Door hem eerst te eten te geven zal het voedsel heilig worden en zal het ons helpen onze geest te overwinnen. De meeste westerlingen houden niet van het idee om een man als God te aanbidden of een bepaalde vorm toe te schrijven aan het Vormloze. Dit komt waarschijnlijk voort uit de leerstelling in het Oude Testament dat God in geen enkele vorm aanbeden mag worden, dat Hij een persoonlijkheid heeft, maar geen vorm. In de Vedische religie heeft God in Zijn absolute aspect noch een vorm noch een persoonlijkheid. Hij is Zuiver Zijn, wat het beste uitgedrukt wordt in de woorden 'Ik ben die Ik ben' die de Heer tot Mozes op de Sinaï sprak. Maar voor aanbidding en nauw contact met Zijn toegewijden kan Hij Zijn aanwezigheid in ieder voorwerp van dit Universum manifesteren en dit doet Hij ook. Als je devotie en gedachten sterk genoeg zijn kun je Hem in ieder atoom van de schepping aanwezig zien.

Zoals een denker aanwezig is in zijn gedachten, is God aanwezig in dit universum dat niets anders is dan het product van Zijn Wil en Gedachte. Als we God in ons willen zien en onze geest in Hem op willen laten gaan en daardoor Goddelijke Gelukzaligheid verkrijgen, moeten we ons concentreren en onze geest subtiel maken. Hoe concentreert men zich op een vormloos Wezen dat uitgestrekt is als de hemel? Onze geest is voortdurend bezig met vormen en geluiden. We moeten één vorm kiezen en God daarin proberen te zien. Geleidelijk zullen we concentratie krijgen en zullen we hem in alles kunnen zien als de allesdoor-dringende Essentie. Daarom offerde ik eerst het voedsel aan God in de vorm van onze guru en toen in de vorm van wat hongerige dieren. We krijgen dan een gevoel van sympathie en eenheid met andere wezens wat onze gewone visie uiteindelijk zal verruimen tot de Universele Visie van God in alles. Begrijp je het?"

Als antwoord op een eenvoudige vraag had Ratnamji het hele gebied van Semitische en oosterse filosofie in een notendop behandeld. Ik was vol bewondering over zijn diepe kennis en zijn ruime visie.

Toen we klaar waren met eten, ging hij op een matje liggen om te rusten. Ik begon de hoek van de kamer die we als keuken gebruikt hadden, schoon te maken. Ik hurkte toen ik de borden en potten oppakte.

"Waarom hurk je zo?" merkte hij op.

"Als je opstaat en vanuit het middel buigt om het werk op de grond te doen, buig je je beenspieren en maak je je zenuwen sterker wat op zijn beurt de dufheid uit je zenuwstelsel verwijdert.

Als dufheid en rusteloosheid allebei verwijderd worden, zal de meditatie makkelijker gaan." Ik deed wat hij mij gezegd had en ging naar buiten om de potten schoon te maken. Ik nam wat zeeppoeder en begon de potten te poetsen, staand natuurlijk, en buigend vanuit het middel.

"Kijk, wij zijn monniken en we kunnen ons niet veroorloven om zeep op zo'n verspillende manier te gebruiken. Als je wat droog fijn zand neemt en het in plaats van zeep gebruikt, zal het de olie en het vuil verwijderen en het zal ons niets kosten. Gisteren zag ik je een fles schoonmaken waar olie in gezeten had. Je verspilde zoveel zeep. Als je er gewoon droog zand in giet, het goed schudt en er een stokje in steekt en het ronddraait, zal alle olie die aan de wanden kleeft verwijderd worden. Dan is er slechts een beetje zeep nodig om het helemaal schoon te maken."

Ik begon een beetje de pest in te krijgen. Het leek erop dat ik niets juist wist te doen en dat hij alles wist. Ik was bang om me een centimeter te bewegen uit vrees dat zelfs mijn lopen verkeerd zou blijken te zijn. Ik was klaar met het wassen van het keukengerei en zette het op de plank. Hij keek om te zien of ik ze met de opening naar beneden had gezet. Gelukkig had ik zoveel gezond verstand. Ik ging liggen en begon in slaap te vallen.

"He Neal! Slaap je? Het is niet zo goed om overdag te slapen. Als je na zonsopkomst of voor zonsondergang slaapt wordt het lichaam oververhit en in plaats van je verfrist te voelen zul je je slaperig en uitgeput voelen. Als je je moe voelt kun je je gezicht en armen wassen en een tijdje gaan liggen terwijl je de Goddelijke Naam herhaalt, maar je moet je ogen niet sluiten!"

Misschien moet ik niet ademen, dacht ik.

's Middags ging Ratnamji terug naar de ashram om met zijn werk daar door te gaan. Na enige tijd kwam ik ook en na het bijwonen van de Vedische recitaties en avondaanbidding bij de Samadhi, ging ik mediteren. Onder het mediteren voelde ik een niet te beheersen slaap en ik zat te knikkebollen onmiddellijk nadat ik mijn ogen gesloten had. Ik probeerde de slaap van me af te schudden maar het ging niet. Ik was teleurgesteld en ging terug naar mijn kamer en at op wat er van het middagmaal over was. Ratnamji had genoeg gekookt zodat ik 's avonds niet opnieuw hoefde te koken.

Hij kwam om ongeveer acht uur naar mijn kamer nadat hij zijn maaltijd in de ashram gegeten had. Hij had een vriend meegebracht, een lange, stevige man met een stralende glimlach en een vlotte kinderlijke lach. Hij was misschien achter in de zestig.

"Dit is Bhaiji," zei hij. "Bhaiji was een van de eerste mensen die ik ontmoette toen ik hier in 1942 kwam. Hij is een gepensioneerde filosofieprofessor uit Hyderabad, een grote stad ongeveer achthonderd kilometer naar het noorden. Sinds de dertiger jaren is hij steeds naar de Maharshi gekomen wanneer hij tijd vrij kon maken van zijn beroeps- en gezinsverplichtingen. Sinds we elkaar ontmoet hebben, mochten we elkaar en hij is al deze jaren als een vader, moeder, oudere broer en gids voor mij geweest, zoiets als jij en ik. Bhaiji, vertel Neal hoe je naar Ramana gekomen bent."

"In die tijd onderwees ik filosofie aan de grootste universiteit in de staat," zei Bhaiji. "Ik was ongeveer tweeënveertig jaar. Hoewel ik op jonge leeftijd in het spirituele leven geïnteresseerd was, had ik me er niet met hart en ziel aan gewijd. Toen ik op een dag thuis een douche nam, hoorde ik een geluid en draaide me om. Ik zag een man in de badkamer staan die naar me keek en glimlachte. Ik wist zeker dat ik de deur van de badkamer gesloten had. De man had alleen een lendendoek om en hield in één hand een wandelstok. Ik was geschrokken en schreeuwend van de schrik rende ik de badkamer uit. Mijn familie kwam aanrennen. Toen zij de reden van het tumult hoorden, doorzochten zij de badkamer maar konden geen spoor van de vreemdeling vinden.

Toen ik ongeveer een week later een boek over Vedanta-filosofie doorbladerde, was ik heel verrast toen ik op de voorpagina een afbeelding van de man vond die ik in mijn badkamer gezien had, inclusief lendendoek en wandelstok. Onder de foto stond zijn naam: Sri Ramana Maharshi. De inleiding van het boek legde uit dat hij een verlichte heilige was die aan de voet van de Arunachalaheuvel woonde. Zodra ik vrij op mijn werk kon krijgen, ging ik naar Arunachala.

Toen ik in de ashram aankwam, liep ik direct de zaal binnen. Maharshi zat op de sofa en straalde een tastbare vrede uit. Hij wierp mij een doordringende maar minzame blik toe en riep lachend uit: "Zelfs voordat hij hier kwam, heeft hij Ramana gezien!" Vanaf dat moment was ik met heel mijn hart toegewijd aan het bereiken van het spirituele doel en werd aan hem toegewijd als mijn guru en gids."

Voordat Bhaiji vertrok nam hij mij terzijde en zei me dat ik echt geluk had dat ik Ratnamji als mijn gids op het spirituele pad had. Hij vertelde me dat Ratnamji een heilige van de hoogste orde was en dat ik niet misleid moest worden door zijn nederige uiterlijk en activiteiten. Hij nam toen afscheid van ons en ging terug naar de ashram. Het was toen ongeveer elf uur. Ik voelde me slaperig en stond op het punt om te gaan liggen. Ratnamji die al lag, riep me en zei me dat het beter was om de een of twee overgebleven potten nu schoon te maken, zodat we morgen tijd konden besparen. Met tegenzin deed ik wat hij zei en wilde toen weer gaan liggen, de hele tijd eraan denkend dat ik de volgende morgen om half vier op moest staan. Ik was net op mijn matje gaan zitten, toen hij mij riep en vroeg of ik op zijn benen wilde drukken omdat ze pijn deden. Ik had gelezen dat het een grote zegen is als je het lichaam van echte heiligen aan mag raken en dat als teken van genegenheid sommige heiligen hun toegewijden vragen om op hun benen te drukken. Ik was erg gelukkig dat ik deze kans kreeg, maar bleef in slaap vallen. Uiteindelijk leek het erop dat Ratnamji sliep, dus stond ik stil op en wilde gaan liggen.

"Waarom ben je opgehouden? Ze doen nog steeds pijn," riep hij.

Ik stond weer op, deze keer niet zo enthousiast. Op de een of andere manier slaagde ik erin om wakker te blijven totdat hij mij vroeg om te gaan liggen. Zodra mijn hoofd het kussen raakte, was ik diep in slaap. Rond een uur riep Ratnamji mij.

"Ik heb het koud. Is er hier een deken?"

Natuurlijk wist hij dat er slechts één deken was, een van katoen die ik gebruikte. Ik bedekte hem ermee, ging weer liggen, trok mijn dhoti uit en bedekte mijn lichaam in de lengte ermee. Het is verrassend hoe warm zo'n dunne doek kan zijn wanneer je het koud hebt. Als kussen gebruikte ik mijn kleren die ik tot een bundel gewikkeld had of ik sliep simpel met mijn arm onder mijn hoofd gevouwen. Hoewel het eerst een beetje oncomfortabel was, raakte ik eraan gewend en na enige tijd was ik blij dat ik het met zo weinig kon stellen. Het was een belangrijke stap naar het niet beïnvloed worden door omstandigheden.

De helft van onze innerlijke rust gaat verloren door onze reactie op omstandigheden, ons gebrek aan aanpassingsvermogen. Iemand die niets nodig heeft of die bereid is zich te behelpen met hetgeen er beschikbaar is zal overal gelukkig zijn. Ratnamji probeerde mij deze les door praktische ervaring te leren. Als hij gezegd zou hebben dat men zich met zo min mogelijk moet behelpen, maar nooit zo'n situatie gecreëerd zou hebben, hoe kon ik hiervan dan directe kennis of ervaring hebben? En hoe kon ik het effect ervan op de geest en de eruit voortvloeiende spirituele vooruitgang begrijpen zonder het steeds opnieuw te oefenen en te ervaren? Door mij wakker te houden wanneer ik op het punt stond om te gaan slapen probeerde hij mij te leren om de gehechtheid aan slaap te overstijgen. Ook gaf iedere situatie mij de gelegenheid om of egoïstisch of onbaatzuchtig te zijn en ook om geduld en beheersing van kwaadheid te ontwikkelen.

Hoe vol onze geest met negatieve neigingen zit, kunnen we in ons dagelijks leven slechts incidenteel te weten komen, maar in het gezelschap van heiligen komt al het goede of slechte dat er in ons is, spoedig naar buiten. Het is natuurlijk de zaak van de leerling om dit feit voor zijn spirituele verbetering te gebruiken door de negatieve eigenschappen te beheersen en de positieve te bevorderen. Als men in het gezelschap van een heilige begint te begrijpen hoe de geest werkt en leert om die te beheersen, kan men zelfs in de wereld van alledag vredig leven. Als men op het slagveld overleeft, zal overal waar men daarna heen gaat, in vergelijking een hemel zijn.

Nadat ik om half vier opgestaan was en mijn bad genomen had, was ik om vier uur klaar om Ratnamji bij al zijn werk te helpen. De vorige avond had ik in Bhaiji's aanwezigheid een beetje geklaagd dat ik tegenwoordig niet veel tijd meer had voor meditatie. Zelfs als ik ging zitten mediteren, viel ik in slaap door wat, naar ik dacht, waarschijnlijk de zware inspanning tijdens de rest van de dag en nacht was. Ik wist niet dat in een bepaald stadium van de meditatie de ingewortelde dufheid van de geest zich manifesteert als slaap of slaperigheid. Ratnamji en Bhaiji keken elkaar aan en lachten toen. "Vanaf morgen zul je echte meditatie krijgen zelfs zonder dat je voor meditatie gaat zitten," zei Ratnamji. Ik begreep niet wat hij bedoelde.

Deze morgen voelde ik onder het wassen van mijn kleren duidelijk dat ik een onbeweeglijke getuige was los van mijn lichaam en dat alleen het lichaam het werk deed. Het gevoel duurde niet erg lang. Ik probeerde het terug te krijgen, maar slaagde er niet in. Mijn geest voelde zich doordrongen van dezelfde zachte verlichting als wanneer ik een goede meditatie had. Ik vroeg Ratnamji hierover.

"Dat heb ik je gisteravond verteld. Als men altijd zijn mantra herhaalt en probeert zijn geest onthecht van het werk te houden, begint het besef op te komen dat men niet degene is die handelt. Natuurlijk is zittende meditatie ook goed, maar het is slechts de eerste stap. Je hebt meer dan een jaar lang iedere dag vele uren gezeten voordat je hier kwam. Het heeft iets in je wakker gemaakt, maar dat is slechts het begin en het zou een grote beperking zijn als je die vrede alleen kunt ervaren wanneer je gaat zitten en je ogen sluit. Die vrede of stroom van bewustzijn is de ware aard van de geest of het ego en als je je daaraan vasthoudt, zal het je naar de Werkelijkheid voorbij de geest leiden. Als je je geest vormt overeenkomstig het advies van heiligen, zal die stroom in kracht en duur toenemen en dan continu worden. Het zal dieper en dieper worden totdat er geen gedachte overblijft en je eraan voorbijgaat."

Ratnamji ging een bad nemen en ik volgde hem met een doek. Hij stond buiten bij de put in de koude morgenwind, haalde water op en goot het steeds opnieuw over zijn hoofd. Ik vroeg hem waarom het voor hem nodig was om een koud bad in de koude lucht te nemen op deze leeftijd en in dit stadium van spiritualiteit. Hij zei dat het op de eerste plaats was om anderen een goed voorbeeld te geven. Ik vroeg hem wie de anderen waren. Ik was de enige persoon daar.

"Ben jij niet genoeg? Door zo te baden word je onverschillig voor het genot en de pijn van het lichaam. Alleen dan is het mogelijk om je geest op de inwendige stroom te richten. Gehechtheid aan genot en afkeer van pijn zijn de twee belangrijkste hindernissen voor meditatie. Als men gewoon wacht tot genot en pijn komen om onverschilligheid te beoefenen, zal men lang moeten wachten. De geschriften zeggen dat we de dag met een koud bad moeten beginnen, bij voorkeur met bronwater. De dufheid van de slaap die in het zenuwstelsel zit, wordt verwijderd en de geest voelt zich fris en alert. Dit is natuurlijk niet van toepassing op

Op de Arunachalaheuvel

zieke mensen, maar wij zijn niet zo oud of ziek dat we deze regel niet in acht kunnen nemen. Hoewel het misschien niet strikt noodzakelijk voor mij is zul jij, als ik het niet doe, denken dat het voor jou niet nodig is. Door het niet te doen, ontneem je je het voordeel van zo'n gewoonte."

Ik was verrast en een beetje aangedaan door zijn oprechtheid om mij te leren hoe ik mijn geest moest zuiveren ook al betekende het dat hij zichzelf ongemak bezorgde. Ik wist dat hij reumatiek in zijn knieën had omdat ik, toen zij pijn deden, heet water voor hem gehaald had om te baden toen ik in de ashram verbleef. Nu veronachtzaamde hij zijn eigen slechte gezondheid enkel om mij een voorbeeld te geven. Ik vroeg hem waarom hij dit ongemak ter wille van mij op zich nam.

"Wil ik of verwacht ik iets van je? Natuurlijk niet, maar ik denk dat Ramana jou aan mijn zorg heeft toevertrouwd om je de weg naar Zelfrealisatie te wijzen en ik weet dat jij dat ook zo ziet. Wanneer dat het geval is, wat is dan mijn taak? Wanneer je guru je een bepaald werk heeft toevertrouwd, moet je dan niet volledig aan de verwachtingen voldoen, zelfs als het lijden betekent of zelfs de dood? Als er geen volledige toewijding is aan de plicht die God je gegeven heeft, wat voor vooruitgang kan men dan in het wereldse of spirituele leven verwachten?

Men moet de geest beheersen en die kalm en volledig geconcentreerd maken om de Realiteit die in je schijnt, te kunnen zien. Totale toewijding aan deze taak is nodig. Men kan niet de hele tijd één stap naar voren gaan en drie stappen terug. Als we onoprecht zijn in slechts één handeling, zal die onoprechtheid een gewoonte worden en in al onze activiteiten aanwezig zijn. Als je in ieder deel van het lichaam de pols voelt, zal hij overal hetzelfde zijn.

Het is heel moeilijk om de geest te verbeteren en te vormen. Dus moet men volledig toegewijd zijn aan alles wat men doet zodat de spirituele beoefening perfect gedaan wordt. In feite is perfectie in activiteit zelf een zeer krachtige oefening om de geest te concentreren. Als ik je op de een of andere manier spiritualiteit kan bijbrengen, zoals mijn guru bij mij deed door onophoudelijk het goede voorbeeld te geven, dan kun jij, als God het wil, hetzelfde voor iemand anders doen. Hoe dan ook het zal nuttig zijn voor je eigen Bevrijding."

's Morgens na de aanbidding bij de Samadhi ging Ratnamji naar zijn kamer in de ashram om zijn eigen aanbidding te doen. Ik had bloemen geplukt, de kamer schoongemaakt, algemene dingen geregeld en had ook de aanbidding bijgewoond. Hoewel ik het principe erachter niet begreep, genoot ik van de atmosfeer die door de hymnen en de recitatie van de verschillende mantra's gecreëerd werd. Deze morgen na het beëindigen van de aanbidding wendde hij zich tot mij en vroeg: "Je zit hier nu al een hele tijd en hebt naar de puja gekeken. Wanneer ga je je eigen puja doen?"

"Kan iemand uit het Westen een puja doen?" vroeg ik. "Jullie herhalen alle verzen in het Sanskriet. Als ik Sanskriet moet leren, zal het echt een hele tijd duren. Bovendien wil ik mediteren en U dienen. Ik wil mijn tijd niet besteden aan het leren van een taal."

"Je hoeft geen Sanskriet te leren. Ik zal zelf een puja in het Engels schrijven waarin ik verzen uit de gedichten van de Maharshi gebruik en je kunt gewoon de handelingen bij de aanbidding leren en de verzen herhalen. Het gaat om de devotie en aandacht, niet om de taal. God kent ons hart. Onze uiterlijke handelingen interesseren hem weinig," antwoordde hij.

En zo bracht Ratnamji de volgende dagen al zijn vrije tijd door met het verzamelen van verzen uit Ramana's devotionele gedichten en het vereenvoudigen van het rituele gedeelte. Hij legde mij ook het nut van de puja uit. Hij zei dat, hoewel rituele aanbidding voor een priester slechts een ritueel kan zijn, het voor een aspirant een oefening is om zijn geest te concentreren. Hij gaf het voorbeeld van een wijzer op een meter. De beweging bij het bovenste einde is gemakkelijk zichtbaar, maar bij het onderste einde waar de wijzer aan het apparaat vastzit, is dat niet het geval. Op dezelfde manier is onze geest erg subtiel en de bewegingen ervan zijn niet makkelijk te ontdekken. Maar onze handelingen en zintuigen zijn een projectie of uitbreiding van onze geest en kunnen gemakkelijker bekeken en geëvalueerd worden.

Toen hij dit zei herinnerde ik mij mijn ervaring in de tuin toen ik bloemen aan het plukken was. Ik kon me niet eens concentreren op de bloem die ik aan het plukken was, maar zocht al naar de volgende. Tot dan toe dacht ik dat ik me goed kon concentreren, terwijl het in feite niet waar was. Hij zei dat men onder de aanbidding de mate van concentratie waarmee de geest de beweging van de ogen en handen volgt en de verzen hoort, in de gaten moest houden. Door de concentratie door middel van de zintuigen te verbeteren, verbetert men de kracht om zich op subtielere dingen te concentreren. Ook zal, naarmate de concentratie dieper wordt, het scherm van onwetendheid in de geest geleidelijk dunner worden en zullen we de Goddelijke Aanwezigheid beginnen te zien en voelen zowel binnen als buiten ons. Wanneer dit zijn hoogtepunt bereikt, realiseert men God.

Het kostte mij bijna een maand om de puja van buiten te leren. Ik gebruikte een foto van Ramana als mijn object van aanbidding omdat ik hem vanaf het begin gelijkgesteld had met het Hoogste Zijn. Het was duidelijk dat een kracht mij leidde en ik had het gevoel dat hij die kracht was. Hoewel ik heel rationeel in al het andere was, stond ik bij deze zaak nooit stil om te rationaliseren. Ik voelde het intuïtief zo en dat stelde me voldoende tevreden. Ik zag God in Ramana.

Te veel rationalisatie bij spirituele zaken haalt het leven eruit en maakt je hard en droog. Omdat God de eenvoudige, zuivere ondergrond van de geest is, brengen een kinderlijke eenvoud en vertrouwen je snel naar het doel. Christus zei ook dat men als een kind moet worden als men het Koninkrijk der hemelen binnen wil gaan. Om God te ervaren is een simpele, kinderlijke geest essentieel. Het Koninkrijk der hemelen is in ons, maar het in beslag genomen worden door de golven van de geest verhindert ons om in de innerlijke diepten te duiken naar de kern van ons wezen.

Ratnamji vertelde me dat er niets buitensporigs nodig is wat betreft pujamateriaal. Eenvoudige aardewerk borden voldoen. Wat water, bloemen, wierook en een vrucht zijn voldoende om aan de guru te offeren. Ik begon er serieus aan en miste de aanbidding de komende tien jaar zelfs geen dag.

Ik had heel wat instructies gekregen hoe ik iedere handeling vorm moest geven om mijn geest te zuiveren en ik deed mijn best om die in de praktijk te brengen. Dit was echter geen gemakkelijke taak. Mijn oude opstandige neiging kwam steeds opnieuw op. Ik had niet de minste twijfel over de juistheid van wat Ratnamji mij zei, maar wanneer ik aan iets begon, hoorde ik twee stemmen in mijn geest. De ene zei: "Doe wat hij je gezegd heeft," en de ander zei: "Waarom al die moeite? Doe waar je zin in hebt." Een hele tijd volgde ik de tweede stem en deed waar ik zin in had, ook al wist ik dat het verkeerd was.

Dat was op zichzelf slecht genoeg, maar er begon iets heel vreemds te gebeuren. Steeds wanneer ik deed wat ik graag wilde, kreeg ik een klap op mijn kop. Op een avond zat Ratnamji naast de ashramvijver en herhaalde zijn mantra. Na twee uur stond hij op en ging naar zijn kamer. Op dat ogenblik was ik in zijn kamer en probeerde wat dingen op orde te brengen. Hij had wat spullen op één plank gehouden en had me herhaaldelijk gezegd dat ik ze niet aan moest raken ook al leken ze misschien vies of rommelig. Toen ik aan het schoonmaken was kwam ik bij de verboden plank en dacht: "Ach, het doet er niet echt toe als ik die dingen aanraak. Ze zijn zo vuil." Dus begon ik de plank schoon te maken en te op te ruimen. Juist op dat moment kwam Ratnamji binnen.

"Waar denk je dat je mee bezig bent?" vroeg hij.

"O, niets. Ik dacht dat ik hier ook wel kon schoonmaken omdat ik de hele kamer aan het schoonmaken ben," antwoordde ik.

"Ik heb je met opzet gevraagd om de dingen op die plank niet aan te raken om te zien of je je impulsiviteit kon beheersen. Je kunt dat duidelijk niet. Hoe is het mogelijk om iets belangrijks aan een impulsief iemand toe te vertrouwen? Zo iemand is niet te vertrouwen. Ik was vol gelukzaligheid en rust nadat ik mijn mantra twee uur bij de vijver herhaald had en dan kom ik hier en zie dat je streken uithaalt. Het is alsof een geweldige kei in een rustig meer geworpen is," zei hij.

Ik voelde me natuurlijk erg rot en besloot om niet meer tegen zijn wensen in te gaan, maar helaas herhaalde ik hetzelfde op verschillende manieren minstens duizend keer.

Op een dag vroeg hij me om wat grassprietjes te plukken om bij de aanbidding te offeren. Dat speciale gras groeit alleen waar er volop water is en in de ashram wil dat zeggen alleen naast de afvoerpijp van de badkamer. Hij kwam erachter dat ik het gras met de wortels uitgetrokken had en naar hem toegebracht had. Hij zei: "Het is niet nodig om het hulpeloze gras te doden. We hebben alleen het bovenste deel nodig. Als je het gewoon met een mes afsnijdt, dan sterft het niet en zal het verder groeien." Gemakkelijk genoeg, maar alleen als je geest op de juiste tijd de juiste dingen wil!

De volgende dag toen ik het gras ging plukken nam ik een mes mee en was helemaal van plan om te doen wat hij mij gezegd had. Net toen ik het gras begon te snijden, zei mijn geest mij: "Waarom naar hem luisteren? Ga je gang en trek het uit. Je kunt de wortels naderhand afsnijden en hij komt het nooit te weten." Zoals gewoonlijk volgde ik het "duivelse advies" en trok het gras met de wortels uit. Helaas onderschatte ik de sterkte van de wortels en moest ik heel hard trekken, maar plotseling gaven ze mee en ik tuimelde in de afvoersloot! Ik kwam er uit met kletsnatte kleren. Bedroefd maar wijzer ging ik als een misdadiger naar Ratnamji's kamer en vreesde het verhoor en de terechtstelling. Hij zei eenvoudig dat dit de enige manier is waarop ik zal leren, de pijnlijke weg, en zweeg verder.

Dit soort dingen begon dag in dag uit te gebeuren en ik raakte over mijn toeren. Het was alsof ik er lol in had mijzelf te straffen of alsof een onbekende kracht mij het verkeerde liet doen en dan van de pret genoot. Ik werd verward en depressief en begon te denken dat ik misschien een fout gemaakt had door aan het spirituele leven te beginnen. Maar toen ik erover nadacht, kon ik geen verkieslijkere manier van leven vinden. Ik was aan het spirituele leven begonnen niet als een keuze na logisch nadenken, maar eerder als het resultaat van een aantal innerlijke ontwikkelingen en als gevolg daarvan het inzien van de waarde van het spirituele leven in tegenstelling tot wereldse genoegens. Teruggaan of een ander soort leven leiden was uitgesloten. Zelfs als ik naar mijn vorige manier van leven terug zou gaan, zou hetzelfde begrip zich handhaven en mij terugbrengen naar een leven van verzaking en spiritualiteit.

Hoe moest ik dan een oplossing vinden voor de situatie? Ik had talloze malen geprobeerd om het simpele advies van Ratnamji op te volgen, maar iedere keer deed ik precies het tegenovergestelde en betaalde onmiddellijk de prijs ervoor. Toen dacht ik dat het probleem misschien bij Ratnamji lag. Hij was veeleisend dat alles op een bepaalde manier gedaan werd. Er was hierbij geen compromis mogelijk. Hoewel ik hem als mijn gids geaccepteerd had, besloot ik dat ik zijn advies niet op hoefde te volgen. Om de onvermijdelijke uitbranders te vermijden, probeerde mijn geest een bedrieglijke truc toe te passen. Ik ging naar Ratnamji en zei hem dat ik dacht dat het beter zou zijn als ik wegging omdat mijn gezelschap hem stoorde en hij zijn mentale rust zou kunnen verliezen.

"Waar ga je heen?" vroeg hij de hele tijd glimlachend. Hij leek niet geschokt te zijn door mijn voorstel.

"Waarschijnlijk naar Noord India," antwoordde ik.

"Wat ga je daar doen?" vroeg hij.

"O, waarschijnlijk een guru vinden en spirituele oefeningen doen. Anders zal ik een klein huis in de Himalaya's vinden en mijn tijd doorbrengen met het aanleggen van een tuin," antwoordde ik vol vertrouwen.

Hij lachte: "God heeft je hier gebracht en zonder dat de een naar de ander zocht hebben we elkaar ontmoet en heeft onze relatie zich ontwikkeld. Het is voor jou de tijd om je geest te zuiveren en waar je ook heen gaat, je zult uiteindelijk gedwongen worden om dat te doen. Jij denkt dat ik te strikt ben en dat als je weggaat, je meer rust zult hebben. Maar de waarheid is dat als je weggooit wat je zonder te vragen hebt gekregen, je het in de naaste toekomst misschien niet terugkrijgt. Als je op de een of andere manier wel een andere gids vindt, zal hij honderd keer strikter zijn dan ik. Wanneer we door het Goddelijke tot het spirituele leven zijn gebracht en weglopen van het beetje lijden dat we tijdens de spirituele training ervaren, dan zal het Goddelijke ons twee keer zoveel lijden geven om ons terug te laten keren naar het juiste pad. Het spirituele leven is geen grap en als men de gelukzaligheid van God wil ervaren, moet men eerst de pijn van de zuivering van geest en lichaam meemaken. Je hoeft je geen zorgen te maken over het verstoren van mijn innerlijke rust. Het zou voldoende zijn als je vol zou houden en je onhandelbare geest zou proberen te temmen en zelf rustig zou worden," zei hij.

Ik wist natuurlijk dat hij, zoals gewoonlijk, gelijk had, maar dezelfde dubbelhartige stem ging in mijn geest door, hoewel misschien iets minder na dit gesprek. Op een andere dag was ik naar de kamer van een Europese toegewijde geweest die vele jaren in de ashram gewoond had. Ik had veel respect voor hem en vond dat hij zeker een bepaalde mate van verlichting bereikt had. Hij vroeg hoe het met me ging en ik vertelde hem dat ik me erg beroerd voelde en wenste dat ik nooit geboren was. Hij vertelde me dat voor zover hij kon zien al mijn problemen kwamen doordat ik probeerde te leven als hindoe, ook al was ik in Amerika geboren. Hij zei ook dat als men naar de stem van God binnenin luisterde, men geen fouten kon maken. Nadat ik een tijdje met hem gesproken had, ging ik naar mijn kamer terug. Ik dacht na over wat hij gezegd had en besloot dat hij gelijk moest hebben. Ik besloot Ratnamji over mijn nieuwe openbaring te gaan vertellen en hem voor altijd te verlaten. Ik zou het advies van de andere vriend in de toekomst volgen.

Ik kwam nijdig de kamer binnen. Onmiddellijk zei Ratnamji: "Wat is er? Ga een tijdje zitten en wanneer je gekalmeerd bent, kunnen we praten. Ik heb het gevoel alsof een cycloon de kamer is binnengekomen!"

Enkele ogenblikken later vertelde ik hem dat ik de oorzaak van al mijn mentale onrust ontdekt had en voegde er ook aan toe dat hij niet had moeten proberen om van mij een hindoe te maken. Ik somde op wat mijn vriend gezegd had. Hij antwoordde niet maar stond op en vroeg mij hem te volgen. Het was nacht en we liepen ongeveer anderhalve kilometer totdat we wat kleine heuvels bereikten waar geen mensen waren. De maan scheen en Arunachala glinsterde op de achtergrond. Alles was stil. Nadat hij een tijdje zwijgend gezeten had, begon hij:

"Neal, mijn kind, het begrip van onze vriend over jou is verkeerd. Je hebt Amerika verlaten door een goddelijke impuls en een aangeboren liefde voor India. Alles wat je ziet of hoort over de hindoecultuur heeft veel betekenis voor je en zonder dat iemand je iets heeft opgelegd ben je het leven van de traditionele hindoemonnik gaan leiden. In feite is je vertrouwen in de Vedische manier van leven groter dan dat van de meeste orthodoxe hindoes. Ik ben nooit van plan geweest om je deze weg te laten gaan. Ik wijs alleen de weg die ik zelf gevolgd heb. Jij mag die weg en probeert hem te volgen. Natuurlijk komt je geest voortdurend in opstand. Dit komt door oude, diepgewortelde gewoonten die je aangeleerd hebt in de jaren voordat je hier kwam. Door de strijd tussen je goede bedoelingen en je gewoonten uit het verleden lijd je. Het heeft niets te doen met je huidige manier van leven, hoewel mijn aanwezigheid ongetwijfeld de strijd versnelt. Iedere aspirant moet uiteindelijk met zijn lagere geest vechten en zegevierend en herboren te voorschijn komen. Hoewel het waar is dat de stem van God in ons is, zijn er ook veel andere stemmen in ons. Hiervan is die van God het subtielst maar in je huidige toestand kun je onmogelijk juist onderscheid maken tussen wat Zijn stem is en welke van de 'duivel' is, om zo te zeggen. Totdat je voldoende mentale zuiverheid hebt om dat te doen, is de veilige weg om je leraar te vertrouwen en zijn advies op te volgen, hoe lastig het ook mag zijn. Ik wil alleen je verbetering en heb geen enkel verlangen om je lijden te bezorgen. Probeer de diepte van mijn affectie voor jou, die spiritueel is, te begrijpen. Stel daar vertrouwen in en ga verder met het proberen te zuiveren van je geest. Op dit ogenblik is het kleine licht dat je hebt, gemengd met veel duisternis. Die moet erkend en verwijderd worden. Pieker niet zoveel. Ramana heeft je hiernaartoe gebracht en zal je de rest van de weg wijzen."

Deze kalmerende woorden waren balsem voor mijn ziel, maar binnen een paar dagen begon ik weer te lijden door de tegenstrijdige stemmen in mijn geest. Ik zag dat het een hopeloze zaak was om mijn geest zuiver te maken en overwoog werkelijk zelfmoord, hoewel ik waarschijnlijk niet de moed had om zoiets te doen. Juist toen vond ik toevallig een gesprek tussen Ramana en een toegewijde over zelfmoord. Ramana vertelde de toegewijde dat zelfmoord spiritueel gezien even slecht voor je is als moord. Hoewel pijn door het lichaam kan komen, komt het lijden door de geest en het is de geest die gedood moet worden, niet het onschuldige lichaam. Iemand die zijn eigen lichaam doodt, moet na zijn dood het lijden van zijn huidige leven nog ondergaan met het extra lijden veroorzaakt door de zonde van zelfmoord. Zelfmoord is geen oplossing, het maakt in tegendeel de zaak alleen erger. Iemand die zelfmoord gepleegd heeft kan na de dood nooit innerlijke rust vinden.

Dit sloot voor mij natuurlijk de mogelijkheid van zelfmoord uit. Er was eenvoudig geen keuze dan gestaag verder te gaan en door te gaan met proberen de geest aan mijn wil te laten gehoorzamen. Ik wilde zo graag dat ik met Ratnamji in harmonie kon leven en dat hij me niet hoefde te corrigeren en me onophoudelijk berispen. Het was zeker geen pretje voor hem en voor mij was het een hel. Hoewel ik ontelbare keren blij weggelopen zou zijn, was er altijd diep in me iets dat zei: "Alles komt wel goed. Geef niet op maar ga dapper door deze donkere nacht van de ziel." Ik had niet eens over de donkere nacht van de ziel gelezen, maar ik zat er zeker midden in. Deze pijnlijke conditie duurde bijna een jaar waarin ik leerde en worstelde om in de praktijk te brengen wat ik geleerd had.

Toen er één jaar voorbij was, vroeg Ratnamji mij om mijn moeder naar India uit te nodigen. Hij zei me dat ik haar op een erg harteloze manier verlaten had. In feite had ik haar het grootste deel van mijn leven onbeleefd en minachtend behandeld door het gebruikelijke egoïsme en de arrogantie die algemeen voorkomen bij kinderen. In tegenstelling tot de Indiase cultuur benadrukt de Amerikaanse cultuur niet dat men zijn ouders zo veel mogelijk moet gehoorzamen. Door hen lief te hebben moet men de schuld terugbetalen die men bij hen heeft omdat ze je opgevoed en onderhouden hebben. Als plicht of uit liefde dient men voor zijn ouders te zorgen en een goede relatie met hen te onderhouden. Zonder de zegen van je moeder is er geen echte vooruitgang in het spirituele leven mogelijk. Dit is de mening van de oude wijzen. Er wordt in de geschriften gezegd dat een ondankbaar iemand zelfs geen plaats in de hel kan vinden. Maar als je ouders advies geven of je vragen om iets te doen wat schadelijk is voor je spirituele leven, hoef je hen niet te gehoorzamen. Alleen woorden van je spirituele gids hebben meer gewicht dan die van je ouders.

Ik schreef mijn moeder en ze stemde er mee in om zo spoedig mogelijk te komen, samen met mijn zus. Op dat ogenblik zei Ratnamji me dat hij naar Hyderabad ging om enkele toegewijden en verwanten op te zoeken die hem na lange tijd graag wilden zien. Hij vertelde mij dat ik, als ik graag wilde, mijn moeder daarheen mee kon nemen of, na haar terugkeer naar Amerika, daar alleen heen moest gaan om andere toegewijden en heiligen te ontmoeten. Op weg naar de bushalte zei hij me dat ik moest proberen om Ramana in mijn moeder te zien en haar als zodanig dienen. Dit zou God graag zien en mijn moeder zou ook blij zijn, ook al wist ze niet waarom. Een toegewijde van God moet alleen van God houden, maar wanneer hij dat doet ontvangt de hele schepping zijn liefde, omdat God in het hart van iedereen verblijft. Met deze woorden stapte hij in de bus en was vertrokken. Ik was aan mijzelf overgelaten en wachtte een nieuw hoofdstuk in mijn leven af.

Hoofdstuk 3

Vooruitgang

Na een paar dagen kwamen mijn moeder en zus per auto uit Madras. Ik liet hen in het gastenverblijf van de ashram onderbrengen. Mijn moeder was ontzettend blij om me te zien nadat we meer dan een jaar uit elkaar geweest waren. Ze was verrast dat ik mijn lang haar afgeknipt en mijn baard afgeschoren had en alleen een dhoti en een doek droeg. Ik knielde voor haar zoals de hindoegeschriften voorschrijven.

"Wat is dit?" riep zij uit. "Waarom ga je voor mij op de grond liggen?"

"Moeder, ik ga niet liggen. Ik buig voor je om je zegen te krijgen," antwoordde ik kalm.

"Als je mijn zegen wil, doe dan zoiets alsjeblieft niet opnieuw. Wie heeft er ooit van zoiets gehoord? Ik vind het niet leuk," zei ze een beetje bedroefd dat haar zoon zich voor haar vernederde.

"Moeder, heb alsjeblieft geduld met mij. Natuurlijk vind je het niet leuk, maar ik moet de juiste houding krijgen dat ik God in je zie. Weet je, toen Mozes God in de brandende struik op de berg Sinaï zag, viel hij als een blok op de grond uit devotie en eerbied. Door zo te oefenen zal ik uiteindelijk God in alles en iedereen kunnen zien," probeerde ik haar uit te leggen.

"Wel, je kunt dat bij anderen doen als je wil, maar doe het niet bij mij!" antwoordde ze.

Nadat ik hen op hun gemak gesteld had, nam ik hen mee naar mijn kamertje waar ik bijna een jaar verbleven had. Ze was een beetje verdrietig toen ze mijn eenvoudige manier van leven zag. Thuis had ik een matras van dertig centimeter dik gebruikt en schuimrubber kussens, terwijl ik hier op een mat lag zonder zelfs een laken of een kussen. Ik vertelde haar mijn dagelijkse routine dat ik om 's morgens half vier opstond en 's avonds rond elf uur naar bed ging. Ik liet haar ook mijn puja zien. Ik probeerde ook nog iets voor haar te koken maar het was zo slecht dat zelfs een koe het niet had kunnen eten.

Maar zelfs toen waardeerde zij alles met haar gebruikelijke geduld en moedigde me aan om op het gekozen pad door te gaan, hoewel het haar veel gelukkiger gemaakt zou hebben als ze mij een normaler leven had zien leiden. Helaas kreeg ze na een paar dagen dysenterie en moest de resterende dagen in bed doorbrengen. Ik zag het als Gods wil die mij een kans wilde geven om haar te dienen en ik deed mijn best om haar door verpleging weer gezond te maken. Na een verblijf van twee weken zonder bijzondere gebeurtenissen brachten mijn zus en ik haar terug naar Madras voor de terugreis naar huis. Mijn zus besloot om naar Tiruvannamalai terug te keren. Ze bleef daar de volgende zes maanden om te mediteren en studeren.

Ik nam de eerste trein naar Hyderabad en kwam daar de volgende morgen aan. Onderweg merkte ik een grote verandering in mijn mentale gesteldheid op. De gebruikelijke verwarring en strijd in mijn geest hadden plaatsgemaakt voor een stroom van rust. Ik had deze stroom af en toe gevoeld maar nu bleef hij langere perioden 's morgens voor zonsopkomst en 's avonds na zonsondergang. Het kwam spontaan op zonder dat ik mediteerde. Zelfs op andere tijden overdag voelde ik me rustiger en gelukkiger. Was dit het resultaat van het gehoorzamen aan Ratnamji en het krijgen van de zegen van mijn moeder? Ik was vol vertrouwen dat ik in grotere harmonie met hem zou leven als ik hem weer zag. Na mijn aankomst in Hyderabad vond ik het huis waar Ratnamji zou moeten verblijven, maar ik vernam dat hij in het ziekenhuis lag.

"Wat bedoelt U, in het ziekenhuis? Ik denk dat U het over iemand anders hebt." Ik dacht dat ik misschien naar het verkeerde huis gegaan was.

"Nee, Ratnamji is mijn jongere broer. Hij heeft me gezegd dat je zou komen. Het spijt me je te moeten zeggen dat hij in het ziekenhuis ligt met een gebroken heup."

Ik kon niet geloven wat ik hoorde. Hoe kon zo'n heilig iemand bij zo'n ongeluk betrokken raken? Ik was in die tijd natuurlijk heel naïef en dacht dat heiligen nooit aan de ontberingen van het leven onderworpen werden zoals gewone mensen. In de volgende zeven jaar met Ratnamji kreeg ik te zien dat heiligen feitelijk veel meer moeten lijden dan de gewone man.

"Kom binnen. Na het middageten breng ik je erheen," verzekerde zijn broer me. Hij was een oudere man van ongeveer vijfenzestig, een gepensioneerde spoorwegambtenaar. Hij had een moederlijke zorgzaamheid voor Ratnamji. Hij stuurde hem iedere maand een beetje geld zodat hij geen gebrek aan voedsel had. Ratnamji beschouwde dit als een gift van God. Steeds wanneer hij naar Hyderabad ging, bracht hij wat tijd in het huis van zijn broer door en probeerde hem wat spirituele ideeën bij te brengen.

"Hoe heeft hij zijn heup gebroken?" vroeg ik nadat ik mij gewassen had en in de woonkamer was gaan zitten.

"Hij woonde een *bhajan* bij – een bijeenkomst waar devotionele liederen worden gezongen – in het huis van een vriend. De volgende morgen zou hij hier komen omdat we de jaarlijkse ceremonie voor onze overleden ouders zouden gaan verrichten. De zoon van zijn vriend bood aan om hem hier te brengen op een scooter en Ratnamji vond dat goed. Toen zij een bocht omgingen, raakte een taxi hen van opzij en werd hij van de scooter geslagen. De bestuurder was niet gewond maar door de kracht van de val brak Ratnamji zijn heup. Dat was twee dagen geleden. Zij hebben het bot nog niet gezet omdat daarvoor een operatie nodig is. Hij heeft suikerziekte. De dokter wil zijn bloedsuikergehalte verminderen tot normaal voordat hij iets doet," antwoordde zijn broer.

Na het middageten namen we een bus naar het ziekenhuis. Het was ongeveer acht kilometer daarvandaan en ik kreeg de kans om iets van de stad te zien. De bus was een dubbeldekker zoals die in Londen en dus zaten we op de bovenste verdieping om een beter uitzicht op de stad te hebben. Hyderabad is een van de mooiste steden in India. Het heeft brede hoofdwegen met volop schaduwgevende bomen die aan beide zijden van de wegen staan. Er zijn veel parken en veel open ruimte met een kleine rivier die door het hart van de stad kronkelt. De Mogul-invloed kun je overal in de architectuur van de stad zien. Het is eigenlijk een tweelingstad. Secunderabad is de zusterstad. De mensen zijn erg beleefd en welgemanierd. Omdat de stad in het midden van India ligt, komen er veel heiligen van alle religies doorheen en je kunt altijd een devotioneel programma vinden dat ergens in de stad plaatsvindt.

Wij kwamen bij het enorme Staatsziekenhuis en gingen naar de tweede verdieping naar de afdeling chirurgie voor mannen. Er waren ongeveer honderd patiënten op de afdeling. Zijn broer bracht mij naar een bed waar Ratnamji lag met een grote stralende glimlach op zijn gezicht.

"Dit is vreselijk! Hoe kun jij zo'n ongeluk krijgen?" riep ik uit met tranen in mijn ogen zelfs zonder hem te groeten.

"Ongeluk? Bestaat zoiets? Is geboorte een ongeluk? Is de dood een ongeluk? Het is allemaal Ramana's zoete wil voor mijn spiritueel welzijn. Voor een toegewijde van God bestaat er niet zoiets als noodlot of ongelukken. Alles wat er met hem gebeurt, gebeurt door de genadige wil van zijn Geliefde die steeds bezig is om te proberen de toegewijde terug naar zichzelf te brengen. We moeten gelukkig zijn in wat voor situatie Hij ons ook brengt," antwoordde Ratnamji glimlachend.

Hij bracht zeker in praktijk wat hij preekte. Hij leek even gelukkig als altijd te zijn hoewel hij aan bed gebonden was en niet in staat om zich op een of andere manier te bewegen. De dokter had een tijdelijk frame om zijn been gedaan om iedere beweging van het been te voorkomen. Het was duidelijk heel ongemakkelijk.

"Hoe wist je dat ik hier was?" vroeg Ratnamji mij.

"Ik vermoedde niet dat je in het ziekenhuis lag. Nadat mijn moeder vertrokken was, nam ik de eerstvolgende trein. Toen ik in Hyderabad aankwam, ging ik direct naar het huis van je broer. Zijn adres vond ik in jouw brievenmap. Ik was geschokt toen ik over je ongeluk hoorde en ik dacht dat ik in het verkeerde huis was, maar nu zie ik dat het waar is," antwoordde ik bijna in tranen toen ik hem zo op bed zag. Hij was altijd zo actief geweest en nu was hij opgesloten als een gevangene.

Hij raakte vol affectie mijn arm aan. Hij probeerde me te troosten en zei: "Wees niet zo van slag. Er zal hieruit zeker iets goeds voortkomen. Iedereen was bezorgd dat er niemand was om hier voor mij te zorgen. Ze moeten allemaal aandacht schenken aan hun kantoor, school en gezin. Wie gaat er voor een arme monnik zorgen? Niemand drukte dat met zoveel woorden uit maar ik kon begrijpen wat er in hun geest omging. Ik heb mijn broer vanochtend gezegd: 'Ik heb alles aan Ramana overgegeven. Hij zal voor mij zorgen. Je zult het zien.' Nu ben je hier precies op de juiste tijd gekomen. Deze vrienden en verwanten kwamen hier in ploegen om mij te dienen, maar het kwam hun niet zo goed uit. Wel, wie heeft Neal precies op dit ogenblik hierheen gestuurd? Was dat niet Ramana? De wereldse mensen hebben alleen vertrouwen in de wereld. God is voor hen een abstract, vaag idee. Voor ons is het net omgekeerd. Hij is alleen echt en deze wereld is in vergelijking een vage droom."

Iemand vroeg me hoe lang ik in Hyderabad zou blijven. In feite kwam er een egoïstisch idee in mijn geest op. Ik dacht dat ik er een paar dagen aan zou besteden om Ratnamji op zijn gemak te stellen en dan terug zou gaan naar de rust van de ashram. Ik was bang dat zijn aanwezigheid weer beroering in mijn geest zou veroorzaken.

"Hij gaat pas als ik weer alleen kan lopen," antwoordde Ratnamji nog voordat ik mijn mond kon openen. Zodra ik deze woorden hoorde, voelde ik in het diepst van mijn hart ook dat het helemaal verkeerd zou zijn om hem hier zo in de steek te laten. Ik beschouwde zijn mededeling als een goddelijk bevel.

De komende dagen was er een constante stroom van bezoekers bij Ratnamji's bed. Hij was opgegroeid en opgeleid in Hyderabad en was daar na het overlijden van Ramana vaak op bezoek gegaan. Iedereen die over het ongeluk hoorde kwam naar het ziekenhuis. Zelfs nadat het ziekenhuis 's avonds zijn poorten voor bezoekers gesloten had, kwamen de inwonende doktoren en ziekenhuisambtenaren binnen om hem te zien en spirituele gesprekken van zijn lippen te horen. Eén toegewijde gaf mij een deken en met toestemming van het hoofd van het ziekenhuis sliep ik 's nachts op de grond naast zijn bed en zorgde overdag voor hem. Hoewel het ziekenhuis hem voedsel gaf, brachten enkele toegewijden van buiten iedere dag voedsel voor mij. We bewaarden een foto van Ramana op de tafel naast zijn bed en ik plukte iedere dag wat bloemen in de tuin en versierde die daarmee. Na het hem 's morgens naar zijn zin gemaakt te hebben, ging ik mijn bad nemen in het huis van een toegewijde die vlakbij woonde en nadat ik mijn dagelijkse aanbidding voltooid had, kwam ik binnen twee uur terug. Dit was de enige tijd van de dag dat ik het ziekenhuis verliet nadat ik ervoor gezorgd had dat Ratnamji niets onmiddellijk nodig had.

Binnen een week was zijn suikerziekte voldoende verbeterd om de dokters toe te staan te opereren. Op de dag van de operatie kwamen er 's morgens veertig mensen om bij hem te zijn. Ik zat net aan Bhaiji te denken en vroeg me af of hij zou komen toen hij juist op dat moment de afdeling binnenliep. Ik vertelde Ratnamji deze samenloop van omstandigheden. Hij zei me: "Zelfs als zulke dingen gebeuren, hoeft men zich daarover niet verheugd te voelen. Zelfs als we paranormale vermogens krijgen, moeten we die niet accepteren, anders wijken we misschien af van ons pad van het realiseren van God. Vergeleken met de gelukzaligheid van Godsrealisatie zijn alle paranormale vermogens stof."

Bhaiji ging in zijn gebruikelijke vrolijke stemming naast het bed zitten. Nadat hij naar zijn gezondheid en de komende operatie geïnformeerd had, begon hij samen met Ratnamji de Naam van God te zingen. Wat volgde is moeilijk in woorden te beschrijven.

Er kwam een verpleger die de gebroken plaats met alcohol begon in te wrijven om die schoon te maken als voorbereiding op de operatie. De pijn was ondraaglijk en Ratnamji begon de Goddelijke Naam luider te zingen. Plotseling begon hij uitgelaten te lachen. Het volgende moment stonden zijn ogen onbeweeglijk, zijn adem hield op, zijn borst werd rood en alle haren op zijn hoofd en lichaam staken uit als de stekels van een stekelvarken, alsof er een elektrische stroom door hem heen ging. Toen ik vol verbazing toekeek, zag ik dat zijn ogen geleidelijk van bruin in een stralend blauwwit veranderden, de kleur van een booglamp of een lasapparaat. Was dit *samadhi*, de hoogste gelukzaligheid van eenheid met God?

Even later ontspande zijn lichaam zich een beetje en met een verstikte stem lachte hij en praatte opgewonden over de Oceaan van Kracht die God is. Voordat hij het woord God kon uitspreken, steeg zijn geest weer op naar het Licht en al zijn haren staken uit als tevoren. Dit gebeurde een aantal keren. Een ogenblik later kwam de dokter naar het bed om te zien of Ratnamji klaar was voor de operatie. De naam van de dokter was Rama, wat in het Sanskriet een naam voor God is. Eén blik naar de dokter en

Ratnamji was vertrokken, terug naar het Verblijf van Oneindige Gelukzaligheid. Toen hij weer naar beneden kwam stamelde hij: "Rama, Rama, zelfs de gedachte aan Uw Naam maakt mij zo!" De dokter en verpleger konden natuurlijk geen wijs worden uit wat hij bedoelde. Ze dachten dat hij hysterisch was uit angst voor de komende operatie. Ze zeiden hem dat hij zich geen zorgen hoefde te maken, dat hij onder verdoving gebracht zou worden en niets zou voelen.

"Ik maak me geen zorgen. Om je de waarheid te vertellen, verdoving is helemaal niet nodig. Zelfs als jullie het niet gebruiken, zou ik niet de minste pijn voelen!" riep hij lachend uit.

Omdat zij de betekenis van wat hij zei niet begrepen, stelden ze hem opnieuw gerust en zeiden hem dat hij zich klaar moest maken. Binnen een paar minuten zouden ze hem naar de operatiekamer rijden. Toen ik deze prachtige toestand van hem zag en omdat ik zulke dingen gelezen had in boeken die het leven van gerealiseerde zielen beschrijven, wenste ik innig dat ik zo'n ervaring van eenheid met het Hoogste Licht kon hebben als ik juist gezien had. Net toen ik dat gedacht had, wendde Ratnamji zich naar mij en zei: "Kan dat zo snel? Eerst moet je oefenen en rijp worden en dan zal het komen." Mijn geest was duidelijk een open boek voor hem.

Nadat hij uit de operatiekamer teruggekomen was, zaten er wat toegewijden naast zijn bed. De rust die van hem uitstraalde was enorm. Mijn gedachtegolven kwamen min of meer tot rust en ik genoot een diepe rust als droomloze slaap. Geleidelijk kwam hij bij bewustzijn toen het effect van de verdoving minder werd. Hij lachte en maakte grappen met iedereen tot 's avonds laat. De doktoren hadden onder de knie een stalen pen door zijn scheenbeen geplaatst om het been gestrekt te houden. Het deed mij veel pijn om dat te zien.

Door de onachtzaamheid van de doktoren raakte de wond rondom de staaf de volgende dagen geïnfecteerd en dit gaf hem ondraaglijke pijn. Hij kon zich niet bewegen en was ontzettend rusteloos door de pijn. Men vertelde de doktors over de infectie en vroeg hun om de wond schoon te maken en antibiotica toe te dienen. Maar zij vergaten het en stelden het bijna vier of vijf dagen uit.

Op een avond kwam er een jongeman die medicijnen studeerde om met Ratnamji te praten. Ik vertelde hem over de ontstoken toestand van de wond en hij maakte die schoon en diende wat medicijnen toe. Daarna kwam hij iedere dag om met Ratnamji te praten en zelf de wond schoon te maken. Ik was verrast en kwaad over de harteloosheid van het ziekenhuispersoneel en besloot toen meteen dat het beter zou zijn om onverzorgd in de goot te sterven dan in het ziekenhuis te sterven in de handen van zulke onverschillige mensen.

De volgende jaren had ik vaak de mogelijkheid om ziekenhuizen te bezoeken en het was altijd hetzelfde. De verzorgende doktoren en verplegers leken te vergeten dat er in het menselijk lichaam zenuwen zijn en verbonden met de zenuwen is een persoon die duidelijk pijn kan voelen. Het uitoefenen van de geneeskunst is ofwel een mogelijkheid om je medemens onbaatzuchtig te dienen en om te leren God in hem te zien of om als een boodschapper van de god van de dood te dienen door anderen te kwellen. En voor de patiënt in het ziekenhuis is het een goede mogelijkheid om totale overgave aan Gods wil te beoefenen.

Bijna twee maanden lang werd Ratnamji's been gestrekt gehouden. Na röntgenfoto's genomen te hebben zagen de doktoren dat door zijn suikerziekte de breuk heel langzaam genas. Ze besloten om de staaf uit zijn been te verwijderen en zijn been gestrekt te houden door hechtpleister om zijn been aan te brengen. Hoewel dit aanvankelijk comfortabeler was begon Ratnamji na een paar dagen te klagen dat het voelde alsof de huid van zijn been werd afgetrokken. De dokters geloofden hem natuurlijk niet en hielden vol dat het gevoel alleen in zijn verbeelding was. Hij onderging deze marteling nog een maand toen de pleister uiteindelijk verwijderd werd. De hele huid onder de pleister was er inderdaad langzaam afgetrokken door het gewicht van het rekverband. De littekens hiervan konden jaren later nog op zijn been gezien worden. Ik vroeg hem waarom hij zoveel moest lijden.

"Iedereen heeft zowel goede als slechte daden verricht in de loop van ontelbare levens. Zoals je zaait zul je oogsten. Alles wat ongevraagd op ons afkomt is alleen het resultaat van onze eigen handelingen. Deugdzame handelingen geven aangename resultaten, slechte daden geven pijnlijke resultaten. Het oogsten van de vrucht hoeft niet plaats te vinden in hetzelfde leven als de activiteiten en gewoonlijk gebeurt dit ook niet. God rangschikt de resultaten van onze daden op zo'n manier dat het ons geleidelijk naar steeds hogere niveaus van spirituele verwerkelijking brengt. Het is aan ons om Zijn uitdeling te gebruiken om spirituele vooruitgang te maken. Door onbewogen getuige te blijven van de genoegens en pijn van het lichaam, wordt je geest geleidelijk zuiver en gaat op in zijn bron die God is of het echte Zelf van alles. Men kan dolblij zijn met het aangename en zich ellendig voelen over het pijnlijke, wat de meeste mensen inderdaad zijn, maar dit brengt je niet dichter bij het doel van gelijkmoedigheid.

Al mijn pijn is het resultaat van slechte daden die ik ooit in het verleden gedaan heb. Het lijden van nu dient om mijn geest naar verheven hoogten van Godsbewustzijn te duwen. Waarom zou ik klagen of anderen de schuld geven? Hoewel dit het resultaat is van slechte daden, gebruikt God dit om mij een visioen van Hem te geven. Wat een wonder!" antwoordde hij.

Op een dag kwam een toegewijde Ratnamji 's avonds opzoeken. Hij was getrouwd, had drie kinderen en had een kleine kruidenwinkel. Hij ging naast het bed op de vloer zitten en begon de Goddelijke Naam zachtjes te herhalen. Ik zat naast hem en keek naar hem. Ik had het idee dat getrouwde mensen spiritueel niet veel vooruitgang konden maken omdat het grootste deel van hun energie en tijd aan hun gezin besteed moest worden. Gary Snyder in Japan was een uitzondering, maar ook hij was eerst als monnik door veel jaren van strikte discipline gegaan. Deze man was diep geabsorbeerd in het zingen van de Goddelijke Naam, toen er plotseling een zwaar boek dat op het bed geplaatst was, neerplofte op wat borden net naast hem. Geschrokken sprong ik op, maar hij vertrok zelfs geen spier en opende zijn ogen niet. Hij ging gewoon door met zingen alsof er niets gebeurd was. Ratnamji keek naar mij met een glimlach in zijn ogen.

"Als men de Goddelijke Naam met zo'n absorptie kan herhalen dat er geen bewustzijn van het lichaam of de omgeving is," zei hij, "wat doet het er dan toe dat men getrouwd is of kinderen heeft? De geest van deze man is helemaal overgegeven aan God. Iedere minuut van de dag herhaalt hij de Goddelijke Naam hoewel hij voor zijn zaak en voor zijn gezin moet zorgen. Hij is aan niemand of niets gehecht maar gaat door zijn taak te doen met een onthechte instelling als een offer aan God. Omdat hij de hele tijd aan de Heer denkt en steeds wanneer de tijd het toelaat het gezelschap van heiligen zoekt, verliest zijn geest zich gemakkelijk in meditatie wanneer hij gaat zitten om de Naam te herhalen. Wie is beter, hij of wij? Hoewel wij monniken zijn, hebben wij een dergelijke absorptie?"

Hierdoor leerde ik dat men iemands spirituele niveau niet moet beoordelen naar zijn positie in het leven. Een monnik die van alles afstand doet, kan zo ondiep zijn als een plas water en iemand met een gezin kan zo diep als de oceaan zijn wat betreft spirituele vorderingen.

Tijdens Ratnamji's verblijf in het ziekenhuis ontmoette ik de grote heilige Avadhutendra Swami. Hij en Ratnamji waren al ongeveer twintig jaar nauwe vrienden en hadden samen door heel India gereisd. Avadhutendraji was een uitstekend musicus en bracht iedere avond twee uur door met het zingen van de Goddelijke Naam in privé woningen of religieuze centra. Zijn zingen had iets waardoor de atmosfeer geladen werd met devotie. Ik vroeg hem of hij mij een beetje over zijn verleden wilde vertellen zodat ik wat inspiratie kon opdoen om mijn eigen inspanning voor Godrealisatie te verhogen. Hij vertelde mij dat hij een jaar lang in Noord India muziek gestudeerd had. Toen vertelde zijn leraar hem dat hij hem niets meer te leren had. Hij had een aangeboren talent voor muziek. Enkele filmproducenten vroegen hem om de soundtracks voor hun films te zingen maar dat wees hij af. Hij zei dat God hem deze stem gegeven had en dat hij die alleen voor Hem zou gebruiken. Hij ging toen verder naar het noorden naar Ayodhya, de geboorteplaats van Sri Rama, waar hij zich aansloot bij een ashram.

Naarmate de tijd verstreek en hij bezig was met zijn spirituele disciplines en oefeningen, kwam hij erachter dat zijn lichaam geleidelijk verlamd werd. Hij raadpleegde veel dokters en probeerde veel medicijnen, maar zonder resultaat. Uiteindelijk was de verlamming zo groot dat hij niet meer kon spreken. Hij verwachtte dat hij binnen korte tijd zou sterven. Toen liet een jonge monnik hem een boek getiteld *Hanuman Chalisa* zien, dat een verzamelwerk was door een heilige genaamd Tulsidas die ongeveer vierhonderd jaar geleden leefde. Het bestond uit veertig verzen ter verheerlijking van Hanuman. Hij vertelde Avadhutendraji dat hij moest proberen om de verzen in gedachten zo goed als hij kon te herhalen, want veel mensen waren van ongeneeslijke ziekten genezen door dit te doen. Avadhutendraji slaagde er op de een of andere manier in om de verzen van buiten te leren en ging door

Avadhutendra Swami in Tiruvannamalai

met het herhalen van de hymne. Tot zijn verbazing kwam zijn stem geleidelijk terug en de verlamming verdween volledig binnen een maand nadat hij met het herhalen begonnen was.

Avadhutendraji besloot om zijn dankbaarheid aan Hanuman op een concrete manier te tonen. In de volgende veertig jaar zorgde hij er altijd voor dat deze hymne in marmer gegraveerd en aangebracht werd in iedere Hanumantempel die hij in Noord en Midden India kon vinden. Er waren ongeveer tweehonderd tempels! Hij vertelde me dat verschillende toegewijden aangeboden hadden om de kosten hiervan te dragen en zelfs wanneer hij geld voor persoonlijk gebruik ontving, gebruikte hij het voor dit doel.

Nadat hij genezen was ging hij op zoek naar een gerealiseerde guru en vond er een in een klein stadje bij de samenvloeiing van de rivieren Yamuna en Ganga. Deze heilige, Prabhudattaji, had vele jaren boete gedaan onder een boom en had verlichting bereikt. In die delen van het land was hij welbekend. Avadhutendraji benaderde hem maar moest een zware test ondergaan voordat hij als leerling geaccepteerd werd.

Prabhudattaji gaf Avadhutendraji de taak om een tuin met basilicumplanten water te geven, die in India als een erg heilige plant beschouwd worden. De tuin was zo groot dat er iedere dag ongeveer honderd emmers water voor nodig waren. Er was vlakbij een put maar die was meer dan dertig meter diep. Bovendien was het het koude seizoen en Avadhutendraji's handen begonnen te barsten bij het omhooghalen van het water. Na een paar dagen waren zijn handen bedekt met bloed, maar hij bond er een lap omheen en ging zonder te mopperen door met het werk. Na een maand gaf zijn guru hem ander werk. Hij moest iedere dag alle kookpotten in de ashram schoonmaken. Prabhudattaji's ashram was erg groot en honderden mensen kregen daar dagelijks te eten. De potten waren zo groot dat hij erin moest zitten om ze schoon te maken!

Nadat hij dit werk een aantal dagen gedaan had vond zijn guru dat hij voor de test geslaagd was en nam hem aan als persoonlijke bediende voor de volgende vijftien jaar. Hij vroeg hem ook om iedere avond de Goddelijke Naam in de ashram te zingen. Avadhutendraji werd onder het zingen zo overweldigd door goddelijke liefde dat hij op veel dagen niet door kon gaan met de liederen. Toen zijn guru dit zag, riep hij hem op een dag en zei hem dat hij klaar was om onafhankelijk te zijn en vrij was om te gaan. Dit was nadat hij zijn guru vijftien jaar gediend had.

Vanaf toen trok hij door het hele land. Hij zong de Goddelijke Naam en preekte de grootsheid ervan als een manier om God te realiseren. Hij vertelde mij dat hij in de veertig jaar dat hij had rondgetrokken van heilige plaats naar heilige plaats, nooit een heilige ontmoet had die zo groot was als Ratnamji en dat hij altijd de Hoogste Gelukzaligheid in zijn gezelschap ervoer. Toen hij hoorde dat Ratnamji in het ziekenhuis lag, was hij van een verafgelegen plaats gekomen alleen om hem te zien.

Avadhutendraji was een majestueuze man. Als hij niet in de kleren van een monnik gekleed zou zijn, zou je denken dat hij een koning was. Hij was een meter tachtig lang met lange armen en een diepe stem. Zijn ogen hadden de zachtheid van een ree en op zijn gezicht was steeds een stralende glimlach. Ik voelde me bevoorrecht dat ik hem mocht ontmoeten. Af en toe stuurde Ratnamji mij naar Avadhutendraji's zangbijeenkomsten zodat ik hem beter kon leren kennen. Hij vroeg mij altijd om naast hem te zitten en behandelde me zeer vriendelijk en zelfs met respect. Hierdoor voelde ik me nooit op mijn gemak maar hij leerde ons allemaal hoe we toegewijden van God als God zelf moeten behandelen. Als we dit zouden kunnen doen, dan is het nog slechts één stap naar God in iedereen zien.

Toen Ratnamji vier maanden in het ziekenhuis gelegen had, begon ik me ongeduldig te voelen om daaruit te komen, maar hij bleef me zeggen om me over te geven aan Ramana's wil. Ik was verbaasd over zijn geduld. Ik kon tenminste gaan waar ik wilde maar hij was aan zijn bed gekluisterd en toch leek hij niet in het minst ongeduldig. Uiteindelijk, toen ik op een morgen wakker werd, voelde ik een duidelijk verschil in de atmosfeer, een soort vrede of lichtheid. Misschien was het alleen maar verbeelding. Wat het ook mocht zijn, die morgen zeiden de dokters ons dat Ratnamji die dag uit het ziekenhuis mocht. Wat een vreugde! Maar mijn vreugde duurde niet lang. Ratnamji vroeg de doktoren of zij er zeker van waren dat het in orde was om te gaan. Ik was geschokt hem dit te horen zeggen. Wat als ze van mening zouden veranderen, dacht ik. Gelijkmoedigheid bij plezier en pijn, er was weinig van die eigenschap in mij, en er was weinig anders dan dat in Ratnamji. De dokters verzekerden hem dat hij kon gaan maar dat hij nog een maand lang niet moest proberen te lopen. Goddank vertrokken we toch. We droegen Ratnamji naar een taxi en reden naar het huis van een vriend die hem uitgenodigd had om daar aan te sterken zo lang als nodig was. Onderweg vroeg ik Ratnamji: "Hoe ziet de hemel er uit na zoveel maanden binnen geweest te zijn?" "Het ziet er precies uit als het plafond van de ziekenhuiszaal!" antwoordde hij lachend. Zijn gelijkmoedigheid was werkelijk onverbeterlijk.

Ieder plaats waar Ratnamji verbleef werd binnen een paar dagen een ashram en ons nieuwe verblijf was geen uitzondering. Onze vriend was een regeringsambtenaar en de regering had hem een ruime villa als woning gegeven. Die lag in een grote tuin van ongeveer vijftienduizend of twintigduizend vierkante meter in een voorstad van Hyderabad. Wat een opluchting na de deprimerende atmosfeer van het ziekenhuis. Door in het ziekenhuis te verblijven leer je ongetwijfeld waardevolle lessen. Iedere dag zag je een of twee patiënten voor je ogen sterven en de ware aard van het menselijke lichaam werd uitgesproken duidelijk. Maar ondanks dat alles zou ik niet graag de rest van mijn leven daar doorbrengen!

Onze vriend was een toegewijde van een beroemde Indiase heilige. Iedere week had hij bijeenkomsten en gaf lezingen over het onderricht van zijn guru en ook meditatiecursussen. Hij had veel respect voor Ratnamji en vond het echt een voorrecht dat hij hem in zijn huis kon dienen. Ze besteedden samen uren aan het discussiëren over spirituele onderwerpen tot 's avonds laat. Overdag als hij op zijn kantoor was, kwamen andere toegewijden Ratnamji opzoeken voor devotioneel zingen, aanbidding of discussies. Er was nooit een saai ogenblik in Ratnamji's gezelschap.

Mijn routine veranderde niet. Ik stond om half vier op, waste me en deed puja. Dan zorgde ik voor Ratnamji, waste hem, waste zijn kleren, maakte de kamer schoon, schreef zijn brieven en deed ander noodzakelijk werk. Er was altijd iets te doen. Hij vertelde me eens dat een lui iemand nooit iets te doen kan vinden en een oprecht iemand kan nooit vrije tijd vinden. Ik wilde dat laatste zijn dus hield ik mezelf altijd bezig. Als er geen werk was en ik klaar was met de studie van de geschriften, vroeg hij mij om de mensen van het huis of de dienaren bij hun werk te helpen. Per slot van rekening waren wij gasten in hun huis en moesten we het werk delen. Dat was zijn houding en zelfs hij deed wat hij kon om de gastheer en zijn gezin te helpen.

Wanneer we tijdens onze reizen bij arme families verbleven, vroeg hij mij vaak om voedsel te kopen en het te geven aan degene die kookte. Wanneer we vertrokken, regelden we soms dat zij na ons vertrek geld kregen, omdat ze konden aarzelden om het direct van ons aan te nemen. Als de gastheer rijk was, boden we in ieder geval onze fysieke hulp aan. In het huis van de regeringsambtenaar deed ik dit, maar gewoonlijk zonder dat zij het wisten opdat ze zich niet zouden ergeren. Ratnamji vond dat zelfs als anderen ons respect toonden, we nooit moesten denken dat we in enig

opzicht beter dan zij waren, maar we moesten liever een gevoel
van eenheid en gelijkheid met allen cultiveren.

Op een morgen na het baden stond ik op het punt om te gaan
zitten om mijn dagelijkse aanbidding te doen, toen Ratnamji me
riep.

"Ik wil vandaag je puja zien. Doe het bij mijn bed. Ik heb
vele maanden niet gezien hoe je het doet," zei hij.

Ik stelde alles naast zijn bed op en begon met de puja. Ik deed
het ongeveer vijf minuten toen hij mij vroeg om op te houden.

"Je herhaalt de verzen mechanisch zonder enig gevoel. Niet
alleen dat, je offert iets aan je guru zonder ook maar naar hem
te kijken. Als ik je een glas water zou aanbieden en me, terwijl
ik het in je handen geef, naar het raam keer en zeg: 'Neem dit
alsjeblieft aan,' hoe zou je je dan voelen? Als je de puja correct
doet, zal je concentratie zich van dag tot dag verdiepen en zul je
beginnen te voelen dat het beeld of de foto levend is. Probeer te
doen wat ik je gezegd heb," instrueerde hij.

Ik begon bij het begin en probeerde te doen wat hij gezegd
had. Onder het offeren van wat bloemen aan Ramana's foto keek
ik direct naar hem en legde ze toen aan zijn voeten. Toen ik dit
deed was ik verbaasd over het gevoel van liefde dat ik in mijn hart
voor hem voelde. Tegelijkertijd sloten mijn ogen zich een beetje
en er begonnen vanzelf tranen te komen. Niet alleen dat, maar
ik zag duidelijk iets levendigs in de foto. Ik was verbaasd over de
nauwkeurigheid van Ratnamji's diagnose en had spijt dat ik zoveel
dagen voorbij had laten gaan zonder de puja juist te doen om er
het profijt en de gelukzaligheid van te krijgen. Ik besloot om hem
nu en dan te vragen of ik mijn spirituele oefeningen juist deed.

Op een morgen ging ik de tuin in om bloemen voor de
aanbidding te plukken. Toen ik onder een boom door liep zag
en hoorde ik duidelijk alle bladeren trillen. Ik dacht dat het de
wind moest zijn die de bladeren bewoog, maar er was nauwelijks

wind, zeker niet genoeg om alle bladen te laten trillen. Ik werd nieuwsgierig en liep weer onder de boom. Opnieuw trilden de bladeren. Ik probeerde dit een aantal keren met bijna hetzelfde resultaat. Toen rende ik het huis in om het Ratnamji te vertellen. "Wat is daar zo wonderlijk aan? Bomen zijn levende wezens net zoals wij. Zij hebben hun eigen gevoelens en gewaarwordingen. Maar je moet er niet bij stil blijven staan, anders vergeet je waarom je hier bent. Zelfs een ongewone gebeurtenis moet onze aandacht niet afleiden. Ik merkte onlangs op toen ik je naar binnen riep, dat je overal naar de apen die in de bomen speelden keek. Een spirituele aspirant moet zo op zijn doel gericht zijn dat hij, behalve wanneer het nodig is, nooit door iets afgeleid wordt.

Er is een verhaal dat Sri Rama aan Hanuman vroeg om over een grote watervlakte te springen om wat informatie van de andere kant te krijgen. Toen hij erover sprong, boden waterdieren hem hun rug aan om op te rusten, maar hij wees het af en ging recht op zijn doel af en voltooide het werk. Wij moeten ook zo zijn en ons door niets laten afleiden," antwoordde hij.

Hij had zoals gewoonlijk natuurlijk gelijk maar om de een of andere reden voelde ik me een beetje gekwetst door zijn woorden. Nadat hij me dit advies gegeven had, vroeg hij me ongeveer vierhonderd meter de weg af te gaan naar het huis van een andere toegewijde en hem te zeggen dat hij zo spoedig mogelijk moest komen. Ik was opstandig en zei dat ik het later zou doen. Hij stond erop dat het meteen gedaan werd. Ik was een beetje kwaad om zijn aandringen en in plaats van hem te gehoorzamen ging ik naar de badkamer en nam een koude douche. Ik was verrast toen ik ontdekte dat na het nemen van de douche mijn opstandige stemming en kwaadheid verdwenen waren. Ik ging naar hem toe, verontschuldigde me en vertelde hem toen wat er gebeurd was.

"Soms is iemand door verhitte zenuwen prikkelbaar of kwaad. Het nemen van een koude douche koelt de zenuwen af en dan verdwijnt de kwaadheid. Voor lustgevoelens geldt hetzelfde. In feite verhitten alle sterke gevoelens de zenuwen of kunnen opgewekt worden door verhitte zenuwen. Een koude douche is een goede remedie," zei hij.

Na een maand begon Ratnamji te lopen. Binnen twee maanden kon hij heel goed lopen met behulp van een stok. Hij riep me op een dag en zei me:

"Ongeveer zesentwintig jaar geleden toen ik Ramana diende, had hij op een keer een bezoekende toegewijde gevraagd of hij ooit in een heilige plaats genaamd Muktinath in Nepal geweest was. Het is de plaats waar de heilige *saligram* stenen vandaan komen. Deze steen wordt overvloedig aangetroffen in de Gandaki rivier die door die plaats stroomt, en wordt in India voor aanbidding gebruikt. Sinds ik van die plaats gehoord heb, heb ik daar steeds heen willen gaan omdat het als een van de oudste pelgrimsplaatsen beschouwd wordt.

In de geschriften wordt gezegd dat een koning genaamd Bharata zich terugtrok naar Muktinath om boete te doen, nadat hij het koninkrijk aan de zorg van zijn zonen had overgelaten. Hij bereikte inderdaad een hoge spirituele staat, maar omdat hij een sterke gehechtheid aan een jong hertje ontwikkelde, stierf hij terwijl hij alleen maar aan het hert dacht in plaats van aan de Hoogste Waarheid. Als gevolg daarvan werd hij als hert herboren. De geschriften verzekeren dat je volgende geboorte grotendeels bepaald wordt door de aard van je laatste gedachte terwijl je sterft. Om deze reden wordt de Goddelijke Naam luid herhaald bij een stervende. Als hij op dat ogenblik aan God kan denken zal hij in Hem opgaan en de Hoogste Gelukzaligheid verwerven.

Onlangs vroeg Avadhutendraji mij of ik hem wilde vergezellen naar Nepal. Twee andere mensen gaan ook mee. Als we besluiten om te gaan, zal ik mijn oudste zus vragen om met ons mee te gaan om te koken. Ze heeft mij door de jaren heen op verschillende pelgrimstochten vergezeld en vindt het erg leuk. Wat zeg je ervan?"

Ik had natuurlijk veel zin om te gaan, vooral in het gezelschap van twee heiligen. Ik stemde er graag mee in en Avadhutendraji werd op de hoogte gebracht. We zouden over een week beginnen en zouden andere plaatsen onderweg bezoeken. Ratnamji's zus kwam binnen een paar dagen. We maakten alles klaar en gingen Avadhutendraji opzoeken.

Ons groepje van zes werd op het station door een grote groep toegewijden opgewacht die gekomen was om de twee heiligen uit te wuiven. Het was een vreugde om zelfs maar bij één van hen te zijn. Je kunt je het geluk wel voorstellen om bij hen allebei tegelijk te zijn! Ratnamji en Avadhutendraji waren allebei op hun best wanneer ze in elkaars gezelschap waren en ik voelde me erg gelukkig om hen samen te zien. De een was een groot zanger van devotionele liederen en de ander kon iemands niveau van bewustzijn verhogen door zijn wijze woorden. Ze hadden allebei afstand gedaan van alle wereldse belangen om Godsrealisatie te bereiken en hadden in de spirituele wereld veel bereikt. Bovendien waren ze allebei als kinderen, eenvoudig en argeloos zonder enige valse trots of arrogantie in zich.

We brachten de volgende tien dagen door met naar Nepal te reizen, onderweg bij heilige plaatsen te stoppen, tempels te bezoeken en bij Avadhutendraji's toegewijden te verblijven. In de veertig jaar dat Avadhutendraji door het land gereisd had, had hij heel wat bewonderaars gekregen en hij kende gewoonlijk tenminste een persoon in iedere plaats die we bezochten.

Wanneer je in het gezelschap van twee heiligen reist, heb je geen tijd om aan iets anders dan God te denken. Ik was naar India gekomen toen ik zelfs niet geloofde of erom gaf of er een God was. Nu ontdekte ik dat mijn geest vol was met de gedachte aan Hem alleen. Hoe was dat gebeurd? Het kwam zeker door in het gezelschap van heiligen te zijn. Het koortsachtige tempo en de smakeloosheid van het wereldse leven waren vervangen door een voortdurend gevoel van innerlijke rust en gelukzaligheid. Ieder moment was op zichzelf boeiend. De stroom van vrede en licht nam van dag tot dag toe en hield aan het einde de belofte van Eenheid in.

Het doel van mijn leven was het hoogste waarnaar de mens kon streven: eenheid met zijn Schepper en de Oneindige Gelukzaligheid en Kennis die daarmee samengaan. Ik was er op de een of andere manier in geslaagd om in nauw contact te komen met een traditie die duizenden jaren gevolgd, getest en bewezen was voor het bevorderen van spirituele ontwikkeling. Ik leefde nu in het gezelschap en onder leiding van twee heiligen die getuige waren van de grootsheid en waarheid van de oude tradities. Toen ik zo dacht, kwamen er tranen in mijn ogen. Ik voelde dat ik niemand en niets was, rondgeblazen als een droog blad door de gunstige wind van de Goddelijke Wil.

Avadhutendraji gaf mij zelden instructies. Hoewel ik soms zijn kleren waste en zijn bagage droeg, vond hij dat ik Ratnamji's spirituele zoon was en dat hij mij niet hoefde te instrueren. Slechts bij één gelegenheid ontving ik advies van hem. Toen we op een dag door de straten liepen op weg naar de tempel, klampte een man mij aan en vroeg me uit welk land ik kwam. Ik begon hem antwoord te geven toen Avadhutendraji zich omkeerde en vroeg waarover ik sprak. Ik vertelde over de vraag van de man. Hij antwoordde:

"Als men de Goddelijke Naam bij iedere ademhaling herhaalt, dan kan men Godsbewustzijn heel snel bereiken. Mensen slagen er niet in omdat zij veel tijd verspillen met onnodig gepraat. In de tijd die je nodig had om naar de vraag van die man te luisteren en die te beantwoorden, kon je je mantra minstens tien keer herhalen. Is dat geen groot verlies?"

We reisden verder naar het noorden en kwamen uiteindelijk bij de Nepalese grens. Vandaar kan men ofwel een zeer vervelende reis per bus maken of een vliegtuig nemen naar Kathmandu, de hoofdstad van Nepal. Ratnamji adviseerde me om voor alle kosten van Avadhutendraji te zorgen en ook voor de kosten van ons drieën. Ik besloot dat we met het vliegtuig moesten gaan ongeacht de kosten. Het zou comfortabeler voor hen zijn en omdat Ratnamji nog nooit in een vliegtuig gezeten had, wilde ik dat hij die ervaring tenminste één keer had. We stapten in het vliegtuig en vlogen weldra over de Himalaya's. Ratnamji was gewoon als een kind en keek enthousiast uit het raam naar de grond ver beneden hem. Hij zei tegen me:

"Weet je, dit lijkt erg op Godsbewustzijn. Naarmate de geest steeds hoger naar zijn Bron opstijgt, gaat het besef van verschil geleidelijk verloren totdat tenslotte alles oplost in het Ene Bestaan. Wanneer wij steeds hoger vliegen, verliezen de objecten beneden hun relatieve grootte. Mensen, bomen, gebouwen en zelfs heuvels lijken allemaal dezelfde hoogte te hebben. Als we hoog genoeg zouden gaan, zou de aarde zelf verdwijnen in de onmetelijke ruimte!"

Ik was verrast over de manier waarop hij dingen bekeek. Zijn geest was altijd op God afgestemd wat er ook gebeurde.

Na onze aankomst in Kathmandu gingen we per auto naar een herberg bij de belangrijkste tempel van de stad, Pasupathinath. De herberg was een pleisterplaats voor pelgrims die de tempel bezochten. Het was een gebouw met twee verdiepingen, de begane grond werd gebruikt om koeien te houden en de bovenste verdieping was voor gasten. Het was kosteloos maar men kon een donatie geven. We namen een kamer, spreidden ons beddengoed uit en namen wat rust voordat we naar de tempel gingen.

De Pasupathinath-tempel is een enorm complex binnen een omheinende muur en hoewel het een hindoetempel is, komt de bouwkundige stijl, die pagodevormig is, uit het Verre Oosten. Honderden toegewijden gaan de tempel in en uit van de vroege morgen tot de late avond. Het klimaat in de Kathmandu-vallei is erg koel en verfrissend. Het voelde alsof een grote last van mijn schouders was genomen na het verlaten van de hitte van de Indiase vlakten. Ratnamji en Avadhutendraji mochten de plaats ook erg graag. Ze keken naar alles en genoten van de nieuwe omgeving en cultuur.

De volgende dag namen we een taxi en gingen naar alle belangrijke bezienswaardigheden in de stad, waaronder veel hindoe- en boeddhistische tempels waren. We gingen toen naar een naburig dorp waar een beroemde en oude tempel was die gewijd was aan de Goddelijke Moeder. Een paar meter van de tempel hoorden we luid devotioneel gezang. Avadhutendraji die daardoor werd aangetrokken en nieuwsgierig was om te zien wat er aan de hand was, leidde ons een geweldige binnenplaats in. Honderden mensen herhaalden de Goddelijke Naam onder begeleiding van trommels en harmoniums. In het midden van de menigte was een oudere heer die met de muziek meewiegde en bloemen op iedereen bij hem wierp. Hij had een stralend gezicht. Toen hij Avadhutendraji zag, sprong hij op, kwam naar hem toe en omhelsde hem.

Avadhutendraji was zeer gelukkig en zei ons dat deze man een van de grootste heiligen van Nepal was. Hij bracht zijn hele leven door met het verspreiden van de Goddelijke Naam in Nepal en Noord India. Avadhutendraji had hem eerder in India ontmoet, waar deze heilige een ashram in Brindavan had, een heilige plaats verbonden met het leven en het tijdverdrijf van Heer Krishna. Avadhutendraji en Gautamaji, zoals hij heette, waren verrast en dolblij om deze toevallige ontmoeting. We werden uitgenodigd en kregen overvloedig te eten. 's Avonds gingen we naar onze herberg

terug en beloofden naar Gautamaji's ashram in Kathmandu te
gaan die slechts vijf minuten lopen was van waar wij verbleven.

De volgende dag gingen wij met zijn zessen naar de ashram
die op een heuvel lag tussen de tempel en onze herberg. Het was
eigenlijk het voorvaderlijk huis van Gautamaji's familie. Toen we
aankwamen was er een festival in volle gang. Gautamaji's zoon
was verkleed als Sri Krishna en enkele toegewijden waren verkleed
als Zijn kameraden. Ze haalden gymnastische toeren uit en deden
spelletjes die herderskinderen doen wanneer zij de koeien naar de
wei brengen en op het land spelen. Dit had Krishna als kind ook
gedaan. De hele tijd werd de Goddelijke Naam luid gezongen.
De atmosfeer was vol devotie. Na de voorstelling werd er aan
iedereen voedsel uitgedeeld.

Gautamaji nam ons toen mee naar buiten naar de tuin om
ons de rest van de ashram te laten zien. In de tuin waren twee
kleine tempels en een aantal stenen pilaren. In de tempels waren
de heilige geschriften van de hindoes inclusief de vier Veda's, de
Mahabharata, Ramayana en de achttien Mahapurana's. De hindoecultuur heeft een uitgebreide schat aan religieuze literatuur
om alle mensen in ieder stadium van spirituele ontwikkeling te
helpen. Zoals in iedere andere godsdienst worden de geschriften
gerespecteerd en vereerd als het geopenbaarde Woord van God.

We vroegen Gautamaji over de stenen pilaren. Hij vertelde ons
dat hij zijn volgelingen door de jaren heen geadviseerd had om de
Naam van God ononderbroken te herhalen en die ook in schriften
op te schrijven. Hij had een enorm aantal van zulke schriften
verzameld met de Goddelijke Naam "Rama" erin geschreven. Hij
had ze in de grond begraven en er pilaren overheen geplaatst om
de plaats te markeren. De pilaren waren zichtbare afbeeldingen
van de Goddelijke Naam. We vroegen hem hoeveel Namen er
begraven waren onder de vijf of zes pilaren in de tuin. Hij vertelde ons dat onder iedere pilaar "Rama" tien miljoen keer in de

schriften was geschreven! We waren sprakeloos van verbazing. We hadden nooit ergens zo'n devotie voor de Goddelijke Naam gezien.

Gautamaji reed ons toen naar een klein dorp ongeveer dertig kilometer van Kathmandu waar hij een andere ashram had. Het welige groen van het platteland met de Himalaya's in de verte was voor ons allemaal een prachtig gezicht. De Nepalese dorpelingen zijn misschien de meest beschaafde, religieuze en eenvoudige mensen ter wereld. Ik dacht dat de Indiase mensen duizend jaar geleden misschien als zij geweest waren voordat de Mogul en Britse invasies de ongerepte zuiverheid van de oude cultuur bedierven.

Toen we bij de dorpsashram kwamen, werden we door een bewoner begeleid. Hij liet ons een kleine kunstmatige heuvel zien in het midden van de ashram die van cement of gebrande gips gemaakt was. Men vertelde ons dat enkele stenen van de heilige Govardhanaheuvel in India kwamen. Deze berg was verbonden met Sri Krishna. De stenen waren in het midden van de ashram geplaatst en een kopie van de Govardhanaheuvel was eroverheen gebouwd. Zoals in Govardhana gedaan wordt, liepen de toegewijden hier zingend en de Namen en verhalen over Heer Krishna reciterend rondom de miniatuurheuvel.

Ergens anders was een ruimte van ongeveer twee bij één meter met een pilaar op iedere hoek. Men vertelde ons dat net zoals de pilaren in de ashram in Kathmandu deze open plek nog eens tien miljoen Namen bevatte. Wanneer iemand in de omgeving stierf, werd zijn lichaam hierheen gebracht en op deze plek geplaatst. De mensen dachten dat de spirituele vibratie van de Naam een enorme hulp zou zijn voor de scheidende ziel. Avadhutendraji die de Goddelijke Naam veertig jaar lang herhaald en over heel India verspreid had, was verrast en zeer blij met dit kinderlijk vertrouwen in God en Zijn Naam. Toen hij op die plaats stond had hij in feite geen neiging om naar India terug te gaan. Hij wendde zich tot ons en zei:

"Deze simpele mensen hebben volledige toewijding aan God. In India kunnen we geen mensen vinden met zelfs maar een tiende van dit vertrouwen. Ik heb geen zin om daarheen terug te gaan!" Het was september en het weer in de Kathmanduvallei was erg kil in de vroege morgen. De gezondheid van Avadhutendraji was al een tijd lang niet goed en hij voelde zich ongemakkelijk door de kou. Hij besloot uiteindelijk om zo snel mogelijk met de andere twee toegewijden naar India terug te keren. We bespraken onze plannen voor de toekomst en Ratnamji droeg mij op om een vliegtuigticket naar India voor Avadhutendraji te kopen en drie tickets voor ons naar Pokhara te kopen, een dorp ongeveer honderd vijftig kilometer ten westen van Kathmandu. Vandaar zouden we onze pelgrimstocht naar Muktinath moeten beginnen. Avadhutendraji's vlucht ging de volgende dag, maar pas na drie dagen was er een vlucht beschikbaar naar Pokhara. Nadat ik alles geboekt had ging ik terug naar de herberg.

Toen Ratnamji de volgende morgen wakker werd, gloeide hij door hoge koorts. Hij kon amper overeind staan. Avadhutendraji wilde naar de tempel gaan voordat hij naar India terugkeerde en Ratnamji stond erop om met hem mee te gaan. Hij steunde op mijn schouder en langzaam gingen we naar de tempel en terug. Zodra we de herberg bereikten, raakte Ratnamji bewusteloos. Avadhutendraji en ik zetten hem in een taxi en gingen naar een homeopathische dokter, kochten medicijnen en gingen terug.

Avadhutendraji's vliegtuig zou volgens de dienstregeling om elf uur 's morgens vertrekken. Het was al negen uur. Hoe kon hij Ratnamji in deze toestand achterlaten? Hij vroeg mij telkens opnieuw of hij moest gaan. Ik verzekerde hem dat Ratnamji's zus en ik voor alles zouden zorgen en vroeg hem om zich geen zorgen te maken. Tenslotte gaf hij mij zijn kostbare wollen deken voor Ratnamji en nam afscheid met een bedroefde blik in zijn ogen.

Ratnamji kwam de volgende dag pas weer bij bewustzijn. "Hoe laat is het? Waar is Avadhutendraji?" vroeg hij.

"Het is een uur 's middags. Avadhutendraji is gisterochtend om ongeveer negen uur naar India vertrokken. Hij was erg verdrietig om je hier achter te laten. We hebben je naar de dokter gebracht. Toen heb ik Avadhutendraji dringend verzocht om zijn plan door te zetten en dus is hij in een besluiteloze stemming vertrokken. Hij heeft deze deken voor je hier gelaten en dat is maar goed ook omdat we niets warms hadden om je mee te bedekken. Je bent lang bewusteloos geweest. Hoe voel je je nu?"

"Dood," antwoordde hij. "Wat jammer dat ik geen afscheid heb kunnen nemen van Avadhutendraji. Je had moeten proberen om me wakker te maken. Ik moet me verontschuldigen de volgende keer dat ik hem zie."

Net zoals zijn gelijkmoedigheid onveranderlijk was, was zijn nederigheid dat. Omdat ik bij de geringste provocatie kwaad werd en toch een hoge dunk van mezelf had, vroeg ik me af of ik Ratnamji's voorbeeld in dit leven zou kunnen navolgen. Ik voelde me als een mug die de oceaan probeerde over te steken. Ratnamji nam het homeopathische medicijn de volgende twee dagen regelmatig in en voelde zich goed genoeg om te reizen op de dag die voor onze reis was vastgesteld. "Het ziet er naar uit dat God ons gunstig gezind is, anders had ik lang in bed moeten blijven. Nu geeft Hij ons de kans om te zien of mijn been genezen is," zei hij.

De volgende dag namen we het vliegtuig naar Pokhara en zochten naar een plaats om te verblijven. Er was een Kalitempel op een heuveltop aan de rand van het dorp. Het betekende een flinke klim, maar de atmosfeer daar zou erg rustig zijn. Kali is het woeste aspect van de Goddelijke Moeder. De Goddelijke Moeder zelf is de Kracht van God in een belichaamde vorm. Zij heeft drie taken en drie aspecten die verband houden met schepping, instandhouding en vernietiging. Alles wat geschapen is moet uiteindelijk vernietigd worden. Kali is dat aspect van Gods Kracht dat ieder geschapen voorwerp vernietigt. Sarasvati is de Scheppende Kracht en Lakshmi is de in stand houdende Kracht. Kali wordt door wereldse mensen aanbeden om hindernissen voor hun geluk, zoals slechte gezondheid, armoede of vijanden, te vernietigen. Spirituele aspiranten aanbidden Kali voor de vernietiging van hun spirituele onwetendheid, die de Realiteit in hen versluiert en die maakt dat zij zich beperkt voelen tot hun lichaam en geest. Hoewel iedere hindoe weet dat God, het Hoogste Wezen, één en vormloos is, gelooft hij ook dat Hij zich kan manifesteren en dit ook doet in een oneindig aantal vormen in het belang van en voor de vreugde van Zijn toegewijden. Eén persoon kan door verschillende mensen moeder, zus, dochter en nicht genoemd worden afhankelijk van haar relatie met ieder van hen. Toch is die persoon een en dezelfde. Gezien door verschillende mensen wordt het Ene Wezen Goddelijke Moeder, Krishna, Shiva en ontelbare andere namen genoemd.

Nadat we ons eten gekookt hadden en Moeder Kali aanbeden hadden, aten we onze lunch en begonnen in noordelijke richting te lopen. Onderweg informeerden we naar de route naar Muktinath. We hadden besloten om zelf te koken en dus hadden we een petroleumstel, petroleum, rijst en ander etenswaren meegenomen, en ook kleren en beddengoed. Het was een formidabel gewicht en we besloten om drie dragers te huren om ons te helpen en de weg te wijzen. We wisten toen nog niet dat we alleen Nepalese dragers moesten huren. We kregen door onze onwetendheid de ene bittere ervaring na de andere. De eerste plaats waar we huurarbeiders hadden gevonden, was in het Tibetaanse vluchtelingenkamp buiten het dorp. We ontmoetten daar drie mannen, maar Ratnamji waarschuwde me dat we ze niet moesten huren. Om de een of andere reden mocht hij hun uiterlijk niet. Ik drong aan dat er geen andere manier was en dus werden we het tenslotte eens over hun loon en huurden hen in. We besloten om de volgende morgen te vertrekken.

Bij zonsopkomst gingen we op weg naar Muktinath. Weg is niet het juiste woord voor het voetpad dat de Himalaya's in ging naar Muktinath honderd vijfendertig kilometer verder. Van Muktinath is het slechts een kleine afstand naar de Chinese grens. Voorbij Pokhara was er geen weg. Ratnamji en Seshamma, zijn zus, besloten om de hele afstand op blote voeten te lopen als religieuze ascese. Ik wilde ook op blote voeten lopen, maar was de vorige avond op een scherp stuk hout gestapt en had mijn voetzool opengehaald. Bijgevolg moest ik rubber sandalen dragen die later een bron van veel lijden voor me bleken te zijn.

Een paar kilometer voorbij Pokhara begon de klim naar de uitlopers van de Himalaya's. De beklimming was steil en uitputtend, maar het adembenemende landschap en de zuivere lucht wogen ruim op tegen de inspanning. De dragers liepen zo snel dat we hen na het eerste uur niet meer zagen. Dit was een voorproefje van wat komen zou.

Gelukkig vonden we rond het middaguur onze gidsen die in een klein dorpje op een bergflank op ons wachtten. Ze waren hun eten al aan het koken. We vroegen hen waarom ze zo ver voor ons uit gegaan waren. We legden hun uit dat we de weg niet wisten en van hen afhankelijk waren om ons de weg te wijzen. Ze zeiden dat wij te langzaam liepen en dat ze niet ter wille van ons langzamer konden lopen. Wij zeiden hun dat als ze niet met ons mee konden lopen, ze beter terug konden gaan. Ze beloofden om langzamer te lopen.

Na het koken en eten vertrokken we naar het volgende dorp in de hoop voor het invallen van de nacht aan te komen. Er liggen alleen bossen tussen de dorpjes in de Himalaya's en als je voor zonsondergang geen dorp bereikt, loop je het risico door wilde dieren aangevallen te worden. Die nacht slaagden we er op de een of andere manier in om het volgende dorp te bereiken, maar omdat we te moe waren om te koken, kochten we eenvoudig wat melk en koekjes, aten die op en gingen naar bed. Tijdens de volgende drie weken vonden we het verrassend dat een glas melk 's morgens, een volle maaltijd 's middags en melk en een paar koekjes 's avonds genoeg waren om ons op de been te houden. In feite was mijn gezondheid veel beter terwijl ik in de bergen klom, en mijn geest bleef zonder inspanning in een verheven toestand misschien door de oefeningen en de lucht. Ons middagmaal was uiterst simpel. We gooiden rijst, linzen en onrijpe bananen in een pot en kookten alles samen en voegden op het laatst zout toe. Voor of na deze pelgrimstocht heb ik nooit zulk heerlijk voedsel gegeten. We ervoeren duidelijk dat honger rauwe bonen zoet maakt.

Twee of drie dagen verliep alles soepel. Toen begonnen de dragers weer sneller te lopen en ons achter te laten. Eén keer verdwenen ze in de verte en namen zelfs onze zaklantaarns mee. We hadden niets meer bij ons behalve een beetje geld. We schreeuwden en schreeuwden, maar zonder resultaat. Toen we alleen liepen, kwamen we bij een splitsing in de weg. We namen de linker zijweg die doodliep. We verspilden twee uur met terugkeren. Het was al rond vijf uur 's middags en we wisten niet hoe ver het volgende dorp was. Er was niemand om ons de weg te wijzen.

Ik besloot om snel vooruit te gaan en probeerde de dragers te vinden en versnelde dus mijn pas. Ratnamji en Seshamma rustten langs de kant van het pad. Door mijn geestdrift om de dragers en onze eigendommen te vinden, verzuimde ik om Ratnamji wat geld te geven. Een stemmetje in mij zei me om wat geld voor hen achter te laten, maar ik negeerde het en trok eropuit. Het is altijd mijn ervaring geweest dat wanneer ik niet naar die stem in mij luister, er iets pijnlijks moet volgen, en dat gebeurde zeker deze keer. Weldra kwam ik bij een stenen muur die het pad versperde. De enige andere weg leidde naar een dicht bos. Het begon al donker te worden. Ik dacht dat het dorp misschien in het bos lag en ging verder. Nadat ik ongeveer vijfhonderd meter gelopen had, kwam er plotseling een man van de andere kant aan. "Waar ga je heen? Weet je niet dat je in een dicht bos loopt?" zei de man in het Engels.

In Nepal waren er in die tijd heel weinig mensen die Engels spraken, zelfs in de steden, en hier stond ik midden in een bos in de uitlopers van de Himalaya's en werd aangesproken door een onbekende die perfect Engels sprak! Ik vergat mijn verbazing door de vreugde dat ik iemand gevonden had die de weg leek te kennen. Ik vertelde hem dat ik de weg kwijt was, dat mijn dragers mij in de steek gelaten hadden en dat ik naar hen zocht. Ik vertelde hem ook over Ratnamji en Seshamma die ik achtergelaten had.

"Volg mij," zei de vreemdeling. "Ik zal je dragers vinden en hun flink op hun kop geven."

Hoewel het tegen die tijd pikdonker was, wandelde hij kordaat in de richting waar ik net vandaan gekomen was, maar nam ergens op de weg een afslag. Ik struikelde om hem bij te kunnen houden. Na vijftien minuten uitputtend klimmen en het oversteken van een kolkende rivier, kwamen we bij een dorp. De man vroeg mij om voor een huis te gaan zitten terwijl hij de straten op en neer liep en naar de dragers schreeuwde. Tenslotte vond hij ze en gaf ze een goede uitbrander. Hij gaf ze toen opdracht om al onze bezittingen naar een huis te brengen waar we comfortabel konden verblijven. Toen begon het zwaar te regenen. Ik was volledig uitgeput, maar wat moest ik voor Ratnamji en Seshamma doen? Ik realiseerde me dat zij geen geld bij zich hadden. Ik vertelde de man dat. Hij nam een regenjas, mijn zaklantaarn en een van de dragers en ging op zoek naar hen. Ik ging uitgeput liggen en viel in slaap.

Midden in de nacht werd ik wakker en zag Ratnamji en Seshamma kletsnat de kamer binnenkomen. Zonder zelfs hun kleren te verwisselen of een woord te zeggen gingen zij liggen en vielen in slaap. Ik viel ook weer in slaap. De volgende morgen bewoog Ratnamji zich niet. Ik zag dat hij wakker was maar hij wilde mijn vragen niet beantwoorden. Hij lag daar tot elf of twaalf uur. Uiteindelijk smeekte ik hem om iets te zeggen hoewel ik bang was voor wat hij ging zeggen.

"Hoe kon je ons zo in de steek laten zonder voor ons ook maar een beetje geld achter te laten? Ik realiseerde me niet dat je zo wreed was. Mijn waardering van jou moet helemaal verkeerd geweest zijn."

"Ik was niet van plan om jullie in de steek te laten. Ik dacht dat ik moest proberen het dorp en de dragers te vinden en dan met de zaklantaarn teruggaan en jullie zoeken. Als wij alle drie in het donker de weg kwijt waren, wat konden we dan doen? Als tenminste één van ons het dorp bereikte, zou hij terug kunnen gaan en de anderen met een licht vinden. Dat was mijn plan. Tegen de tijd dat ik me realiseerde dat ik jullie zonder geld achtergelaten had, was ik helaas al ver vooruit. Ik dacht dat ik het dorp niet zou kunnen bereiken als ik terugkeerde, dus ging ik door. Een onbekende vond mij in het bos en bracht mij naar het dorp. Nadat hij de dragers gevonden had stuurde hij hen weg om naar jullie te zoeken. Ik zou zelf gekomen zijn maar ik was zo uitgeput dat ik geen stap meer kon zetten en ter plekke in slaap viel. Vergeef mij alstublieft. Ik heb jullie niet met enige kwade bedoelingen achtergelaten," legde ik uit.

Toen Ratnamji de waarheid te weten gekomen was, stond hij op, maakte zijn tanden schoon en waste zijn gezicht. Nadat hij een glas melk gedronken had werd hij weer zichzelf. Hij vertelde mij toen wat er gebeurd was nadat ik hen achtergelaten had.

"Nadat jij vertrokken was, probeerden mijn zus en ik je te volgen, maar je ging te snel. Ik zag dat je iets naar ons terugschreeuwde, maar ik kon niet begrijpen wat je zei. Wij haastten ons ook en bereikten de oever van een snel stromende rivier tegen de tijd dat de duisternis ingevallen was. We hadden geen idee waar we waren of welke richting we uit moesten gaan. Seshamma en ik gingen de rivier in, maar ze gleed uit en werd bijna meegesleurd in de stroom. Met veel moeite kon ik haar vastpakken. We bereikten de andere kant van de rivier meer dood dan levend. Uitgeput en hongerig kwamen we bij een huis aan de rand van het dorp. Ik legde de eigenaar uit dat we geen geld hadden en honger hadden. Toen hij onze meelijwekkende toestand zag, deelde hij zijn avondeten met ons, hoewel hij zelf arm was. Tegen die tijd kwamen onze drager en een andere man om naar ons te informeren. Zij brachten ons langzaam hier in de regen. Ik wist zeker dat Seshamma meegesleurd zou worden in die rivier. Dat was mijn grootste zorg. Wat zou haar man zeggen? In ieder geval had je ons wat geld moeten geven. We zijn alleen door Gods Genade aangekomen. Wat zullen we met deze schurken, onze dragers doen?"

Ik zei dat we van hen af moesten komen. Maar de dame die het huis waarin we verbleven bezat, informeerde ons dat er in het dorp geen dragers beschikbaar waren. Ze waarschuwde ons ook om uiterst voorzichtig te zijn omdat enkele pelgrims die onlangs dragers uit dezelfde plaats hadden genomen, op mysterieuze wijze tussen twee dorpen verdwenen waren. Men vermoedde dat ze vermoord werden en dat hun geld werd gestolen. Ze leek oprecht bezorgd om onze veiligheid.

Ratnamji riep de dragers en zei hun dat we die dag niet zouden reizen. Hij dreigde ook dat als ze nog meer ellende aanrichtten, ze ontslagen zouden worden. Ze wisten natuurlijk dat wij bluften omdat er geen andere dragers te krijgen zouden zijn. Ze waren hardvochtig en berekenend. Die avond kwamen zij naar ons toe en zeiden dat als wij hun loon niet verhoogden, zij onze spullen niet zouden dragen. Wat konden we doen. We moesten instemmen.

De volgende dag hervatten we onze reis. Door de regen was het pad heel gevaarlijk geworden met af en toe landverschuivingen onderweg. Op één punt waar we langzaam vooruitgingen langs de helling van de berg met een rivier die driehonderd meter beneden ons kolkte, kwam er een groep mannen uit de andere richting. Hoewel het een pad met één rijstrook was, moesten we er een snelweg met twee rijstroken van maken of anders zou iemand moeten gaan zwemmen! De mannen waren onvermurwbaar dat zij aan de bergkant moesten passeren en dat wij aan de rivierkant moesten passeren. Toen we deze manoeuvre voorzichtig met ingehouden adem uitvoerden, gleed mijn voet uit op de slappe grond. Ik dacht dat alles voorbij was. Op de een of andere manier slaagde ik erin wat lang gras beet te pakken dat vlakbij groeide en werd gered van een dodelijke valpartij. Men vertelde ons dat de vorige dag een paard op dezelfde plaats uitgegleden was en de rotsen met zijn bloed gekleurd had. Onnodig te zeggen dat het arme schepsel nooit meer gezien werd maar in de kolkende stroom beneden verdween.

Op een avond toen we de halve afstand naar Muktinath afgelegd hadden, rustten we uit in een dorp. 's Nachts werd ik wakker en hoorde Ratnamji luid wat verzen zingen. Toen viel hij weer in slaap. 's Morgens vertelde hij mij dat hij 's nachts een visioen had van een tempel met ervoor een enorme schijf of wiel uitgehouwen in steen. Er kwamen priesters van de rivier met potten water op hun hoofd en hij hoorde luid zingen van de Goddelijke Naam Narayana. Plotseling trof hij zichzelf rechtop zittend in de kamer aan maar de klank Narayana klonk nog na in zijn oren. Op dat ogenblik had ik hem het vers ter ere van God als Narayana horen herhalen. Hij vertelde mij dat wanneer hij eerder op pelgrimstochten was geweest, hij dergelijke ervaringen had gehad wanneer hij binnen een bepaalde afstand van de geplande tempel was. Hij wist dan dat hij, bij wijze van spreken, onder de jurisdictie van de godheid van die tempel viel.

Naarmate wij steeds verder liepen werd de vegetatie steeds schaarser. Tenslotte waren we in een absoluut verlaten gebied. Er stond geen enkele boom, alleen een paar kleine, bijna bladerloze struiken hier en daar. De Nepalese regering had mij alleen vergunning gegeven om tot Jomsom te lopen ongeveer twaalf of vijftien kilometer ten zuiden van Muktinath. Er was daar een Indiase legerbasis die de Chinezen in de gaten hield en ze wilden niet dat vreemdelingen voorbij dat punt gingen. Ik smeekte de ambtenaren en ze waren erg sympathiek, maar ze konden me niet toestaan om verder te gaan. Ratnamji zei me dat ik me geen zorgen moest maken, dat hij binnen een paar dagen terug zou komen en voor mij de geheiligde offergaven of *prasad* van de tempel mee zou brengen. Ik stond aan de rand van de stad en zag hem in de verte verdwijnen.

Nadat ik teruggegaan was naar de kamer waarin ik verbleef, zag ik dat hij zijn deken vergeten had. Hoe zou hij het zonder deken kunnen stellen in die koude, winderige plaats? Ik ging naar het legerkamp, sprak met de dienstdoende officier en vertelde het hem. Hij stemde ermee in om mij met een van zijn soldaten te sturen om Ratnamji in te halen en we begonnen in looppas. Bijna een uur en vijf kilometer later haalden we hem in. De vreugde van het zien van zijn gezicht was de inspanning waard. Deze keer niet zo somber, keerde ik naar Jomsom terug en wachtte met een verlangend hart zijn komst af.

De volgende vier dagen hield ik mij even druk bezig alsof ik in de ashram in Arunachala was. Ik stond 's morgens vroeg op, baadde in een ijskoude bron bij de legerbarakken en deed dan mijn dagelijkse puja. Koken en eten namen wat tijd in beslag, en de rest van de dag bracht ik door met studeren en mediteren. Uiteindelijk keerde Ratnamji terug.

"Als je denkt dat onze reis naar deze plaats moeilijk was, had je met ons mee moeten gaan naar Muktinath," zei hij. "Ik was er zeker van dat ik je nooit meer zou zien. Nadat we je de tweede keer achtergelaten hadden, kwamen we bij een pad waar zo'n sterke wind was dat we dachten dat we in het ravijn beneden geblazen zouden worden. Eerst probeerden we erdoor te lopen, maar dat was onmogelijk. Toen probeerden we op handen en voeten te kruipen, maar zelfs dat was onmogelijk. Tenslotte besloten we om tot de volgende dag te wachten en we kampeerden die nacht in de open lucht. De kou was verschrikkelijk. De volgende dag ging de wind liggen en we haasten ons door de engte. Toen we er net doorheen waren, begon de wind weer met een huilend geluid te waaien.

Op de een of andere manier bereikten we Muktinath. Tot mijn verbazing ontdekte ik dat het dezelfde tempel was die ik in mijn visioen gezien had. Zelfs het enorme in steen uitgehouwen wiel stond daar bij de ingang. We baden daar en organiseerden een feest voor de twee priesters die daar verbleven. Toen wij hun vroegen wat hun favoriete gerecht was, antwoordden zij dat het melkpudding was. Dus vroegen we hun om wat melk uit het volgende dorp te laten halen. Ze brachten de volgende dag ongeveer vijftien liter melk mee, waarin we rijst en suiker kookten om pudding voor de priesters te maken. Ze wilden niets anders. Je kunt je de hoeveelheid pudding voorstellen die je van vijftien liter melk maakt! Ze waren gulzige eters en we waren blij dat we hun verlangen konden bevredigen. We voelden dat we God zelf te eten gaven in hun vorm. Daarna ging ik naar beneden naar de rivier en verzamelde deze saligramstenen. Ik kon niet achterhalen welke goed waren en welke niet, dus heb ik er eenvoudig ongeveer tweehonderd meegenomen. Hier zijn de overblijfselen van de pujaoffergaven."

We besloten om de volgende dag terug te gaan naar Pokhara, nadat Ratnamji en zijn zus gerust hadden. We vertrokken de volgende morgen vroeg na afscheid genomen te hebben van het legerpersoneel. Er had zich een kleine zweer gevormd aan de bovenkant van mijn voet waar mijn rubber sandalen ertegen gewreven hadden. Nu nam de zweer in omvang toe. Tegen de tijd dat we drie dagen gelopen hadden was de zweer zo gegroeid dat ik niet kon lopen. Mijn voet was gezwollen tot de omvang van een voetbal.

"Wel, wat gaan we nu doen?" vroeg ik. "Gaan jullie maar vooruit en laat me hier achter. Wanneer ik beter ben zal ik je op de een of andere manier in Pokhara tegenkomen."

"Werkelijk een heel leuke oplossing! Ben ik zo egoïstisch dat ik je hier alleen achterlaat?" antwoordde Ratnamji. "We moeten een andere manier vinden. We zullen een van de dragers vragen om jou op zijn rug te dragen op zijn minst tot het volgende dorp."

Met veel moeilijkheden en veel gemopper van de dragers bereikten we het volgende dorp ongeveer zes kilometer verder. De pijn was ondraaglijk. Die avond bracht Seshamma een warm kompres aan op de zweer, maar ik voelde geen verlichting. Ratnamji informeerde in het dorp of er iemand was die me terug naar Pokhara kon dragen, een afstand van ongeveer vijfenvijftig kilometer. Er was niemand. We hadden geen keus dan door te gaan zoals we het deden.

's Morgens stelde Ratnamji voor dat hij en Seshamma vroeg zouden vertrekken, langzaam naar het volgende dorp zouden gaan en met het koken zouden beginnen. Ik zou later met de dragers meekomen van wie een mij zou dragen. Ik stemde ermee in en dus vertrokken zij. Ik wachtte tot tien uur en strompelde toen naar buiten op zoek naar de dragers. Ze zaten onder een boom voor het huis.

"Waarom zijn we nog niet begonnen?" vroeg ik hun.

"We willen jou niet dragen en we willen je bagage ook niet dragen. Als je ons loon verhoogt, zullen we de bagage dragen maar onder geen voorwaarden gaan we jou dragen. Je kunt doen wat je wilt," antwoordden zij.

O God, waarom speelt U zo met mij? Behandelt U zo Uw toegewijden? Okay, ik zal hun het geld geven en lopen en op de een of andere manier de anderen op eigen kracht bereiken. Zo denkend gaf ik hun het geld waar ze om vroegen en we vertrokken. Ze lieten me natuurlijk binnen een paar minuten achter. Ik was aan mezelf overgelaten met een wandeling van dertien kilometer voor me, op een berghelling door een bos in de hete zon en met een kloppende voet.

Onder het lopen probeerde ik even gelukkig te zijn als ik Ratnamji in dergelijke pijnlijke situaties gezien had. Hier was een echte kans om overgave aan God te oefenen. Als ik zelfs maar een minuut ophield met wandelen, werd de pijn in de voet zo ondraaglijk dat ik het uitschreeuwde. Op een gegeven moment stopte ik uitgeput nadat ik ongeveer zes kilometer gestrompeld had. De voet begon te kloppen en ik dacht dat hij open zou barsten. Ik schreeuwde "Amma" zo luid ik kon, ik riep de Goddelijke Moeder aan. Onmiddellijk hield de pijn op. "Wat is dit wonder?" dacht ik. Toen ik verder ging naar het volgende dorp, voelde ik de pijn niet zo erg. Ik dankte God voor Zijn genade.

Zodra Ratnamji me zag, sprong hij op en vroeg: "Wat is er aan de hand? Wat hebben die schurken met je gedaan?" Ik vertelde hem het hele verhaal. Daarvoor noch daarna heb ik Ratnamji ooit zo kwaad gezien. Hij vervloekte die dragers dat ze na hun dood een plaats in de laagste hel zouden krijgen en ik twijfel er niet aan dat ze die kregen. Grote heiligen hebben zowel de kracht om te vervloeken als te zegenen. Het gebeurt heel zelden dat ze iemand vervloeken en zij doen het zeker niet voor hun eigen voordeel. Ratnamji voelde zich zo gepijnigd door mijn lijden dat hij zijn woede niet kon beheersen. Ik kon alleen maar denken moge God medelijden hebben met die arme kerels die het voorwerp van die woede zijn.

Gelukkig was er een man in dat dorp die me naar Pokhara wilde dragen. Hij kocht een grote mand, sneed er één kant af zodat ik erin kon zitten, en legde er een deken in. Hij droeg mij op zijn rug met een band van doek die de mand ondersteunde, en zwaaide die om zijn voorhoofd. Op die manier waren zijn beide handen vrij. Ik voelde me, op zijn zachtst gezegd, heel opgelaten en drong er bij Ratnamji en Seshamma op aan om ook dragers te huren, maar zij wilden er niets van weten. Deze manier van reizen was heel langzaam, vooral omdat de man me in de regen twee bergen op en af moest dragen. Ik had ontzettend met hem te doen. Hij klaagde nooit en bleef informeren of ik iets nodig had. Wat een enorm verschil met de andere dragers! Ratnamji en zijn zus kwamen snel vooruit. De drager en ik volgden langzaam en ontmoetten hen voor het middageten. We ontmoetten elkaar iedere avond opnieuw.

We hadden slechts twee dagen nodig om Pokhara te bereiken. Onderweg ging de zweer open, wat mij wat verlichting gaf, maar ik had geen medicijnen om de wond te verzorgen. Nadat we Pokhara bereikt hadden, betaalden we de dragers en gaven de drager die mij gedragen had een extra bonus. Gelukkig waren er drie plaatsen vrij in het volgende vliegtuig naar Kathmandu en we bereikten de hoofdstad diezelfde avond.

Na mijn wond verzorgd te hebben kochten we tickets naar India. Onze bittere ervaring met de dragers had een levendige belangstelling geschapen om terug naar India te gaan en we keken vol verlangen naar de volgende dag uit.

Hoofdstuk 4

Pelgrimstocht

India! Ondanks al zijn hitte, koortsachtige activiteit en armoede is het toch mijn thuis en ik was blij om terug te zijn. Hoewel ik Nepal graag mocht, kon ik bij de paar gelegenheden dat ik dacht dat ik India nooit meer zou zien, de gedachte niet verdragen. Nepal is ongetwijfeld een heilig land, maar voor mij is India nog heiliger.

De meeste toeristen die naar India komen zijn ontsteld over de armoede, verontreiniging en het over het algemeen verwaarloosde uiterlijk van het land. Tegenwoordig, nu veel Indiërs voor werk naar het buitenland gaan, kijken zelfs sommige Indiërs neer op hun land. Zij beschouwen Amerika en andere westerse landen als de hemel op aarde. Alles wat uit het buitenland komt is goed, al het Indiase is tweederangs. Dit is het huidige gevoel van velen.

Omdat ik de helft van mijn leven in Amerika heb gewoond en de helft in India, ken ik ook de keerzijde van de medaille. De Indiase mensen die bekoord worden door de betovering van het materialisme, zien de venijnige kant van het Westen niet en de unieke grootsheid van hun eigen cultuur. Verkrachting, moord, diefstal en algemene ordeverstoringen vieren hoogtij in Amerika. Als men de misdaadcijfers per hoofd van de bevolking in de twee landen zou vergelijken, denk ik dat je zou vinden dat India's misdaadcijfer een druppel is in de oceaan van dat van Amerika. Dit komt zeker niet door het verschil in ordehandhavingtechnieken die in het Westen veel beter zijn.

Het idee om een deugdzaam leven te leiden en de vrees om de gevolgen van slechte daden in dit of een ander leven te oogsten zijn diep geworteld in de Indiase geest. Er is niet één Indiër die niet minstens iets weet over de oude hindoegeschriften zoals de klassieke Ramayana en Mahabharata. Deze werken werden geschreven door heiligen die de hoogte van Godsrealisatie bereikt hadden en die die gelukzaligheid en kennis met de hele mensheid wilden delen. Zij ontdekten dat hun kennis en ervaring het best door verhalen overgebracht konden worden. De personen die in die werken afgeschilderd worden, geven blijk van de hoogste en edelste menselijke eigenschappen. De oude heiligen moedigden de mensen aan om verheven eigenschappen in hun eigen leven na te streven. Zij lieten met behulp van een wetenschappelijk systeem zien dat het echte doel van het leven niet genot is, maar de gelukzaligheid en rust die geboren worden uit de Realisatie van je eigen aard. Zij brengen ook het idee bij dat vreedzame coëxistentie het ideaal op aarde moet zijn. Deze ideeën en de eruit voortvloeiende manier van leven zijn duizenden jaren gevolgd, en ondanks de aanvallen van vreemde indringers heeft de oude cultuur zich tot recente tijden in zijn zuiverheid gehandhaafd.

De invloed van de massacommunicatie heeft de oude cultuur van India bijna kapotgemaakt. De westerse idealen van genieten en plezier hebben de eenvoudige, kinderlijke geest van de Indiase mensen in hun greep gekregen. Als gevolg daarvan zijn ze de grootsheid van hun eigen cultuur vergeten. Het is echter opvallend dat mensen uit het Westen in toenemende aantallen gedesillusioneerd worden door hun eigen destructieve, materialistische cultuur en zich tot India wenden, de moeder van het hindoeïsme en boeddhisme, om hun spirituele honger te bevredigen. Zelf ben ik zo iemand en ik negeerde de armoe van India als een oppervlakkige verflaag en zag in plaats daarvan de prachtige spirituele cultuur die eronder lag. Ik heb ontdekt dat als men een visioen van God en innerlijke rust wil bereiken, India hiervoor de beste plaats op aarde is vanwege zijn nalatenschap en spirituele erfenis.

Hoewel ik mensen dag en nacht Amerika hoor prijzen om zijn materiële vooruitgang, sla ik niet meer acht op hun woorden dan op het gebabbel van kinderen. Zelfs de studie van de kwantumfysica heeft na de investering van geweldige hoeveelheden geld en tijd tot dezelfde conclusies geleid waartoe Indiase wijzen duizenden jaren geleden kwamen door de kracht van meditatie.

De heiligen wisten bijvoorbeeld dat het universum een verenigd geheel is dat bestaat uit essentiële energie en dat het bewustzijn van de waarnemer het waargenomen verschijnsel beïnvloedt. Dit is een fundamentele leerstelling van de Vedantafilosofie. Dat het universum uit energie en bewustzijn bestaat werd door de wijzen bondig en op een aanschouwelijke manier uitgedrukt als de eenheid van Shiva en Shakti, het Hoogste Wezen in een tweeledige vorm als Statisch Bewustzijn en Dynamische Energie. Ieder hindoekind kan je vertellen dat deze wereld Shivashaktimayam is oftewel bestaat uit Shiva en Shakti. Het schenkt voldoening om te zien dat de oude Indiase cultuur langzaam wereldwijd erkend en gewaardeerd wordt en deels door westerlingen weer tot leven gebracht wordt. Een grote Indiase wijze zei onlangs: "Hindoes zullen alleen om hindoeïsme geven als westerlingen dat doen!"

Nadat we in India aangekomen waren, reisden we naar Durgapur, een van de belangrijkste centra van staalproductie in India, waar Seshamma's man en zoon verbleven. Ratnamji wilde hen vergezellen op een verdere pelgrimstocht naar de nabijgelegen plaatsen Gaya, Benares en Allahabad. Na een paar dagen in Durgapur namen we de trein naar Gaya en kwamen daar de volgende dag aan.

Sinds ik uit Tiruvannamalai vertrokken was om naar Hyderabad te gaan, had ik veel innerlijke rust genoten en had ik een harmonieuze relatie met Ratnamji. Na door een hel gegaan te zijn tijdens het eerste jaar met hem werd ik erg alert om geen fouten te maken. Als hij mij zei om iets te doen, probeerde ik het te doen zonder vragen te stellen. De gespletenheid van mijn geest was sterk afgenomen en als gevolg daarvan kon ik de betekenis en waarde van wat hij adviseerde, begrijpen. Ik probeerde mijzelf te vergeten door hem te dienen. Ik vond dat alles perfect gedaan moest worden als ik hem tevreden wilde stellen en de genade van God wilde krijgen. In feite vergat ik al het andere en op dat ogenblik bestonden alleen hij, Ramana en ik in mijn geest bij wijze van spreken.

Het was werkelijk verbazingwekkend hoe mijn meditatie spontaan werd als ik zijn instructies opvolgde. Ik voelde een innerlijke eenheid met hem in mijn hart. Ik begon naar mijn hart te luisteren in plaats van naar mijn geest en probeerde de eruit voortvloeiende rust een ononderbroken ervaring te maken. Die was toegenomen in de loop der tijd en ik merkte op dat ik die gewoonlijk alleen door mijn dwaasheid verloor. Ik had er vertrouwen in dat door het nauwlettend toepassen van de principes die hij mij leerde, ik mijn doel zou bereiken.

Gaya is de belangrijkste plaats in India voor de verering van je voorouders. Men gelooft dat men een plicht heeft tegenover zijn overleden voorouders en dat men hen een keer per jaar tevreden moet stellen door een schriftgeleerde als hun vertegenwoordiger te eten te geven. De ceremonie wordt uitgevoerd onder begeleiding van mantra's of mystieke formules die net als telegrammen verzekeren dat het subtiele gedeelte van het voedsel op de een of andere manier de voorouders zal bereiken, waar ze ook zijn. Met de huidige radio, tv en satellietcommunicatie is het niet moeilijk om je voor te stellen hoe subtiele voorwerpen naar een ander wezen vervoerd kunnen worden door de kracht van mantra's, wat alleen een andere vorm van energie is.

Ik nam ook deel aan de verering en voelde me vervuld dat ik tenminste één keer in mijn leven deze plicht vervuld had. Ik was er zeker van dat niets wat de oude wijzen hadden aanbevolen, onnodig was. Zij waren gevestigd in een toestand die tijd en ruimte transcendeert en daarom zijn hun inzichten toepasbaar op alle tijden en plaatsen.

Het doel en de problemen van het leven lijken in essentie nooit te veranderen, hoewel daarin verschil in tijd en plaats lijkt te zijn voor een kortzichtig iemand. De wijzen zeiden duidelijk dat geluk het doel van de mens is en iedereen ervaart dat dit zo is. Maar door geluk te zoeken door wereldse middelen kan met het nooit vinden en trekt het zich verder terug. Alleen wanneer de geest tot rust gebracht is, kan men vrede bereiken. Volmaakte vrede en eeuwig geluk zijn precies hetzelfde. Ongeacht onze omstandigheden moeten we in innerlijke rust gevestigd zijn zodat niets ons innerlijk evenwicht kan verstoren. Hoewel het uiterst simpel te begrijpen is, zijn de oefeningen die naar zo'n toestand leiden buitengewoon moeilijk vanwege de complexe en rusteloze aard van de geest. Het is denkbaar dat men door vallen en opstaan erin kan slagen om de manier te vinden om de geest tot rust te brengen. Een veel kortere weg is het onderricht van de heiligen en wijzen te volgen van wie de geest gevestigd is in de stilte van de Werkelijkheid.

Nadat we een dag in Gaya geweest waren gingen we verder naar Benares, of Kasi zoals het meestal genoemd wordt. Dit wordt als een bolwerk van de hindoecultuur beschouwd, en terecht. Ieder jaar maken miljoenen mensen een pelgrimstocht naar deze heilige plaats om God in de tempel te aanbidden en een zuiverend bad in de heilige rivier de Ganga te nemen. Kasi kan men heel goed het Jeruzalem van India noemen. Daar ervoer ik duidelijk dat God bestond, niet op grond van geloof maar als een directe ervaring in het binnenste van mijn wezen.

Ratnamji, Seshamma en haar man hadden een sterk verlangen om de traditionele rituelen te doen die horen bij een pelgrimstocht naar Kasi. Er werd besloten dat ik meer vrijheid zou hebben als ik apart onderdak zou krijgen. Ik verbleef in een kamer in het huis van de priester die bij de rituelen ging helpen terwijl de anderen in een pension bij de rivier ondergebracht werden. Hoewel ik het niet leuk vond om van Ratnamji gescheiden te zijn, beloofde hij om mij iedere avond op te zoeken. In feite bleek deze regeling een verhulde zegen te zijn.

Iedere morgen stond ik zoals gewoonlijk om half vier op en ging naar de rivier. Op dat uur waren er erg weinig mensen bij de ghats. De Ganga leek te leven. Ik groette haar en vroeg toestemming om in haar water te baden. Ik had veel vertrouwen in de zuiverende kracht van de Ganga en beschouwde haar als een godin. De medische wetenschap heeft ontdekt dat het antiseptische vermogen van het Gangawater zo krachtig is dat cholera en andere dodelijke ziektekiemen er niet in kunnen overleven. Heiligen, spirituele wetenschappers, hebben door de eeuwen heen gewezen op het spiritueel zuiverende effect van de rivier en hebben haar heilig genoemd. Zij hadden ongetwijfeld ervaringen die hen dat lieten geloven. Dit is hoogstwaarschijnlijk want ik zou even later zelf zo'n ervaring hebben.

Iedere morgen na het baden ging ik terug naar mijn kamer en mediteerde even. Dan liep ik naar de Shivatempel ongeveer anderhalve kilometer daarvandaan door nauwe, kronkelende straatjes. Zelfs op dat vroege uur waren veel mensen wakker en gingen naar de tempel. Nadat ik een glimp van de godheid had opgevangen, ging ik langzaam terug naar mijn kamer en kocht onderweg bloemen voor de aanbidding. Ik gaf de voorkeur aan lotusbloemen en deze waren op de markt alleen in de vroege ochtend verkrijgbaar. Toen ik in mijn kamer aangekomen was, verrichte ik de aanbidding en las toen de verhalen over Heer Shiva in de geschriften. De godheid die aan het hoofd van de stad Kasi stond, was Heer Shiva of Heer Vishveshvara, wat de Heer over het universum betekent.

Ratnamji kwam gewoonlijk later naar mijn kamer en nadat we een tijdje gepraat hadden, nam hij me mee naar de verschillende tempels en heilige plaatsen in en rondom Kasi. Ik bracht iedere middag met studeren door en iedere avond kwam Ratnamji terug en nam me mee naar een ghat waar we tot laat in de avond spirituele gesprekken hadden.

In de derde week van ons verblijf had ik een dramatische ervaring. Op een morgen nadat ik van de tempel teruggekeerd was, ging ik zitten voor mijn gebruikelijke dagelijkse aanbidding. Ik was bijna klaar en zong de Goddelijke Naam van Shiva toen plotseling het bewustzijn van mijn lichaam en de omgeving helemaal verdween. Wat overbleef was, bij gebrek aan betere woorden, God. Ik was overweldigd door het besef van de realiteit van Gods Aanwezigheid. Op een onverklaarbare manier was ik Er één mee en tegelijkertijd Er een beetje van gescheiden. Na enige tijd werd ik mij langzaam vaag van mijn lichaam bewust en voelde duidelijk de Goddelijke Aanwezigheid alsof Die gelukzalig boven op mijn hoofd danste. Omdat ik bang was die Gelukzaligheid te verliezen, hield ik mijn ogen dicht. Ik kon mijzelf luid "Shiva, Shiva" horen roepen, maar het leek helemaal van mij gescheiden te zijn. Geleidelijk verminderde de intensiteit van die Gelukzaligheid en het bewustzijn van mijn lichaam en de omgeving werd duidelijker. Ik opende langzaam mijn ogen om te ontdekken dat mijn kleren en gezicht kletsnat van de tranen waren hoewel ik me helemaal niet bewust was geweest dat ik gehuild had. Ik zat daar overrompeld en dolblij over deze plotselinge manifestatie van Goddelijke Genade. Juist toen kwam Ratnamji binnen. Eén blik op mijn gezicht maakte hem duidelijk wat er gebeurd was.

"Ik denk dat ik God gezien heb," zei ik.

"Dat is het effect van iedere dag in de Ganga baden met vertrouwen in haar spirituele kracht," antwoordde hij glimlachend. "Als men oprecht is over het spirituele leven en regelmatig in de

Ganga baadt, moeten er bepaalde ervaringen komen. In ieder geval nemen geestelijke zuiverheid en argeloosheid sterk toe. Nu heb je de waarheid van de woorden van de heiligen ervaren."

Ik was al overtuigd van de woorden van de oude wijzen. Nu was er niet de minste twijfel over. Wat mij overkomen was, was zonneklaar. Zelfs nu ik deze woorden vijfentwintig jaar later schrijf, kan ik me de gebeurtenis van die dag nog herinneren alsof het pas gisteren gebeurd is.

Ons verblijf in Kasi liep ten einde. Een erg voorspoedig verblijf bovendien, in ieder geval voor mij. De volgende dag zouden we verdergaan naar Allahabad of Prayag zoals het traditioneel heet. Het is de plaats waar de rivieren Ganga en Yamuna samenkomen. Men zegt dat baden op die plaats erg nuttig is voor spirituele aspiranten, en ik keek ernaar uit om daar aan te komen. Ik was natuurlijk blij om opnieuw de hele tijd bij Ratnamji te zijn.

De volgende dag namen we een trein naar Allahabad en stapten uit aan de Ganga-kant van de spoorbrug bij een dorpje genaamd Jhusi. Hier was de ashram van de guru van Avadhutendra Swami, Prabhudattaji. Ratnamji dacht dat de ashram de beste plaats voor ons was om te verblijven. Toen we in een paard en wagen onderweg waren, vroeg Ratnamji me bij het postkantoor om uit te stappen en te informeren naar het precieze adres van de ashram. Toen ik het postkantoor binnenging, zag ik tot mijn grote verbazing Avadhutendraji. Ik wilde voor hem buigen maar hij ving mij op in een omarming.

"Waar is Ratnamji," vroeg hij. Ik nam hem mee naar het rijtuig en we reden allemaal blij naar de ashram van zijn guru. Hij zorgde voor een comfortabele huisvesting en haalde toen Prabhudattaji, een erg fors gebouwde man met lang wit haar en een baard die lukraak alle richtingen uitstak. Hij had de ogen van een gek. Hij was inderdaad gek met de gelukzaligheid van Godsbewustzijn! We bogen allemaal voor hem. Toen bracht hij ons naar de keuken en zat bij ons terwijl wij ons middageten aten. Hij gaf mij een naam Nilamani, wat een bijnaam van Krishna is en "blauw juweel" betekent. Hij had ongeveer honderd vijftig boeken over spirituele onderwerpen geschreven, allemaal erg informatief en vermakelijk en de Waarheid in een erg zoete en levendige vorm beschrijvend. 's Avonds las hij delen uit sommige boeken voor en legde ze uit. Zijn gesprekken waren erg levendig.

Prabhudattaji vertelde ons een grappig verhaal over een rijke man wiens dochter naar de ashram gekomen was. Haar vader stond erop dat ze naar huis zou terugkeren en de ashram niet zou bezoeken. Hij zei tegen haar: "Ik heb drie auto's en jouw guru heeft ook drie auto's. Ik ben de eigenaar van zoveel gebouwen en dat is jouw guru ook. Hij schijnt erg rijk te zijn net zoals ik. Wat is dan het verschil tussen ons? Waarom daarheen gaan? Je kunt even goed hier blijven."

Het meisje ging naar Prabhudattaji en vertelde hem wat haar vader gezegd had. Hij ontbood haar vader en gaf hem een comfortabele stoel.

"Jij schavuit!" zei hij. "Heb jij gezegd dat we gelijk zijn? Wil je weten wat het verschil tussen ons is? Ik kan iedere minuut opstaan en van dit alles weglopen zelfs zonder een stel kleren en er naderhand nooit meer aan denken zolang ik leef. Wat is het geval met jou? Zelfs het uitgeven van een onbeduidend bedrag laat je voelen alsof je een groot verlies geleden hebt. Dat is het verschil tussen ons. Daarom wil je dochter bij mij blijven en niet bij jou!" Het leek dat het licht bij deze man begon te dagen want hij schonk de ashram een geweldig bedrag om een religieus festival te organiseren en om duizenden arme mensen te eten te geven.

Iedere dag namen we een boot en gingen baden op de plaats waar de Yamuna en Ganga samenkomen. Prabhudattaji vertelde ons dat hier iedere twaalf jaar een festival gehouden werd dat iedere dag door bijna vijftien miljoen mensen bezocht werd. Ik kon mijn oren nauwelijks geloven. Vijftien miljoen mensen? Hij nodigde ons uit om naar het volgende festival te komen dat over ongeveer zes jaar plaats zou vinden. Ik heb dat festival inderdaad bijgewoond dat Kumbha Mela genoemd wordt. Het aantal mensen daar had hij niet overdreven. De menigte was onvoorstelbaar groot en strekte zich in beide richtingen kilometers uit op het uitgedroogde rivierbed. Het was eigenlijk een stad zonder de misdaad van een stad. Er was zelfs niet één geval van diefstal, vechten of andere soorten geweld. De hele mensenmenigte was één van geest en was bijeengekomen met het expliciete doel om een zuiverend bad in de rivier te nemen.

Mijn visum liep bijna af. Ik moest naar Tiruvannamalai vertrekken voordat onze pelgrimstocht voltooid was. Ratnamji en Avadhutendraji zeiden me dat ik hen opnieuw in Hyderabad moest opzoeken nadat ik mijn visum verlengd had. Nadat ik afscheid van hen genomen had, vertrok ik naar het zuiden. Na mijn visumformaliteiten afgehandeld te hebben reisde ik weer naar Hyderabad en ontmoette Ratnamji en Avadhutendraji. De volgende twee jaar reisde ik naar verschillende delen van India in het gezelschap van deze twee heilige mannen. Bij hen zijn was een ononderbroken feest en leerproces. Hun geduld met mij, die niets van spiritualiteit wist en die blunder na blunder beging door gedachten, woorden en daden, was eindeloos. Hoewel ik hen als mijn spirituele gidsen beschouwde, beschouwden zij mij enkel als hun jongere spirituele broer.

Reeds vele jaren wilden toegewijden een huis voor Ratnamji bouwen, maar hij had het herhaaldelijk afgewezen. Nu begon zijn gezondheid hem in de steek te laten en hij dacht dat een permanent verblijf misschien nodig werd. Hij stemde in met de aanhoudende verzoeken van zijn vrienden en bewonderaars. Met wat geld van zijn broer kocht hij een stukje land bij de ashram in Tiruvannamalai. Toen vroeg hij mij of ik van plan was om daar permanent te blijven. Ik wilde bij hem blijven zolang hij in leven was en antwoordde bevestigend.

Vreemd genoeg werd het stuk land naast het zijne te koop aangeboden. De eigenaar moest het huwelijk van zijn dochter organiseren en had geld nodig. Hij vroeg mij of ik het stuk land wilde kopen en ik stemde er meteen mee in. Er werden plannen voor twee kleine huizen opgesteld en met het geld dat toegewijden gegeven hadden en geld dat ik onlangs geërfd had, begon de bouw. Hoewel Ratnamji het volgende jaar zijn reizen voortzette, bleef ik in Tiruvannamalai om toezicht te houden op de bouw. Het had maar een paar maanden hoeven duren, maar veelvuldig bar weer, werkproblemen en tekort aan materiaal maakten dat het werk bijna een jaar duurde. Uiteindelijk was het klaar en Ratnamji beloofde spoedig terug te komen.

Hoewel beide huizen tegelijkertijd klaar waren, adviseerde Ratnamji me per brief dat het niet een goede tijd was om de huisopeningsceremonie voor zijn huis te doen maar dat de mijne meteen gedaan kon worden. Hij schreef dat ik mijn moeder moest vragen om voor de plechtigheid naar India te komen en dat in de persoon van de moeder een speciale manifestatie van goddelijke kracht verblijft, de kracht van affectie die de schepping helpt in stand te houden en te voeden. Ratnamji vermeldde dat zodra ik de datum vastgesteld had, hij zou proberen te komen samen met Avadhutendraji. Ik schreef mijn moeder onmiddellijk en vroeg haar voor de ceremonie te komen en vermeldde dat ik alleen als ik haar aankomstdatum wist, de datum van de plechtigheid kon vaststellen. Het was vier jaar geleden dat zij mij gezien had en toen zij van mij hoorde, regelde ze de zaken meteen. Ze kwam binnen een paar weken samen met mijn stiefvader. Ratnamji en Avadhutendraji kwamen ook en verbleven in de ashram. Ik bracht mijn moeder in het huis van een toegewijde onder.

Op de dag vóór de plechtigheid nam ik mijn moeder en stiefvader mee naar de ashram om kennis te maken met Ratnamji en Avadhutendraji. Enkele toegewijden van Avadhutendraji uit Madras vertrokken net om terug naar huis te gaan. In India buigt men voor ouderen en heilige mensen als teken van respect en nederigheid wanneer men hen ontmoet en ook bij het vertrek. Dit wordt niet gedaan om hen te vleien. De oude wijzen leerden dat iedere plaats of houding van het lichaam het zenuwstelsel beïnvloedt wat op zijn beurt de geest of mentale houding beïnvloedt. Je wijsvinger naar iemand uitsteken onder het praten vergroot bijvoorbeeld subtiel iemands gevoel van eigenbelang, arrogantie en misschien ook wel woede. Op dezelfde manier brengt voor een ander buigen de geest in een ontvankelijke stemming om advies te ontvangen van hen die misschien wijzer zijn dan wijzelf.

Toen mijn stiefvader de man voor Avadhutendraji zag buigen, vroeg hij: "Waarom moet de ene man voor de ander buigen? Zijn we niet allemaal gelijk?" Dit is natuurlijk een universeel geaccepteerde opvatting, maar hij is misleidend. Hoewel de levensvonk of God in iedereen hetzelfde is, is al het andere verschillend. Fysiek, mentaal, moreel en spiritueel verschilt ieder mens van de ander. Het universeel gelijke in iedereen wordt helaas algemeen over het hoofd gezien en genegeerd en alleen onze verschillen worden gezien en benadrukt. Ik zeg helaas omdat als onze visie er een van eenheid was, deze wereld een veel vreedzamere plaats zou zijn. Ratnamji was niet iemand die zomaar overrompeld kon worden. Hij stelde meteen een tegenvraag:

"Wanneer je promotie wilt, buig je dan niet voor je baas, hoewel misschien op een andere manier? Deze mannen willen de kennis en ervaring waarvan zij voelen dat wij die hebben. Om dat te krijgen buigen ze. Dat is natuurlijk niet genoeg, maar het is een eerste stap. Of de geest buigt, valt nog te zien. Een niet ontvankelijke geest kan niets leren." Mijn stiefvader, die zich misschien de waarheid van deze woorden realiseerde, zweeg. Na een gesprek van een paar minuten vertrokken ze naar hun kamer.

Ratnamji en ik bespraken toen de plannen voor het openen van het huis. In India wordt een huis niet geleidelijk "ingeleefd", maar men stapt het binnen als een begin. Dit is een religieuze plechtigheid en men gelooft dat als er bepaalde ceremonies in het huis verricht worden voordat men erin woont, deze beginvibraties de atmosfeer bevorderlijk zullen maken voor een vreedzaam en harmonieus leven daar. Er wordt ook gezegd dat de vorm van het huis en de richting waarin het staat, de bewoners op positieve of negatieve manier beïnvloeden. Dit wordt door alle oude culturen als waar beschouwd. Misschien zal wetenschappelijk onderzoek op een dag ontdekken dat het zo is, hoewel deze principes gebaseerd zijn op uiterst subtiele wetten van trillingen of energiegolven die het universum doordringen en gebeurtenissen en mentale veranderingen beïnvloeden.

We besloten dat Avadhutendraji het huis het eerst binnen zou gaan onder begeleiding van het reciteren van Vedische mantra's en dan zouden er bepaalde rituelen uitgevoerd worden. Uiteindelijk zouden alle gasten te eten krijgen om zo de goodwill van alle aanwezigen te verzekeren. Ratnamji dacht door Avadhutendraji te vragen het huis als eerste binnen te gaan, het huis nuttiger zou worden voor spirituele oefeningen. Zoals bleek heeft God Zijn eigen plan, wat heel anders was dan het onze, maar ongetwijfeld prima was.

De volgende ochtend kwamen we allemaal in de ashram bij elkaar. Daarna liepen we langzaam naar het nieuwe huis onder het zingen van de Goddelijke Naam. Onderweg nam een onbekende mijn moeder terzijde en zei haar dat zij, omdat zij mijn moeder was, het huis het eerst binnen moest gaan. Niemand van ons hoorde die woorden. Toen we bij de voordeur kwamen, begonnen de priesters de Vedische mantra's te reciteren. Avadhutendraji stond net op het punt om het huis binnen te stappen toen, zoef— mijn moeder van de rand van het veld naar voren rende, Avadhutendraji opzij duwde en triomfantelijk het eerst het huis binnenstapte! We keken allemaal geschokt en verrast naar elkaar. Toen lachte Ratnamji en zei: "Blijkbaar wilde God het eerst in de vorm van de moeder binnengaan!" Dit werd blij door alle aanwezigen geaccepteerd en al het andere verliep soepel. Mijn moeder en stiefvader wilden dat ik met hen door Noord India reisde, dus vertrokken we de volgende dag. Toen wij vertrokken, zei Ratnamji me dat hij met Avadhutendraji naar Bombay ging en dat ik hem daar moest opzoeken nadat mijn moeder vertrokken was. Hij gaf mij het adres van het huis waar zij zouden verblijven. Ik beloofde hen op te zoeken en vertrok naar Madras.

We bezochten de meeste belangrijke toeristenplaatsen in Noord India. Toen gingen mijn moeder en stiefvader terug naar Amerika en lieten mij in Bombay achter. Ik ging onmiddellijk naar het huis waar Ratnamji en Avadhutendraji verbleven. Ik boog voor hen en vertelde alle details van mijn reis. Zij vertelden toen dat zij uitgenodigd waren door toegewijden uit Baroda, een grote stad ten oosten van Bombay, en de volgende dag zouden vertrekken. Ik was net op tijd gekomen om hen te vergezellen.

De volgende dag waren we 's avonds in Baroda. Avadhutendraji ging op zoek naar een tabla- of trommelspeler om 's avonds bij zijn zang te spelen. Hij ging naar het conservatorium omdat hij persoonlijk in Baroda niemand kende die tabla kon spelen. Toen hij daar informeerde, kwam hij zijn muziekleraar van veertig jaar geleden tegen. Hij had zijn leraar sindsdien niet gezien en ze hadden een gelukkige hereniging.

De leraar nam ons mee naar zijn huis. Hij onderwees sitar op het conservatorium, waar hij ons een schilderij van zijn leraar liet zien. Hij vertelde ons dat het schilderij zo zeldzaam was dat hij een enorm bedrag moest betalen om het uit een privé collectie te krijgen. Omdat zijn leraar zijn guru was, spaarde hij geen moeite en werkte lange tijd hard om genoeg geld te krijgen om het schilderij te betalen. Hij speelde ongeveer een uur sitar voor ons. Tijdens het spel waren Avadhutendraji en Ratnamji allebei diep geabsorbeerd in meditatie.

Bij een vorige gelegenheid had iemand Ratnamji uitgenodigd voor een concert door Ravi Shankar in Hyderabad. Ze vroegen mij mee te gaan. Onderweg zei Ratnamji me: "Raak niet verloren in de melodie die je hoort. Richt je aandacht op de onderliggende dreun. Dan zal het concert nuttig zijn voor meditatie." We zaten in het auditorium en de lichten gingen uit. Het concert begon en ik sloot mijn ogen waarbij ik mij op de dreun probeerde te concentreren. Na wat twee minuten leek, gingen de lichten aan en iedereen stond op. Ik vroeg me af wat er aan de hand was. Waarom was het concert bij het begin gestopt? Ik kreeg vragend naar Ratnamji. Lachend zei hij: "Kom op, laten we gaan. Zodra jij je ogen sloot, viel je diep in slaap. Dat was twee uur geleden. Ik dacht dat je erg moe moest zijn, dus heb ik je niet gestoord. Wat een diepe meditatie!" Terwijl ik nu naar de sitar zit te luisteren, zorg ik ervoor dat ik mijn ogen niet sluit.

Na een paar dagen in Baroda besloot Avadhutendraji om terug te gaan naar Bombay. Ratnamji had een brief ontvangen waarin hij gevraagd werd om naar Hyderabad te komen, dus kochten wij kaartjes naar die plaats. Toen wij de kaartjes kochten, moest ik het geld van Avadhutendraji lenen omdat ik mijn geld thuis gelaten had. Toen we in Bombay kwamen, stond Avadhutendraji op om uit te stappen. Ratnamji vroeg me: "Hoeveel ben je Avadhutendraji schuldig?"

"Zeventig roepies," antwoordde ik.

"Hoeveel geld heb je bij je?" vroeg hij.

"Honderdenvijf," antwoordde ik.

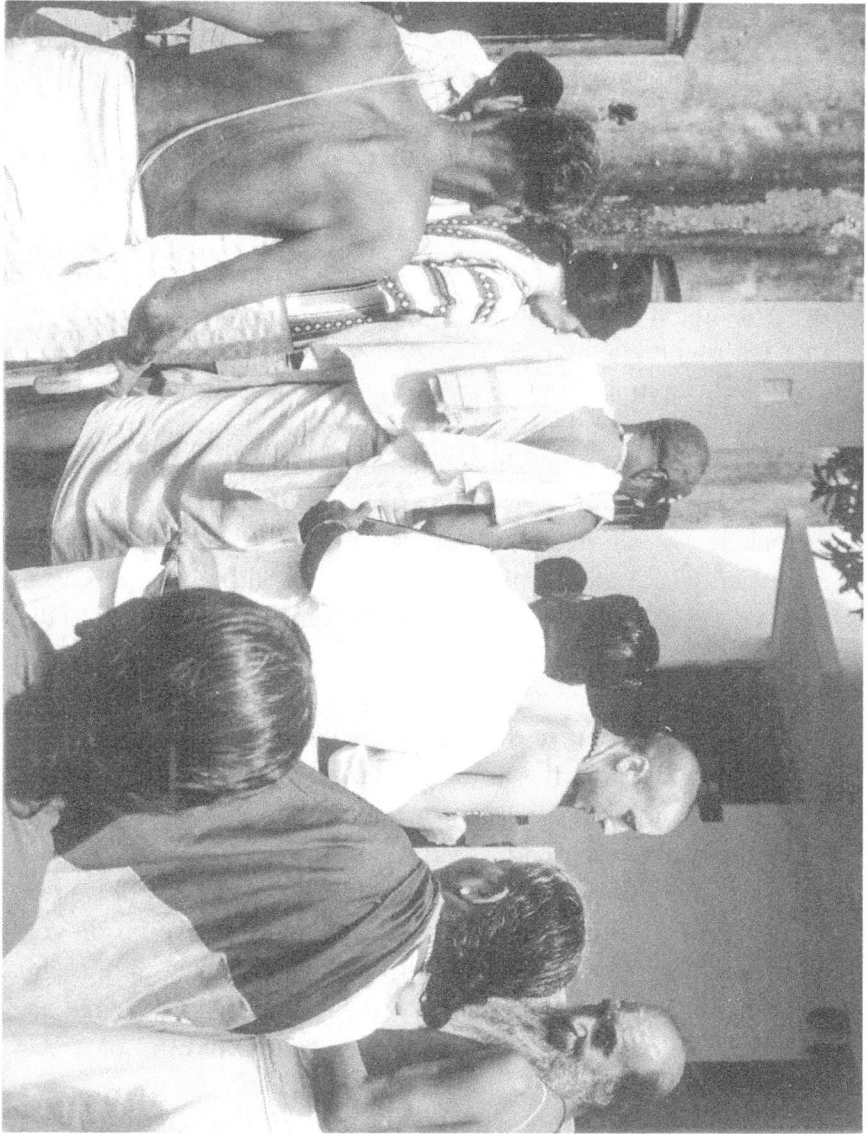

Het huis in Tiruvannamalai binnengaan.
Van links naar recht: Neals moeder, Avadhutendraji, Neal en Ratnamji.

"Geef hem honderd roepies," zei Ratnamji. "Het is een rond getal. Bovendien is het niet aardig om zo berekenend te zijn bij het terugbetalen van een schuld aan een heilige."

Ik bood het geld onwillig aan Avadhutendraji aan, die het aannam met de woorden dat hij geen geld bij zich had en dat het geld van pas zou komen. Toen stapte hij in Bombay uit de trein.

"Wat moet ik nu doen?" zei ik een beetje geïrriteerd. "We hebben nog een reis van twee dagen voor ons. Hoe kunnen we met vijf roepies genoeg voedsel voor ons kopen?"

"Wel, laten we zien hoe God voor ons zorgt. Moeten we Hem af en toe niet de gelegenheid geven om dat te doen?" vroeg Ratnamji met een enigszins ondeugende grijns op zijn gezicht.

"Onderweg zijn twee heilige plaatsen die ik al lange tijd wil bezoeken. De een is Dehu Road waar de grote heilige Tukaram ongeveer driehonderd jaar geleden leefde. Vlakbij is Alandi waar de graftombe van Jnaneshvar is. Hij was een Gerealiseerde Ziel die zijn lichaam vrijwillig op eenentwintigjarige leeftijd verliet door zijn leerlingen te vragen zijn lichaam te begraven terwijl hij nog in leven was. Hij zat te mediteren, staakte al zijn levensfuncties en werd begraven. Zelfs vandaag de dag hebben veel toegewijden hem in hun meditatie bij zijn tombe gezien en sommigen zijn gezegend met verlichtende ervaringen.

Het ongelukkige is dat dit een exprestrein is en hij niet in Dehu Road zal stoppen. Aan de andere kant als we bij de volgende hoofdhalte uitstappen, kunnen we een bus naar Dehu Road nemen en dan terug komen om de volgende trein te nemen. Maar als we dat doen hebben we geen cent over om ook maar een banaan te kopen. Goed, we zullen zien. Laten we vandaag niet eten om geld uit te sparen."

Niet eten? Vanaf het moment dat ik die woorden hoorde, begon ik te denken hoeveel honger ik had. Na een paar uur knoopte Ratnamji een gesprek aan met een man die op dezelfde bank als wij zaten. De man had wat druiven in een papieren zak. Als een hongerige wolf die naar een kudde schapen keek, hield ik mijn ogen op de zak gericht. O goeie God in de hemel! Hij stopt zijn handen in de zak en biedt Ratnamji de druiven aan. O Heer, ik wist dat U Uw toegewijden niet in de steek liet. Ratnamji wendde zich naar mij en opende zijn hand. Zes kleine druifjes. De vrijgevigheid van de man en mijn honger waren niet in verhouding. Toen Ratnamji mijn gelaatsuitdrukking zag, barstte hij in lachen uit. Persoonlijk kon ik er niets grappigs in zien. God had ons in de steek gelaten.

Na een paar uur stopte de trein plotseling. Ratnamji keek uit het raam. "Kom op! Spring eruit! Dit is Dehu Road! God heeft de trein voor ons laten stoppen!" schreeuwde Ratnamji. Ik verzamelde haastig de tassen en sprong uit de trein. Onmiddellijk vertrok de trein. Het scheen dat een koe op de rails gelopen was en de trein gedwongen was te stoppen totdat het dier plaatsmaakte. Het was net toevallig Dehu Road!

We lieten onze tassen in een winkel bij de bushalte achter en gingen alle plaatsen bekijken die verbonden waren met het leven van Tukaram. Hij was een heilige geweest die, hoewel hij zijn hele leven door onwetende mensen lastiggevallen werd, er altijd triomfantelijk uit naar voren kwam door zijn argeloze en zuivere hart. Hij instrueerde mensen in het spirituele leven door de liederen die hij componeerde. Zijn invloed op het leven van de mensen in dat deel van het land wordt zelfs tegenwoordig gevoeld. Er wordt gezegd dat hij op mysterieuze wijze aan het einde van zijn leven verdween en nooit meer gezien werd. Zijn huis en de tempel waar hij zat te zingen zijn bewaard gebleven. Dit waren de plaatsen waar wij heen gingen.

Aan één kant van het dorp was een zeer oude boom die een soort monument leek, maar omdat we de plaatselijke taal niet spraken, konden we er niet achter komen wat het was. In plaats van me geïnspireerd te voelen door aan het leven van de heilige te denken, voelde ik me hongerig en een beetje kwaad op Ratnamji omdat hij al ons geld weggegeven had. We gingen terug naar de bushalte om de volgende bus naar Alandi te nemen, een afstand van ongeveer dertig kilometer. De winkelier die Engels sprak, vertelde ons dat de bus over een uur zou komen. Hij vroeg ons of we de plaats gezien hadden waar Tukaram verdwenen was. Hij zei dat Tukaram onder een boom stond, afscheid nam van al zijn vrienden en begunstigers, en in iets als een vliegtuig vertrok. Ieder jaar op dezelfde dag en dezelfde tijd zou de boom heftig beven alsof hij bang is. Hij zei ons waar we de boom konden vinden.

Ratnamji zei dat we de boom moesten zien voordat we vertrokken en hij begon te rennen in de brandende middagzon. Het bleek dat de boom die we eerder gezien hadden, de boom was vanwaar Tukaram verdwenen was. Tegen de tijd dat we uitgeput en vies terug bij de winkel waren, was de bus vertrokken. Ik mopperde binnensmonds. Onze aansluitende trein ging om zes uur 's avonds en het was nu pas één uur. Als we de trein zouden missen, zouden onze kaartjes ongeldig worden en zouden we stranden zonder kaartjes of geld. De volgende bus naar Alandi zou om drie uur komen. Na naar Alandi gegaan te zijn, alles daar gezien te hebben en een bus naar het station genomen te hebben, zou het bijna zeven uur zijn. Bovendien had ik honger en was moe. Toen Ratnamji hoorde dat de bus pas over twee uur zou komen, ging hij achter in de winkel liggen. Hij zei me dat ik hem voor drie uur wakker moest maken en viel in slaap. Dit betekende dat ik niet in slaap moest vallen. Mijn geest ging tekeer door woede en zorgen. Waar was mijn overgave en vertrouwen in Ratnamji en Ramana? Het was vervlogen door de confrontatie met tegenslag.

Nadat we om drie uur de bus genomen hadden, kwamen we om vier uur in Alandi aan. We bezochten alle plaatsen die met Jnaneshvara's leven verbonden waren en gingen uiteindelijk bij zijn graftombe zitten mediteren. Mediteren? Het was voor mij uitgesloten om te mediteren in zo'n opgewonden conditie. We stapten tenslotte in een bus die ons in twee uur naar het station zou brengen. Nu gaat God Ratnamji een lesje leren, dacht ik. Waarom moet hij zo onpraktisch zijn?

"Wat vond je van die plaatsen? Ik voelde me alsof ik helemaal naar een andere wereld gebracht werd, alsof ik bij die heiligen leefde. En jij?" vroeg Ratnamji.

"Ik heb honger en ben moe. Hoe kon ik van iets genieten? Nu kunnen we ook de trein niet halen. Als we die boom niet voor de tweede keer waren gaan zien, zouden we nu bij het station geweest zijn," zei ik met een toon van onderdrukte woede.

"Het is jammer dat je zoveel aan je lichaam denkt, zelfs nadat je zolang bij mij geleefd hebt. In plaats van de pelgrimstocht voor je spirituele groei te gebruiken, gebruik je het alleen om je geest te vergallen. Waar is je vertrouwen in Ramana als je het zelfs niet één dag zonder geld kunt stellen? Toen we elkaar de eerste keer zagen, zei je me dat je zonder geld wilde leven. Waar is die spirit nu?" vroeg hij.

Wat kon ik zeggen? Hij had zoals gewoonlijk gelijk. Tenslotte kwam de bus bij het station aan en stapten we uit. In het station werden we geïnformeerd dat onze trein te laat was en nog niet aangekomen was! We renden naar het perron en kwamen daar net op tijd om onze trein te zien aankomen. Nadat we onze plaatsen gevonden hadden, keek Ratnamji naar me en glimlachte.

"Koop nu wat bananen. Morgen zullen we op onze bestemming aankomen," zei hij.

Ik had een goede les geleerd en deed de gelofte om nooit meer aan mijn spirituele gids te twijfelen. Door de jaren heen kwam Ratnamji gewoonlijk te laat op stations, maar hij miste nooit een trein.

In Hyderabad vernamen we dat de Shankaracharya van Puri onlangs aangekomen was en een enorme religieuze plechtigheid georganiseerd had. Twee of drie jaar lang was er geen regen in Hyderabad gevallen en de mensen hadden de Acharya gevraagd om hen te helpen. Het is vele malen bewezen dat als bepaalde Vedische rituelen strikt volgens de geboden van de geschriften uitgevoerd worden, er een zware stortregen onmiddellijk na de offerplechtigheid plaatsvindt. Ik ben hier persoonlijk twee maal getuige van geweest, een keer in Tiruvannamalai en een keer in Hyderabad. Men kan met de beste wil van de wereld niet zeggen dat na twee of drie jaar droogte de onstuimige stortregens die onmiddellijk op de rituelen volgden, toeval waren.

Ongeveer achthonderd jaar geleden werd er een jongen genaamd Shankara in het zuidelijk deel van India geboren. Reeds in zijn kinderjaren gaf hij blijk van een diepzinnig intellect. Toen hij acht was, verliet hij zijn huis en reisde te voet door heel India totdat hij een gerealiseerde guru vond en door bij hem te studeren Perfectie bereikte. Hij schreef daarna commentaren op veel hindoegeschriften voor het welzijn van oprechte zoekers. Voor zijn dood, op de leeftijd van tweeëndertig, richtte hij vier of vijf ashrams op in verschillende delen van India, waarbij hij leerlingen die hij getraind had, de verantwoordelijkheid voor deze instellingen gaf. Omdat hij een bekende godsdienstleraar was, stond hij bekend onder de titel van Acharya.

Vanaf zijn tijd tot op heden is er een continue traditie overgeleverd en ieder opvolgend hoofd wordt aangeduid als Shankaracharya. Deze mannen zijn zorgvuldig door hun voorgangers gekozen om hun kennis, soberheid, toewijding en onbaatzuchtigheid. Zij zijn de erkende religieuze leiders van een groot deel van de hindoebevolking. De huidige Shankaracharya van Puri was zo'n opmerkelijke persoonlijkheid die bekend was om zijn grote spirituele prestaties en devotie voor God. Daarom dacht men dat hij de beste persoon was om de plechtigheid uit te voeren.

De plechtigheid bestond uit twee delen. Onder één dak werd een bijeenkomst van de grootste schriftgeleerden van India gehouden. Overdag bespraken deze geleerden veel controversiële religieuze onderwerpen, waarbij ze verzen uit de geschriften reciteerden om hun standpunten kracht bij te zetten. 's Avonds sprak de Acharya over verschillende onderwerpen die, hoewel ze van praktische waarde waren voor de gewone man, hem ook beter bekend maakten met zijn religie en cultuur. Onder het andere dak werden duizend vuurkuilen aangelegd waarin verschillende substanties aan God geofferd werden. Hierbij werd vuur als het medium voor aanbidding gebruikt, begeleid door de recitatie van Vedische mantra's. Dit dak was zo groot dat de omtrek ervan ongeveer anderhalve kilometer was. De klank van de mantra's en de aanblik van de brandende vuren waren een feest voor de oren en ogen. De atmosfeer was geladen met devotie. Het duurde tien dagen voordat de riten voltooid waren.

Ik wilde graag een persoonlijk interview met de Acharya hebben en vroeg Ratnamji of dit mogelijk was. Ratnamji kende de Acharya erg goed en bracht de meeste tijd in zijn aanwezigheid door. In feite werd Ratnamji binnen een paar dagen de persoonlijke bediende van de Acharya. De Acharya zei Ratnamji dat ik alle lezingen bij moest wonen en dat hij me zou roepen wanneer hij tijd had. Tien dagen en nachten lang van zes uur 's morgens tot middernacht zat ik vol verwachting dat ik iedere minuut geroepen kon worden. Aan het einde van de tien dagen was de plechtigheid over, de regen was gevallen en ik was nog steeds niet geroepen.

De Acharya moest die nacht uit Hyderabad vertrekken naar een andere stad achthonderd kilometer ver weg. Hij stuurde een boodschap waarin hij zei dat als ik hem nog steeds wilde spreken, ik met hem mee kon gaan naar de volgende stad. Hij was duidelijk mijn oprechtheid aan het testen. Ik antwoordde via de boodschapper dat ik hem zonodig door heel India zou volgen totdat hij mij zou spreken. Zodra hij de volgende dag zijn meest urgente zaken had afgehandeld, ontbood hij mij en vertelde mij in een gesloten kamer samen met Ratnamji veel dingen. Hij zei me dat vanaf de oude tijden talloze wijzen Zelfrealisatie bereikt hadden door het voortdurend herhalen van de Goddelijke Naam. Als ik de Hoogste Gelukzaligheid en Eeuwige Vrede wilde bereiken, was dat het pad om te volgen.

Ik was heel blij dit te horen omdat Ratnamji me al verteld had dit te doen en ik probeerde dat advies op te volgen. Nadat de Acharya me aangemoedigd had om met mijn inspanningen door te gaan, gaf hij mij als teken van zijn genegenheid de bloemen en vruchten die in zijn puja aan God geofferd waren. Ik boog voor hem en nam afscheid met een vol en vervuld hart. Het was de tien dagen wachten waard geweest.

Ratnamji adviseerde me nu om terug te gaan naar Tiruvannamalai en de noodzakelijke voorbereidingen voor de opening van zijn huis te maken. Hij beloofde me om me daar binnen twee weken op te zoeken. Ik ging verder naar Arunachala en hij vergezelde de Acharya naar Noord India waar hij een zware kou opliep. De kou ontwikkelde zich uiteindelijk in een ernstige ziekte die voor een groot deel verantwoordelijk was voor zijn dood drie jaar later. Dit was het begin van een erg pijnlijk deel van mijn spirituele leven.

"Afgelopen nacht had ik een zeer onheilspellende droom. Ik denk dat van nu af aan mijn gezondheid heel slecht zal zijn," zei Ratnamji terwijl hij in mijn huis lag. Hij was de vorige avond met Seshamma, zijn zus, gekomen. Hij had koorts en hoestte lelijk. Toen hij reisde had zich een gezwel op zijn voet ontwikkeld en nadat het veel pijn veroorzaakt had, was het uiteindelijk opengegaan. Hij moest min of meer overal heen gedragen worden.

"Laten we de openingsceremonie afmaken en dan kunnen we een goede dokter gaan consulteren," zei hij. Ik was bereid om naar een dokter te gaan zodra ik hem zag, maar hij stond het niet toe. Hij dacht dat de dokter hem beperkingen op zou kunnen leggen die de ceremonie zouden belemmeren. Veel mensen waren al uitgenodigd en zouden binnen een paar dagen komen. Als de datum veranderd zou worden, zou het voor iedereen veel problemen en ongemak betekenen.

We maakten alle noodzakelijke plannen en regelingen voor de plechtigheid en op de vastgestelde dag werden de rituelen verricht door Ratnamji en de priesters. Ongeveer vijftig gasten vanuit heel India waren gekomen, maar Avadhutendraji kon niet komen. Hij lag in het ziekenhuis met een hartaanval en de dokters stonden hem tot zijn grote verbijstering niet toe om zich te bewegen. Hij had iemand gestuurd om het nieuws persoonlijk over te brengen aan Ratnamji, die hem verwachtte. Na de aanbidding ging Ratnamji liggen. Hij was heel zwak en had pijn in zijn borst, maar je kon de gebruikelijk glimlach en gloed op zijn gezicht zien. De volgende morgen kregen we het bericht dat een zeer oude leerling van Ramana in de ashram op sterven lag. Ratnamji en ik haastten ons naar de ashram en troffen de monnik op zijn sterfbed aan. Iedereen herhaalde met luide stem de Goddelijke Naam en binnen een paar uur verliet hij vredig zijn sterfelijk omhulsel. Zijn lichaam werd dezelfde dag achter de ashram begraven en er werd besloten dat Ratnamji de veertig dagen aanbidding van de graftombe moest doen die voorgeschreven is na de dood van een monnik. Dit betekende weer een uitstel van veertig dagen totdat hij een dokter kon spreken. Mijn hart brak, maar wat kon ik doen? Hij wilde niet naar mijn argumenten luisteren.

Na veertig dagen lijden stelde Ratnamji voor dat we Avadhutendraji gingen opzoeken, die uit het ziekenhuis ontslagen was en bij enkele toegewijden verbleef. Hij beloofde dat we naar een

159

dokter zouden gaan terwijl we daar waren. We verlieten Aruna-chala en kwamen bij Avadhutendraji en zagen dat zijn gezond-heid enigszins verbeterd was. Maar hij had krampen in een van zijn hoofdslagaders bij zijn hart en stond een aantal keren per dag plotseling naar adem snakkend op. Het was echt pijnlijk om hem in die conditie te zien. Zodra een aanval voorbij was, lachte hij erom en maakte er met ons grappen over. Na een paar dagen stemde Ratnamji op Avadhutendraji's aandringen ermee in dat we hem naar een dokter brachten. Er werd een röntgenfoto gemaakt en men ontdekte dat het grootste deel van zijn longen door tuber-culose aangetast was. Zijn bloedsuiker was ook erg hoog. Toen de gastheren er 's avonds achterkwamen wat de aard van Ratnamji's ziekte was, waren zij bezorgd en wilden hem niet in hun huis houden. Avadhutendraji was enorm bedroefd om hun houding. Zij waarschuwden hem om niet te dicht bij Ratnamji te komen.

"Als je eigen kind tbc zou krijgen, zou je dan bij hem weg-blijven uit angst om de ziekte te krijgen? Als er echte liefde is, hoe kunnen zulke gedachten dan opkomen?" antwoordde Avad-hutendraji boos.

Avadhutendraji informeerde Ratnamji op een zeer vriendelijke en tactvolle manier over de situatie en suggereerde dat wij naar Hyderabad zouden gaan en hem daar in het ziekenhuis zouden laten opnemen. Ratnamji vond ook dat dit het beste idee was, maar waar zouden we het geld vandaan halen? We hadden alles uitgegeven aan de huisopeningsceremonie en nu hadden we niet genoeg voor treinkaartjes of medicijnen. Ratnamji verbood me om dit aan Avadhutendraji of iemand anders te zeggen. Maar binnen een paar minuten kwam Avadhutendraji naar mij toe en overhandigde mij een groot bedrag.

"Bewaar dit voor Ratnamji's behandeling," zei hij. "Mijn guru, Prabhudattaji, heeft het mij gestuurd toen hij hoorde dat ik ziek was. Ik heb niet zoveel nodig. Het kan jullie van pas komen."

Mijn ogen schoten vol tranen. O God, U zorgt inderdaad voor ons, hoewel ik er keer op keer aan getwijfeld heb.

Avadhutendraji nam afscheid toen wij in een taxi stapten om naar het station te gaan. We vernamen later dat hij bijna een uur gehuild had vanwege de manier waarop Ratnamji weggestuurd moest worden en vanwege zijn eigen hulpeloosheid dat hij niet met ons mee kon gaan. In Hyderabad gingen we opnieuw naar de polikliniek waar de dokters naar Ratnamji's longen keken. "Degene die zulke longen heeft, hoeft zeker niet zo'n stralend gezicht te hebben!" riepen de dokters uit. Deze keer werd Ratnamji opgenomen op de mannenzaal. Hij zou nooit instemmen met een privé kamer of een speciale behandeling. "Wat is het verschil tussen de gewone, arme man en een monnik? Moet een monnik het niet met het minimum stellen?" Zo dacht hij en hij vond het niet goed als er extra geld voor hemzelf uitgegeven werd.

Het gebied rondom zijn bed werd natuurlijk een ashram. Bijna alle dokters en verplegers kwamen met hun problemen naar hem toe. Hoewel men hem gezegd had te rusten en niet te veel te praten om de longen een kans te geven te herstellen, moest hij tien keer zoveel praten als wanneer hij buiten het ziekenhuis zou zijn gebleven!

"Laat het lichaam zijn eigen lot tegemoet gaan. Door over God te praten blijft mijn geest op Hem gericht en denkt zelfs niet aan de ziekte. Wat kan er beter zijn dan dit? Wie weet op welk moment de dood komt? Moeten we dan niet aan Hem denken?" Hij sloeg geen acht op onze smeekbeden om minder te praten en te rusten.

De onmenselijke wreedheid van de dokters op de ziekenzaal was niet minder dan we eerder ervaren hadden op de chirurgie-afdeling. Op een dag kwam een chirurg de zaal in met een aantal studenten. Ratnamji lag te dutten en ik zat vlakbij een boek te lezen. De dokter greep Ratnamji's voet en schraapte met het handvat van zijn reflexhamer over de onderkant van zijn zachte voeten, waarbij hij bijna in het vlees sneed. Ratnamji schreeuwde het uit. De dokter wees zijn studenten erop: "Je ziet, dit wordt een reflexbeweging genoemd." Ik stond op het punt om de genadeloze vent iets van mijn reflexbewegingen te laten zien toen Ratnamji naar mij keek alsof hij wilde zeggen: "Raak hem niet aan. Hij is onwetend."

Op een andere keer was een student de taak toevertrouwd om Ratnamji een injectie te geven. Nadat hij de naald er met een plotselinge stoot ingestoken had, zei hij: "O jee, hij is er krom ingegaan." Zonder hem te verwijderen, boog hij hem eenvoudig in de juiste positie en trok daarbij een gat van een centimeter in Ratnamji's achterste. Ik kon me niet beheersen. Ik schreeuwde tegen de man en joeg hem van het bed weg. Ratnamji wendde zich tot mij en zei: "Onder geen voorwaarden moet je me in dit ziekenhuis laten sterven. Het zou beter zijn om in de handen van een slager te sterven dan hier." Als hij ons toegestaan had om hem in een betaalde kamer te laten liggen, zou hij zo niet behandeld zijn, maar omdat hij een "arme schooier" was, was het geoorloofd om hem als een laboratoriumrat te behandelen.

Tijdens ons verblijf van twee maanden in het ziekenhuis mocht ik als tevoren naast Ratnamji's bed slapen. Op een nacht had ik een ongewone droom of misschien zou men het een visioen kunnen noemen. Ik zag een aantrekkelijke kamer boven aan een trap en ging naar boven. Op dat moment klampte een man mij aan en zei: "Er is hier een jong meisje dat graag een kind wil hebben. Zou je haar een dienst willen bewijzen?" Zonder na te denken stemde ik met het voorstel van de man in, maar het volgende moment realiseerde ik me waarmee ik ingestemd had. Ik kreeg berouw over mijn dwaasheid en was bang dat ik mijn gelofte van celibaat zou breken. Toen rende ik de trap af de straat in. Toen ik door de straat rende, merkte ik een tempel naast de weg op en hield daarvoor halt. Ik kon binnen het beeld van de Goddelijke Moeder zien. Ik begon tegen Haar te huilen: "O Moeder, vergeef me mijn dwaasheid!" Toen ik huilde, verdween het beeld van de Goddelijke Moeder plotseling en in plaats daarvan stond de levende Goddelijke Moeder in vlees en bloed. Ze wandelde de tempel uit, nam mij bij de hand en leidde mij terug naar de kamer van waaruit ik net ontsnapt was. Ze toonde me enkele vulgaire foto's die aan de muur hingen, en zei: "Mijn kind, dit meisje is niet zuiver, zoals jij dacht. Ze is een erg lichtzinnig meisje." Toen nam Ze mijn hand opnieuw en leidde me naar de tempel terug. Ze liet me bij de ingang achter en liep langzaam achteruit. Ze keek de hele tijd liefdevol naar me en verdween plotseling. In Haar plaats was het stenen beeld zoals tevoren. Uit de tempel kwamen flarden van een lied "Victorie voor Moeder! Victorie voor de Goddelijke Moeder!"

Plotseling werd ik wakker, maar ik hoorde het lied nog steeds! Na een paar seconden realiseerde ik dat het lied uit een radio kwam in de hoek van de zaal. Juist toen riep Ratnamji: "Neal!" Zijn stem was hetzelfde als die van de Goddelijke Moeder toen Ze met me sprak. Ik stond op en vertelde Ratnamji de droom. Hij glimlachte en zei: "Je ziet mij als de Goddelijke Moeder die gekomen is om je spiritueel vooruit te laten gaan. Ik zie jou ook als de Goddelijke Moeder die gekomen is om voor mijn arme lichaam te zorgen. Er zijn veel manieren om naar mensen te kijken. Je kunt mij bijvoorbeeld beschouwen als een zieke die hulp nodig heeft of je kunt mij beschouwen als iemand die in een positie is om door jou gediend te worden. Een andere manier zou zijn om mij als toegewijde of heilige of zelfs wijze te zien en je diensten aan te bieden. Maar de hoogste en beste manier zou zijn om te zien dat God in het lichaam is van degene die jij dient en je diensten aan te bieden met het gevoel dat je boft dat je een gelegenheid hebt om Hem te dienen. Uiteindelijk zal je ego verzwakken en zal Godsbewustzijn dagen. Denk niet dat ik dit voor mijn eigen welzijn zeg. Als jij niet hier zou zijn, zou God iemand anders geven om voor mij te zorgen. Ik ben alleen van Hem afhankelijk, niet van enig individu."

Na twee maanden in het ziekenhuis was Ratnamji's gezondheid sterk verbeterd. Er was geen infectie meer in zijn longen. Hij werd ontslagen en men raadde hem aan om verscheidene maanden met de medicijnen door te gaan en ervoor te zorgen dat hij zich niet inspande. Kort hierop liet Avadhutendraji weten dat er een festival van het ononderbroken zingen van de Goddelijke Naam een week lang gehouden zou worden in een heilige plaats genaamd Bhadrachalam. Hij vroeg Ratnamji om daar zo spoedig mogelijk te komen.

We vertrokken uit Hyderabad en bereikten Bhadrachalam de volgende dag en troffen Avadhutendraji daar in het gezelschap van honderden toegewijden aan. Zijn gezondheid was sterk verbeterd, hoewel hij nog steeds af en toe aanvallen van krampen had. Tijdens dit festival zag ik Ratnamji nauwelijks slapen, niet overdag en niet 's nachts. Hij zong altijd met de toegewijden, besprak spirituele onderwerpen of volgde Avadhutendraji hierheen en daarheen. De heilige atmosfeer van Bhadrachalam had een sterk in extase brengende invloed op hen allebei.

Het bestaan van deze tempel was helemaal te danken aan de inspanningen van een heilige genaamd Ramdas die ongeveer tweehonderd jaar geleden leefde. Ramdas had een droom waarin Sri Rama aan hem verscheen en hem vroeg om een tempel te bouwen voor Zijn beeld dat zonder enige bescherming boven op een heuvel stond. Ramdas was toen een regeringsambtenaar die verantwoordelijk was voor het innen van belastingen en het ieder jaar zenden hiervan naar de moslimkeizer. In plaats van de belastinggelden over te maken, gebruikte hij het geld voor de bouw van de tempel zonder de koning hierover te informeren.

Dit werd een paar jaar later ontdekt. Men liet Ramdas vijf- of zeshonderd kilometer met kettingen om naar een gevangenis lopen en hield hem een week in een kerker zonder eten of water. In die tijd componeerde hij enkele zeer pathetische liederen tot Sri Rama waarin hij Hem vroeg waarom hij zo moest lijden nadat hij Zijn orders opgevolgd had. Hij stond op het punt om zelfmoord te plegen toen de keizer op een nacht door twee mannen wakker gemaakt werd die beweerden dienaren van Ramdas te zijn. Zij gaven de keizer een grote zak gouden munten gelijk aan het bedrag dat Ramdas zich toegeëigend had en vroegen de keizer om Ramdas vrij te laten.

Ramdas werd vrijgelaten en toen de munten onderzocht werden, ontdekte men dat zij een afbeelding van Sri Rama op de voorkant en Hanuman op de achterkant hadden met de afdruk van enkele onleesbare letters. Toen de koning zich realiseerde dat hij de Heer gezien had, zond hij Ramdas eervol naar Bhadrachalam terug en zond ieder jaar een grote gift in goud aan de tempel voor de viering van het jaarlijkse festival. Ik zag een van de munten die Sri Rama aan de keizer gegeven had. Allemaal op twee na zijn zij in de loop der jaren verdwenen. Ik heb ook de tempelschatkamer gezien die vele met kostbare juwelen ingelegde kronen bevatte en andere gouden sieraden die de keizer ieder jaar zolang hij leefde, gegeven had.

Het schijnt dat Ramdas een volgende droom had waarin Sri Rama hem vertelde dat hij in zijn vorige leven een papegaai een week lang in een kooi gevangen had gehouden, dus moest hij in zijn huidige leven ook gevangen gezet worden. De keizer was een koning geweest die sterk aan God was toegewijd en hij had een speciale aanbidding van Heer Shiva verricht door persoonlijk duizend potten water uit een rivier te dragen en die over het beeld in de tempel te gieten. Door uitputting en irritatie gooide hij de duizendste pot met water op het beeld in plaats van die te gieten en daarom moest hij nog een keer geboren worden, maar hij kon God in een persoonlijke vorm zien dankzij zijn vorige devotie. Te oordelen naar de heiligheid van de atmosfeer daar was het verhaal ongetwijfeld waar. Avadhutendraji en Ratnamji genoten beiden continu de hele week van Goddelijke Gelukzaligheid.

Helaas kwam bij Ratnamji door de inspanning de tuberculose opnieuw terug en begon hij hoge koorts te krijgen. Hij en ik namen de eerst trein naar Arunachala toen het festival voorbij was. Zijn conditie werd snel slechter. De ziekte was naar zijn hersenholte overgegaan en veroorzaakte een ondraaglijke hoofdpijn. Wat erger was, was dat het vorige medicijn geen effect had.

Omdat ik niet meer wist wat ik moest doen, ging ik naar de graftombe van de Maharshi en bad om leiding. Daarna had ik het gevoel dat ik de Europese dokter moest vinden die me er aanvankelijk van afhield om met Ratnamji om te gaan. Toen hij mij zag, vroeg hij waarom Ratnamji tegenwoordig nergens meer te zien was. Ik vertelde hem over zijn gezondheid. Hij kwam onmiddellijk met mij naar het huis en onderzocht Ratnamji. Hij gaf me een voorraad sterke pijnstillers en schreef onmiddellijk naar een andere ashram waar hij een voorraad van een buitenlands medicijn had gezien dat de ziekte onder controle zou brengen. Binnen een paar dagen kwam het medicijn en het ging spoedig beter met Ratnamji.

De dokter zei hem dat als hij geen drie maanden bedrust hield, de ziekte zeker terug zou komen en het zeer moeilijk zou zijn die onder controle te krijgen. Hij was nu al immuun geworden voor de medicijnen die eerst gebruikt werden. Ook al was Ratnamji bereid om het advies van de dokter op te volgen, het leek erop dat de Goddelijke Wil anders was. Er zou spoedig een gebeurtenis plaatsvinden die meer inspanning en een volgende herhaling van de ziekte zou betekenen. Het leek dat er geen einde zou komen aan Ratnamji's lijden.

"Avadhutendraji heeft me een brief geschreven. Hij zegt dat hij hier wil komen en honderd en acht keer rondom de Arunachalaheuvel wil lopen als een vorm van aanbidding. Dat kost hem minstens honderd en acht dagen als hij er een maal per dag omheen gaat. Je weet dat de afstand ongeveer dertien kilometer is en zijn gezondheid is niet zo goed. Ik zal hem ook moeten vergezellen. Het lijkt erop dat God een ander plan voor mij heeft dan bedrust houden," zei Ratnamji op een dag glimlachend tegen mij. Ik was bedroefd toen ik dit nieuws hoorde. Hoewel ik blij was om te horen dat Avadhutendraji zou komen, betekende het verdere inspanning en een terugval voor Ratnamji. Wat hem betrof was het allemaal de lieve wil van Ramana die hem op deze pijnlijke manier voorbij identificatie met het lichaam bracht.

Avadhutendraji arriveerde spoedig samen met twee andere toegewijden die voor hem zouden zorgen. Ik probeerde er blij uit te zien dat ik hem zag maar ik veronderstel dat hij zich verbaasde over mijn halfslachtige uitdrukking van vreugde. In werkelijkheid voelde ik me alsof de boodschapper van de dood gekomen was. Wat kon ik doen? Ratnamji was er natuurlijk beter in dan ik om een vertoning van blijheid te maken of misschien dacht hij er helemaal niet aan. Hij leek echt blij te zijn om Avadhutendraji te zien. Ze brachten de dag pratend door maar Ratnamji was op zijn hoede dat hij niet zei wat de dokter gezegd had over rust nemen. Hij wilde Avadhutendraji's verblijf niet bederven.

De volgende dag begon Avadhutendraji zijn omgang rond de heuvel. Ratnamji ging ook mee steunend op mijn schouder. Hij was uitgeput tegen de tijd dat wij terugkeerden. Toen ik controleerde of hij koorts had, was ik verbaasd te ontdekken dat zijn temperatuur normaal was. Misschien beschermt God hem, dacht ik.

De volgende dag liep hij nog langzamer. Hierdoor was Avadhutendraji gedwongen om zelf langzamer te lopen. Toen we thuis kwamen, nam ik zijn temperatuur en zag tot mijn spijt dat hij hoge koorts had. De ziekte was weer teruggekomen zoals de dokter voorspeld had. Hij verbood mij om hierover iets tegen Avadhutendraji te zeggen.

De volgende dag kwam Avadhutendraji Ratnamji vragen om niet meer te gaan lopen omdat het een overbelasting voor hem was, wat ook betekende dat Avadhutendraji heel langzaam moest lopen. God zij dank! Maar wat had het voor nut? De schade was al aangericht. Ik ging naar de dokter maar hij weigerde uit principe Ratnamji te komen opzoeken. Hij adviseerde een zekere discipline en wij waren niet bereid om die te volgen. In de toekomst deden we misschien weer hetzelfde. Waarom zou hij zijn tijd en energie nutteloos besteden? Ik kon hem zijn houding niet kwalijk nemen en ging weg terwijl ik me afvroeg wat te doen. Hij suggereerde dat we zouden proberen het medicijn via iemand anders te krijgen. We kenden twee mensen die in Amerika waren, van wie mijn moeder er een was. Ik besloot haar te schrijven.

Een van de mensen die met Avadhutendraji was meegekomen naar onze plaats was een typische Sanskriet geleerde. Ratnamji zei me dat hij lezen erg moeilijk vond omdat hij niet lang rechtop kon zitten. Zijn favoriete boek was de *Srimad Bhagavatam*, het levensverhaal van Sri Krishna in het Sanskriet. Het bestaat uit ongeveer achttien duizend verzen en er zijn tien dagen ononderbroken lezen nodig om het af te maken. Hij dacht dat als we de geleerde het boek hardop konden laten lezen, ik het op kon nemen en hij ernaar kon luisteren steeds wanneer hij wilde. Avadhutendraji vond het ook een goed idee. Mijn moeder had een heel dure Duitse bandrecorder meegebracht toen ze naar India was gekomen voor de openingsceremonie van mijn huis en ze had die bij mij achtergelaten. We besloten om onmiddellijk met opnemen te beginnen. Voor of na het dagelijkse lezen liep Avadhutendraji zoals gewoonlijk rondom de heuvel.

Na twee dagen opnemen ging er iets mis met de bandrecorder. De geluidssporen liepen door elkaar. Ik vertelde het Ratnamji en Avadhutendraji.

"Kun je het hier laten repareren?" vroeg Ratnamji.

"Ik betwijfel het. Het is zo'n duur apparaat. Waar kunnen we het laten repareren? De mensen kunnen het vernielen in plaats van het te repareren," antwoordde ik.

"Hij komt uit Amerika, nietwaar? Kan hij daar gerepareerd worden?" vroeg hij. "Ik weet zeker dat dat kan, maar vraag me alsjeblieft niet om daarheen te gaan. Als er geen andere manier is, ben ik natuurlijk bereid om te doen wat je zegt," antwoordde ik.

"Ik weet dat je nooit naar Amerika wilt terugkeren. Het zou verkeerd van mij zijn om je te vragen om te gaan. Jij weet hoe de situatie is. Jij moet beslissen wat er gedaan moet worden," besloot Ratnamji.

Toen ik die nacht ging slapen, bad ik tot Ramana om mij te laten zien wat ik moest doen. Zodra ik in slaap viel, had ik een levendige droom. Ik zag mijn moeder voor mij staan en naast mij waren Ratnamji en Avadhutendraji. Ze wezen allebei naar haar voeten. Ik begreep wat zij bedoelden, ging naar haar toe, boog voor haar en raakte haar voeten aan. Zodra ik haar aanraakte, werd ik wakker. Ik riep Ratnamji en vertelde hem de droom. Hij zei niets. Ik zei dat ik dacht dat Ramana me had laten zien dat ik naar Amerika moest gaan. Maar waar moest ik het geld voor de tickets vandaan krijgen? Ratnamji zei me weer te gaan slapen; we zouden 's morgens wel zien. Toen Avadhutendraji de volgende morgen de kamer binnenkwam, vertelde Ratnamji hem over mijn droom.

"Je weet dat sommige toegewijden willen dat ik hier een festival leid net zoals we in Bhadrachalam deden. In feite hebben ze me al wat geld gegeven zodat de eerste dingen geregeld kunnen worden. Neem jij het, ga naar Amerika en kom zo spoedig mogelijk terug. Wij zullen voor Ratnamji zorgen totdat jij terugkomt, maar stel het niet uit," zei Avadhutendraji.

Die morgen na het ontbijt nam ik afscheid van hen en haastte me naar Madras. Er was toevallig een plaats vrij op de nachtvlucht naar New York. Ik had zelfs geen tijd om mijn moeder te informeren dat ik zou komen. Wat als zij niet thuis was als ik aankwam? Ik hoopte er het beste van, nam het ticket en stapte die avond in het vliegtuig. Vierentwintig uur later was ik in New York. Ik voelde me alsof ik droomde. Amerika en India zijn twee volledig verschillende werelden. Het was zes of zeven jaar geleden dat ik Amerika verlaten had en in die jaren had ik het leven van de traditionele hindoemonnik geleid. Ik had zelfs mijn kleren niet verwisseld maar reisde in mijn dhoti met een sjaal die het bovenste deel van mijn lichaam bedekte. Ik had zelfs geen schoenen! Ik voelde me als een klein baby'tje dat uit de warmte en het comfort van het huis gezet was in een straat met wolkenkrabbers erlangs. Ik dacht dat het het beste was om mijn moeder in Chicago op te bellen om er zeker van te zijn dat ze daar was.

"Hallo moeder?"

"Wie is dit," vroeg ze.

"Wel, wie anders dan ik?" antwoordde ik.

"Neal, waar ben je? Je stem klinkt zo duidelijk! Wat is er aan de hand?" riep ze uit.

"Ik ben in New York op het vliegveld en wacht op de vlucht naar Chicago. Kun je me daar op het vliegveld afhalen? Ik zal alles later uitleggen."

Ik stond op de wachtlijst voor de vlucht naar Chicago en kreeg de laatste plaats in het vliegtuig. Moeder haalde me op het vliegveld af, dolblij om me te zien maar bezorgd dat ik ziek was. Ik legde haar alles uit en vertelde haar dat ik onmiddellijk terug moest keren, indien mogelijk morgen. Ze vond het niet leuk dat ik zo snel weer terugging maar stemde in om te doen wat nodig was. Diezelfde dag brachten we de bandrecorder naar een winkel maar omdat het vrijdag was, zei men ons dat we hem pas maandag op konden halen. Maandag. Ik vroeg mijn moeder om het retourticket voor mij op dinsdag te reserveren. Ik denk dat ze in een shocktoestand was die leek op hoe ik mij voelde, anders had ze niet zo gemakkelijk ingestemd. Ik vertelde haar dat ik in India een heel arme vriend had die voor de behandeling van tuberculose een bepaald duur medicijn nodig had dat niet in India te krijgen was. Ik vroeg haar of zij het kon krijgen. Ik vertelde haar niet dat de arme vriend Ratnamji was, anders zou ze zich zorgen kunnen maken dat ik tbc kon krijgen. We namen contact op met de huisarts en kregen te horen dat het een paar dagen zou duren om het medicijn te krijgen. Moeder stemde ermee in om het per luchtpost te zenden zodra ze het kreeg. Op dinsdag was ik in het vliegtuig terug naar India terwijl moeder huilend op het vliegveld stond. Het was voor ons allebei als een droom. Na nog eens vierentwintig uur was ik terug in Madras, zes dagen na mijn vertrek. Toen ik thuis kwam, ging ik naar binnen en boog voor Avadhutendraji en Ratnamji. Ze glimlachten en vroegen naar mijn reis. Ik dacht dat ze blij zouden zijn om me te zien, maar ze waren hun gebruikelijke gelijkmoedige zelf. Het opnemen begon weer en werd binnen een week voltooid.

Op een dag had ik het gevoel ik dat ik geen tijd kreeg om te studeren of mediteren. In feite had ik praktisch geen tijd voor mijzelf omdat ik voor Ratnamji moest zorgen die bedlegerig was. Wanneer ik niet aan mijzelf probeerde te denken, genoot ik een reflectie van de gelukzaligheid van een onbaatzuchtig bestaan, maar soms voelde ik dat ik ergens alleen moest leven en wat tijd aan spirituele discipline moest wijden. Door zulke gedachten werd ik halfslachtig bij het dienen van Ratnamji. Avadhutendraji had er niet lang voor nodig om dit op te merken en hij riep mij op een dag terzijde.

"Mijn kind, waarom doe je je taak op zo'n halfslachtige manier?" vroeg hij. "Is het omdat je weg wilt gaan en alleen meditatie wilt beoefenen? Eens dacht ik ook zo. Je zult altijd volop tijd voor zulke dingen kunnen vinden, maar in het gezelschap van een echte heilige zijn en een nauwe relatie met hem mogen hebben komt uiterst zelden voor. Toegewijden zoeken over de hele wereld naar een echte heilige, maar kunnen er geen vinden. Wij zijn allebei ziek en blijven misschien niet lang meer in deze wereld. Hoewel wij er niet afhankelijk van zijn dat jij ons dient, moet je goed nadenken wat je moet doen. Waar ligt je plicht? Als je weg wil gaan en intense meditatie doen, hebben we daartegen geen bezwaar, maar als je besluit om te blijven moet je met je hele geest en hart werken. Alleen dan krijg je het profijt van het dienen van heiligen. Je moet zelf beslissen."

Ik wist al dat wat Avadhutendraji zei, waar was en ik zei hem dat ik in de toekomst mijn gekozen weg van het dienen van heiligen alle eer aan zou doen. Als mediteren in eenzaamheid nodig was voor mij, zou ik het doen als hun gezelschap er niet langer was.

Nadat Avadhutendraji zijn gelofte om om Arunachala heen te lopen uitgevoerd had, organiseerde hij het festival zoals gepland. Bijna vijfhonderd mensen uit verschillende delen van India woonden de plechtigheid, die een week duurde, bij. Hierna besloot Avadhutendraji om naar het noorden te gaan en gaf Ratnamji wat geld om medicijnen te kopen. Ratnamji had al deze dagen 38,3 graden koorts geleden, maar liet het Avadhutendraji niet weten. Nu Avadhutendraji vertrok, waren wij ook van plan om te vertrekken om een goede dokter te zoeken en een behandeling te krijgen. De dag nadat hij vertrokken was, pakten we onze spullen en waren van plan om de volgende dag te vertrekken. Ik had het geld in de kast in mijn huis gedaan waar Ratnamji's zus sliep. Ratnamji en ik sliepen in zijn huis. Plotseling om een uur 's nachts riep Ratnamji mij.

"Sta op en ga naar het andere huis. Ik heb het gevoel dat er daar diefstal plaatsvindt. Haast je!" zei hij.

Toen ik naar het andere huis ging, zag ik dat de deur aan de buitenkant op slot gedaan was. Ik deed hem open. Seshamma was diep in slaap en het geld was uit de kast verdwenen. De dieven hadden de cementen plaat die de schoorsteen bedekte, verwijderd en zich in het huis laten zakken. Nadat ze gepakt hadden wat ze wilden, gingen ze stil naar buiten en deden de deur achter zich op slot.

's Morgens werd de politie geroepen en er werd een politie-hond uit Madras gehaald. De hond pakte een man die in een huis vlakbij werkte, de broer van onze tuinman. De man werd door de politie onder arrest gesteld maar iemand gebruikte zijn invloed om hem vrij te krijgen en dat was het einde van de zaak. Omdat we geen geld meer hadden, moesten we wachten totdat vrienden ons genoeg voor onze reis en dokterkosten konden zenden.

Een paar dagen later had ik een droom waarin ik verschillende mensen Avadhutendraji's dode lichaam alle kanten op zag trekken. Ik zei dit tegen Ratnamji maar hij knikte eenvoudigweg en gaf geen commentaar. Kort hierop ontvingen we bericht dat Avadhutendraji plotseling aan een hartaanval in Hyderabad overleden was. In feite was er een gevecht om zijn lichaam. Pas nadat er een brief was gevonden die hij vele jaren eerder geschreven had en waarin stond dat hij wilde dat zijn lichaam na zijn dood in de Krishnarivier in Zuid India werd gedaan, hield de ruzie op.

We bereikten de oevers van de Krishnarivier zo snel als we konden en zagen dat de begrafenisriten nog niet begonnen waren. De volgende vijftien dagen nam Ratnamji de verantwoordelijkheid voor de situatie op zich en zorgde ervoor dat alle voorgeschreven rituelen perfect werden uitgevoerd. Dit vereiste van zijn kant onophoudelijk toezicht en deze overbelasting zorgde ervoor dat zijn gezondheid nog verder achteruitging. Hij leek een fel brandend licht in een kapotte houder. Hij was vastberaden om te doen wat hij vond dat zijn plicht was, zelfs ten koste van zijn leven, en God gaf hem zeker de een na de andere gelegenheid om dat te doen.

Ik slaakte een zucht van verlichting toen de ceremonies tenslotte over waren en we naar een dokter konden gaan. De dokter schreef verschillende kruiden en mineralen voor die met honing of boter moesten worden ingenomen. Hij zei dat naar zijn mening Ratnamji niet aan tbc leed, maar eerder aan een soort chronische bronchitis. Hij zei Ratnamji dat hij naar huis moest teruggaan en de medicijnen een paar maanden moest gebruiken.

Voordat we naar Arunachala vertrokken, consulteerden een paar vrienden een astroloog over Ratnamji's toekomst. Hij vertelde hun dat hij niet langer dan negen maanden zou leven. Nadat Ratnamji dit nieuws gehoord had, besloot hij om een testament op te stellen. Hij liet mij zijn huis en bibliotheek na. Dat waren de enige bezittingen die hij had. Hij dacht dat ik ze zou gebruiken zoals hij gedaan zou hebben.

In Tiruvannamalai begon Ratnamji te werken aan het ordenen van zijn bibliotheek van bijna tweeduizend zeldzame boeken. Hij had er bijna vijfendertig jaar over gedaan om deze boekdelen te verzamelen. Overal waar hij tijdens zijn reizen heen ging, kocht hij een boek als hij geld had. Nu vond hij dat ze op de juiste manier gerangschikt moesten worden, zodat ik later niet hoefde te worstelen om ze te ordenen. Hij las ook de *Garuda Purana*, een oud boek dat gaat over de laatste riten voor de vertrokken ziel en dat de reis naar het volgende niveau van bestaan na de dood beschrijft. Hij maakte aantekeningen, vertaalde ze in het Engels en liet mij ze bestuderen zodat ik op zijn laatste ceremonies toezicht kon houden zoals hij voor Avadhutendraji gedaan had.

Uiteindelijk maakte hij zelfs een lijst van de mensen die geïnformeerd moesten worden over zijn heengaan. In feite was het enige dat hij aan mij overliet, het invullen van de datum van overlijden!

"Waarom doe je dit allemaal?" vroeg ik hem op een dag. "Ik red me wel op de een of andere manier. Ik kan het niet verdragen jou al deze dingen te zien doen. Wie weet, misschien word je beter en leef je nog vijftig of zestig jaar!"

"Zelfs als ik nog honderd jaar leef, moet ik het lichaam toch op een keer verlaten. Zul je dan aan al deze dingen kunnen denken? Dit is gewoon een repetitie zodat je je geen zorgen maakt wanneer de tijd daar is, en alles juist gedaan wordt. Weet je, iedereen viert het huwelijk van zijn kinderen of de geboorte van een baby of dergelijke plechtigheden. Omdat ik mijn leven lang vrijgezel ben, is dit de enige viering die ik heb. Laat het op een grootse manier gedaan worden. Mijn lichaam zal een offer zijn aan de god van de dood. Je zou kunnen zeggen dat dit het laatste offer is," zei Ratnamji lachend.

De volgende zes of zeven maanden ging Ratnamji door met het nemen van de kruidenbehandeling die hem niet beter of slechter leek te maken. Zijn zus Seshamma nodigde hem uit naar haar dorp om deel te nemen aan een speciale aanbidding die zij en haar man daar leidden. Zij wilden zijn aanwezigheid en supervisie. We stelden een dag voor de reis vast en troffen de noodzakelijke voorbereidingen. Hij vroeg mij om een paar boeken te gaan halen bij een vriend van hem in de ashram die ze een aantal maanden geleden geleend had. De vriend was een oude heer die een intuïtieve gave had om de toekomst te voorspellen. Hij vroeg me waar we heen gingen en wanneer we terug zouden komen. Ik vertelde hem over ons programma.

"Vertel Ratnamji om alles voor eenentwintig februari af te maken," zei hij. "Er kan rond die tijd iets gebeuren. Ook heb ik het gevoel dat je voor een jaar een lening moet gaan afsluiten voor iemand die je erg dierbaar is." Een lening? Ik kon me niet voorstellen waar hij het over had. Ik ging naar Ratnamji terug en bracht de boodschap over.

Nadat we in Seshamma's dorp aangekomen waren, begon Ratnamji met de voorbereidingen van de aanbidding. Het zou iets heel groots worden met vele uren aanbidding, giften schenken en gasten te eten geven. De voorbereidingen namen bijna drie weken in beslag. Hij stond erop dat alleen de beste materialen gebruikt werden en zond alles terug wat niet helemaal in orde was. Geleidelijk verbeterde zijn gezondheid. De koorts en het slijm in zijn longen waren verdwenen. Misschien had de kruidendokter toch gelijk.

Tenslotte kwam de dag van de puja. Deze begon om zes uur 's morgens en was pas om middernacht afgelopen, bij elkaar achttien uur! Ratnamji zat er de hele tijd bij en hield toezicht op ieder detail. Hij stond zelfs niet op om zijn natuurlijke behoeften te gaan doen en at of dronk niets totdat het allemaal voorbij was. Ik was bang wat er met zijn lichaam zou gebeuren maar hij was helemaal op een ander niveau, niet bezorgd om leven of dood. Zijn lichaam gaf een zichtbare gloed af die zelfs kleine kinderen aantrok. Het was zo opvallend dat alle dorpelingen hem vroegen wat zo'n goddelijke gloed kon zijn.

"Ik weet het niet," antwoordde hij simpel. "Misschien is het een manifestatie van de zegen van mijn guru." In feite was het de straling die voortkwam uit zijn Zelfrealisatie die niet verborgen kon worden.

Op een dag ongeveer twee weken na de voltooiing van de speciale aanbidding riep Ratnamji mij aan zijn zijde.

"Ik voel me nu veel beter," zei hij. Over een paar dagen kunnen we naar Arunachala terugkeren. Maar toch voel ik dat ik mijn lichaam deze maand zal verlaten of anders over zes maanden." Toen hij dit zei, begon zijn linker been oncontroleerbaar te schudden. Ik pakte het vast met mijn handen. Het andere been begon ook te schudden en ik slaagde erin om dat ook te pakken. Toen ik naar zijn gezicht keek, zag ik dat zijn armen ook schudden en het leek erop dat hij een epileptische aanval begon te krijgen. Ik rende naar de keuken en riep zijn neef om mij te komen helpen. Tegen de tijd dat we bij zijn bed terug waren, zagen we dat hij bewusteloos was geworden. Binnen twintig minuten kwam hij weer bij bewustzijn maar voordat hij iets kon zeggen, begon er een andere aanval die hem bewusteloos maakte. Dit gebeurde iedere twintig minuten. We lieten een dokter halen die snel kwam en probeerden wat medicijnen toe te dienen, maar het was moeilijk om Ratnamji die te laten slikken. Na de derde of vierde aanval zei hij alleen een paar woorden: "Dit is allemaal Uw goedheid, Heer!"

Hij zei nooit iets anders. De aanvallen kwamen iedere twintig minuten opnieuw. Geleidelijk werd zijn lichaam steeds zwakker en de hevigheid van de aanvallen nam af door de zwakte van zijn lichaam. Ik organiseerde een aantal mensen om rond zijn bed te zitten en de Goddelijke Naam te herhalen. Het was duidelijk dat de tijd van zijn vertrek dichtbij was. Vreemd genoeg voelde ik me volstrekt niet bezorgd of bang. Ik voelde dat het hele tafereel dat voor mij plaatsvond een toneelstuk was en dat ik eenvoudig mijn rol moest spelen. Uiteindelijk op achttien februari om half drie 's morgens blies Ratnamji zijn laatste adem uit. Zoals hij van tevoren geïnstrueerd had deed ik *arati* (zwaaien met brandende kamfer) voor hem. Aan het einde hiervan opende hij zijn ogen, glimlachte gelukzalig en was niet meer. De blik van volmaakte vrede en innerlijke gelukzaligheid in zijn ogen deed mij denken dat hij in samadhi was. Zijn lichaam werd het huis uitgedragen en in een schuur in de tuin geplaatst waar volgelingen en vrienden hem de laatste eer konden bewijzen.

Het zingen van de Goddelijke Naam ging de hele nacht en de volgende dag door totdat 's avonds het lichaam gewassen en naar het crematieterrein gebracht werd aan de buitenkant van het dorp. Ik ging mee om er voor te zorgen dat alles juist gedaan werd zoals hij gewenst had. Vele honderden mensen kwamen uit de omliggende dorpen om het lichaam van een grote heilige te zien voordat het aan de vlammen werd geofferd. Toen de brandstapel aangestoken was, ging iedereen naar huis. Alleen een vriend en ik bleven op het crematieterrein bij het brandende vuur om er voor te zorgen dat honden niet probeerden om het lijk op te eten of het vuur verstoorden.

Ik voelde tegelijkertijd een mengsel van vreugde en verdriet. Ratnamji was eindelijk verlost van het pijnlijke omhulsel van zijn lichaam na een leven van spirituele inspanning. Zijn ziel was naar zijn guru Ramana gegaan. Tegelijkertijd werd ik achtergelaten en moest me zien te redden. Hij was de afgelopen acht jaar alles voor mij geweest. Hij had mij alles over het spirituele leven geleerd. Nu was hij weg. Maar was hij dat echt? Ik voelde duidelijk zijn aanwezigheid in mij als het licht van bewustzijn. De komende dagen ervoer ik een bijzonder gevoel van identificatie met hem. Hoewel ik niet wist of anderen het konden waarnemen, voelde ik me alsof mijn gelaatsuitdrukkingen als die van hem werden en ook mijn manier van spreken en zelfs mijn manier van denken. Ik voelde me alsof mijn lichaam en persoonlijkheid gewoon een schaduw van hem waren. Hoewel ik fysiek van hem gescheiden was, genoot ik diepe innerlijke rust. Ik veronderstel dat het voor iedereen een verrassing was om me zo te zien. Anderen dachten dat ik me onherstelbaar beroerd zou voelen door zijn heengaan omdat ik de laatste acht jaar als zijn eigen zoon geweest was. Ze waren verbaasd om te zien dat ik integendeel gelukkiger was. Kwam dit niet door zijn zegen? Ik dacht het wel.

Volgens de hindoegeschriften gaat de ziel na de dood niet onmiddellijk naar de andere wereld. Er is een soort lichaam nodig om de reis te maken. Gewoonlijk wordt er bij de verbranding een kleine steen op het lijk geplaatst. Nadat het vuur afgenomen is, worden deze steen en enkele overgebleven botschilfers eruit gehaald. Tien dagen lang wordt er voedsel gekookt en met de passende mantra's aan de overledene geofferd waarbij men de steen als medium gebruikt. Men gelooft dat iedere dag dat het voedsel aangeboden wordt, er een deel van het lichaam gevormd wordt dat nodig is om te reizen in de subtiele wereld. De offergave van de eerste dag wordt bijvoorbeeld gebruikt om de voeten te vormen, die van de tweede dag om de kuiten te maken, enzovoorts. Het offer wordt *pinda* genoemd en het lichaam dat gevormd wordt van de subtiele essentie van het voedsel wordt *pinda sariram* genoemd. *Sariram* betekent lichaam. Op de tiende dag wordt de ziel zich bewust van zijn omgeving en het bestaan van de *pinda sariram*. Hij gaat naar de plaats waar zijn vrienden voor de ceremonies bijeengekomen zijn en ziet wie er gekomen is. Daarna begint hij aan zijn reis naar de volgende wereld.

Deze ceremonies werden voor Ratnamji allemaal uitgevoerd. Op de tiende dag werd de steen in de rivier vlakbij gegooid, nu hij aan zijn doel beantwoord had. Het was toevallig dezelfde rivier waarin Avadhutendraji's lichaam negen maanden eerder geworpen was. Die dag was toevallig Shivaratri, een jaarlijks festival dat door heel India gevierd wordt. Die dag vasten mensen en blijven de hele nacht wakker en aanbidden God totdat de dageraad aanbreekt.

Uitgeput door de ceremonies en niet in een erg gelukkige stemming ging ik om ongeveer elf uur liggen om te slapen. Onmiddellijk verscheen Ratnamji in een levendige droom. Hij glimlachte en stak zijn hand uit. Ik keek ernaar en zag dat de steen in zijn handpalm lag. Hij wierp hem toen in de rivier en zei: "Kom, vannacht is het Shivaratri. We moeten de Heer aanbidden." Hij ging toen zitten, vroeg mij om naast hem te gaan zitten en begon met de *puja*.

Ik werd plotseling wakker en het had zekere gevoel dat wat ik zojuist gezien had, niet alleen een droom was, maar dat Ratnamji me had willen tonen dat hij nog steeds heel erg levend en bij me was, hoewel het in een subtiele vorm was die ik niet kon zien. Ik voelde me ontzettend gelukkig en kon de rest van de nacht nauwelijks slapen.

Hoofdstuk 5

Op eigen benen staan

Na de voltooiing van de ceremonies nam ik Ratnamji's weinige bezittingen met mij mee en ging terug naar Arunachala. Ik was per slot van rekening acht jaar geleden naar Arunachala gekomen om bij de tombe van Ramana te wonen en te proberen om de Realisatie van mijn Ware Aard te bereiken. Ik had het gevoel dat ik deze afgelopen acht jaar door Ramana in de vorm van Ratnamji geleid was. Nu moest ik alles wat ik geleerd had in praktijk brengen. Het fundament was gelegd, nu moest het gebouw opgetrokken worden.

In de trein op de terugweg had ik weer een prachtige droom. Ik zag dat ik in de ashram aangekomen was en er was een grote menigte bijeengekomen aan de voet van de heuvel. Ik kwam dichterbij en zag dat Ramana's lichaam daar onbeweeglijk lag. Hij was net een korte tijd geleden gestorven. Iedereen huilde. Ik kwam bij zijn lichaam en begon te huilen: "O Heer, ik ben helemaal hiernaartoe gekomen om U te zien, maar voordat ik U kon bereiken, bent U vertrokken!" Toen opende hij zijn ogen en glimlachte naar me. Hij vroeg me te gaan zitten en legde zijn voeten in mijn schoot en vroeg mij om op zijn benen te drukken.

"Ze zeggen dat ik dood ben. Zie ik er voor jou dood uit?" vroeg hij. Ik werd toen wakker en verwonderde me over de helderheid van de droom. Hij was zeker bij me. Hiervan werd ik overtuigd.

Onze huizen leken leeg en levenloos zonder Ratnamji. Ik vroeg me af hoe ik in zijn huis zou kunnen blijven zonder hem. Ik voelde dat hij in me was, maar er was geen twijfel over dat hij fysiek afwezig was. De gelukzaligheid die ik onafgebroken in zijn gezelschap ervaren had, was er niet meer. Ik besloot om naar de astroloog in de ashram te gaan. Hij begroette mij en vroeg mij over Ratnamji. Ik vertelde hem alles. Ik vertelde hem ook dat hij niet alleen gelijk had bij zijn voorspelling dat Ratnamji zijn werk voor eenentwintig februari moest afmaken, maar ook dat ik mijn moeder om een lening had moeten vragen om de maandelijkse ceremonies voor de overledene te verrichten die één jaar lang na het overlijden gedaan worden. Ik zei hem dat ik verrast was over de precisie van zijn voorspellingen.

"Zou U me willen vertellen wat de toekomst voor mij inhoudt nu Ratnamji weg is?" vroeg ik.

"Je gezondheid zal geleidelijk aan verslechteren," begon hij, "en over vier jaar is er een kans dat je zult sterven. Zoniet, dan zul je naar je moeder gaan en je spirituele leven voortzetten. Tegelijkertijd zul je bezig zijn met het inzamelen van geld."

Dood? Teruggaan naar Amerika? Geld inzamelen? Het klonk allemaal te vreselijk om waar te zijn. Ik bedankte hem en ging terug naar het huis. Ik begon te piekeren. Ik wist dat de woorden van deze man niet onjuist konden zijn en voelde me erg bedroefd en rusteloos. Er was niemand met wie ik erover kon praten. Tien dagen lang tobde ik erover. Ik kon niet mediteren of zelfs maar iets lezen. Dit zou waarschijnlijk doorgegaan zijn als ik niet een droom gehad had. Ratnamji stond in het huis en keek naar me met een geïrriteerde uitdrukking op zijn gezicht.

"Waarom handel je zo?" zei hij. "Alles is in Ramana's handen. Je hebt je leven aan hem overgegeven, nietwaar? Je moet je plicht doen door dag en nacht op God te mediteren. Wat er met jou moet gebeuren, daar zal Hij voor zorgen. Maak je geen zorgen."

Ik werd wakker. Er was geen spoortje slaperigheid over en ik voelde me van een last bevrijd. Vanaf die tijd hielden gedachten over de toekomst op mij te kwellen.

Het volgende jaar besloot ik naar Hyderabad te reizen om deel te nemen aan een maandelijkse ceremonie die voor Ratnamji's ziel werd uitgevoerd. Nadat we bij een gelegenheid de maaltijd ophadden en waren gaan liggen om te rusten in het huis van de man die de rituelen verricht had, droomde ik dat Ratnamji en Ramana naast elkaar stonden en naar mij keken. Ramana wees naar Ratnamji en zei tegen mij: "Door hem te dienen, dien je mij." Hoewel ik deze ervaringen dromen noem, moet ik het duidelijk maken dat ze niet de wazige kwaliteit van een droom hadden. Ze waren bijna even helder als het waakbewustzijn, maar met een bepaalde eigenheid van zichzelf. Ik voelde dat ik niet wakker was en ook niet droomde. Zij lieten de diepe indruk in mij achter dat deze grote mannen voor mij zorgden en mij leidden.

Zes maanden na Ratnamji's overlijden besloot mijn moeder om naar India te komen met mijn zus en schoonbroer. We reisden ongeveer tien dagen in Kashmir, een van de schilderachtigste delen van India. Vandaar vlogen we naar Oost India en verbleven in Darjiling, een voormalige regeringspost die bekend is om zijn theeplantages en vanwaar men een schitterend uitzicht heeft op de Mount Everest en Kanchenjunga. Toen we uit de vlaktes omhoog reden de heuvels in, begon ik me zonder aanwijsbare reden heel blij te voelen. Ik begon feitelijk te bulderen van het lachen. Niemand kon erachter komen wat er zo grappig was en zelf kon ik het ook niet verklaren. Ik vermoedde dat er een groot aantal heiligen in dat gebied leefde en dat hun aanwezigheid mij zo gelukzalig maakte.

Toen ik die nacht ging slapen, verscheen Ratnamji aan mij. Hij keek mij aan alsof hij erop wachtte dat ik iets zei. Ik was zo vrij te zeggen: "Ratnamji, toen je stierf, wat gebeurde er op dat moment met je?" Ik had gezien dat hij eruitzag alsof hij in samadhi was of perfecte eenheid met God.

Hij antwoordde: "Op dat moment voelde ik van binnen een kracht opkomen die mij overweldigde. Ik gaf me eraan over en ging daarin op." Hij keerde zich toen om, liep de lucht in en verdween geleidelijk.

Toen het jaar met maandelijkse ceremonies voor Ratnamji's ziel voorbij was, besloot ik om het komende jaar in Arunachala te blijven. Ik vroeg al mijn vrienden om niet daar te komen. Ik wilde dat jaar in volledige afzondering doorbrengen, mediteren en studeren en proberen om de ervaring van de afgelopen negen jaar te verwerken. Ik begon ernstig te twijfelen over wat mijn belangrijkste spirituele oefening moest zijn. Volgens de Maharshi zijn er slechts twee hoofdpaden: het pad van devotie aan God dat gekenmerkt wordt door het onophoudelijk herhalen van de Goddelijke Naam of een mantra, en het pad van kennis dat gekenmerkt wordt door onafgebroken onderzoek in zichzelf naar wat het is dat als "ik" schijnt.

Ratnamji had mij geadviseerd om het pad van devotie te bewandelen de eerste zes jaar dat we bij elkaar waren. Toen riep hij me op een dag en zei me dat ik steeds meer aan zelfonderzoek moest gaan doen omdat alleen dat mijn geest voldoende kon zuiveren om hem onbeweeglijk te maken en geschikt voor opneming in het Echte. Hij liet mij iedere dag verscheidene uren in de kamer besteden aan mediteren op mijn diepste Zelf. Nu begon ik te twijfelen welke oefening ik moest doen. Ik voelde dat het pad van kennis een soort subtiele valse trots in mij creëerde. Hoewel ik een reflectie van de Waarheid in mij zag, was ik nog ver weg van het realiseren dat die Waarheid mijn Echte Zelf was. Ik dacht dat een nederige toegewijde van God of de guru zijn een veiligere weg zou zijn, maar ik moest ook Ratnamji's woorden in aanmerking nemen. Hoe kun je je eigen geest vertrouwen?

Ik bracht veel dagen aarzelend tussen de twee keuzen door. Toen had ik op een nacht een andere betekenisvolle droom. Een gerealiseerde heilige, de Shankaracharya van Kanchipuram, die ik in hoog aanzien hield, verscheen zittend voor mij. Hij zei: "Moge ik in U opgaan. Moge ik in U opgaan. Herhaal dit iedere dag negen uur." Ik vroeg hem om hetzelfde vers in het Sanskriet te herhalen. "Dit is genoeg," zei hij een beetje geïrriteerd en ik werd wakker. Vanaf de volgende dag probeerde ik het vers negen uur te herhalen. Ik voelde me heel onhandig bij het herhalen van die woorden en dus herhaalde ik mijn eigen mantra met in mijn geest de houding die door die woorden wordt aangegeven. Mijn lichaam werd iedere dag reeds zwakker en ik vond het onmogelijk om zoveel uren rechtop te zitten. Op de een of andere manier speelde ik het klaar om deze herhaling iedere dag vijf uur te doen. Tegen het eind van de dag voelde ik een zeer duidelijk effect in de vorm van een verdieping van de innerlijke rust. Ik ging zo twee of drie maanden door.

Toen verscheen de Acharya opnieuw aan mij in een droom. Hij zat voor me net zoals in de vorige droom.

"De geest alleen is belangrijk," zei hij. Hij bood mij toen een bananenblad aan met een hoopje kandijsuiker erop. Hij nam zelf een stukje, stopte het in zijn mond, stond op en liep weg. Vanaf de volgende dag had ik geen neiging om te gaan zitten om de mantra te herhalen. Ik merkte dat Zelfonderzoek heel makkelijk ging en dus begon ik die oefening in alle ernst te doen. Het daagde bij mij wat hij bedoeld had met "alleen de geest is belangrijk." Het is niet belangrijk welke spirituele oefening je doet maar eerder de zuiverheid van de geest die daardoor verkregen wordt. Men moet alleen daarvoor oog hebben. De oefeningen zijn alleen middelen voor een doel.

Na afloop van twee jaar, toen het tijd was om de tweede jaarlijkse ceremonie voor Ratnamji te doen, gaven de toegewijden in Hyderabad de wens te kennen dat de rituelen in Benares gedaan zouden worden. In die tijd voelde ik me te zwak om te reizen.

Ik had ontzettende pijn onder in mijn rug en ook in mijn buik. Over de hele ruggengraat was er pijn en ik had vaak migraine. Ik liet me behandelen bij het staatsziekenhuis in de stad maar merkte geen verbetering. Toen ik hun voorstel hoorde, dacht ik: "Wel, Ratnamji verwaarloosde zijn lichaam voor het bijwonen van spirituele programma's. Moet ik als zijn zoon niet hetzelfde doen?"

Zo denkend vertrok ik naar Hyderabad. Kort nadat ik daar aangekomen was, gingen acht van ons verder naar Kasi en kwamen daar twee dagen later aan. Ik was heel blij om weer in Kasi terug te zijn nadat ik er tien jaar niet geweest was, maar ik kon nauwelijks lopen of rechtop zitten. Ik kon de hele tijd alleen in een hoek liggen. De nacht voor de ceremonie had ik een spannende droom. Ik stond aan de voet van een heuveltje. Ik klom naar boven en vond een klein huisje waarin Ratnamji zat. Hij gloeide met een hemelse straling en zelfs het huis werd verlicht door zijn aanwezigheid.

"O, je bent dit hele stuk gekomen enkel om de ceremonie bij te wonen. Je lijdt veel, is het niet? Ik ben blij om je devotie te zien. Hier, neem dit en eet het op." Dit zeggend gaf hij me een snoepje en ik werd in tranen wakker. Hij zag inderdaad alles wat er plaatsvond en begreep mijn hart net zoals toen hij in leven en in het lichaam was.

Met wat problemen ging ik terug naar Arunachala. De astroloog had gezegd dat ik binnen vier jaar zou kunnen sterven. Nu waren er twee jaar voorbij. Ik had twee verlangens die ik wilde vervullen voordat ik dit aardse bestaan verliet. Het ene was om honderd en acht keer om de Arunachalaheuvel te lopen. Het andere was om naar alle belangrijke heiligdommen in het Himalayagebied te lopen. Ik was zo zwak dat ik geen van beide kon doen, maar ik besloot het te proberen. Het ergste wat er tenslotte kon gebeuren was dat mijn lichaam voor zijn tijd de geest zou geven. Laat het sterven terwijl het met een heilige daad bezig is, dacht ik.

Ik liep langzaam naar de tombe van de Maharshi in de ashram en stond daar. Ik vroeg hem in gedachten om mij voldoende kracht te geven om mijn wens te vervullen. Ik voelde een opwelling van kracht en kon op de een of andere manier de dertien kilometer rond Arunachala die dag lopen. Ik besloot om te rusten om de andere dag. Iedere keer dat ik naar de ashram liep, voelde ik me zo zwak dat ik dacht dat het onmogelijk was om nog maar een paar stappen te lopen. Maar nadat ik voor de samadhitombe gestaan had, had ik genoeg kracht om rond de heuvel te lopen. Dit ging zo door totdat ik de honderd en acht ommegangen voltooid had.

Nu kwam de tijd om te proberen het tweede verlangen te vervullen. Ik nam een trein naar Hyderabad en daarna naar Kasi. Mijn idee was om een paar dagen in Kasi te blijven en dan naar de Himalaya's te lopen. Ik dacht dat ik er ongeveer zes maanden voor nodig had om de tocht in een ontspannen tempo te voltooien. Helaas werd ik in Kasi zo ziek dat ik concludeerde dat ik onmogelijk mijn aspiratie kon vervullen. Ik gaf mijn nederlaag toe, keerde op mijn schreden terug en nam een trein naar Hyderabad. Daar ging ik naar een ziekenhuis voor natuurgeneeskunde. Ik vertrouwde erop dat als iemand mij kon diagnosticeren en genezen, het hoogstwaarschijnlijk degenen waren wiens medisch systeem in het stramien paste van de natuurgeneeskunde, homeopathie of Ayurveda.

Ik bleef twee maanden in het ziekenhuis. De atmosfeer was als in een ashram met yogacursussen, devotioneel zingen en verschillende dieetkuren. Maar ik bleef maar zwakker worden en besloot uiteindelijk om een andere manier te zoeken. Ik ging toen naar een befaamde homeopaat die in die tijd de president van India behandelde. De homeopaat behandelde mij twee of drie maanden zonder kosten maar er was geen verbetering. Wat nu?

Een toegewijde vriend van me suggereerde me naar Amerika te gaan om mijn gezondheid te verbeteren ter wille van mijn spirituele leven. Hij dacht niet dat mij dit spiritueel zou schaden, wat ik al die jaren gedacht had. Hij zei dat als ik zelfs daar niet beter werd, ik onmiddellijk naar India terug moest keren.

Alleen iemand die een aantal jaren in India geleefd heeft kan mijn afkeer van het wonen in Amerika begrijpen. Het is heel gemakkelijk om gedisciplineerd te leven en je tijd door te brengen met meditatie, studie en andere spirituele oefeningen als je in India woont. Er is weinig om je af te leiden. De cultuur zelf is bevorderlijk voor zo'n manier van leven. Dit is niet het geval in Amerika. Omdat het Amerikaanse ideaal comfort en genieten is wordt men, welke kant men ook uit gaat, geconfronteerd met gelegenheden om zijn spirituele doel te vergeten en op te gaan in genot. Het is niet de menselijke aard om mentale rust te vinden door verzaking en naar binnen te gaan om God te zoeken. De mensen neigen er eerder toe om geluk buiten zichzelf te vinden in de objecten van de wereld. Zonder uitzondering ondervinden zij in verschillende mate teleurstelling in hun uiterlijke zoektocht naar vrede, en sommigen beginnen als alternatief in zichzelf te zoeken. Velen die gehoord hebben dat er een hogere, meer verfijnde vorm van geluk is dan die welke de wereld te bieden heeft, beginnen aan een leven dat gewijd is aan het bereiken van spirituele Realisatie en de eruit voortkomende oneindige gelukzaligheid die bereikt kan worden. Maar de oude neiging om geluk buiten te zoeken steekt keer op keer de kop op. Daarom is men tot de bevinding gekomen dat een bevorderlijke atmosfeer noodzakelijk is voor iemand die loopt op het scherp van de snede van het pad naar Zelfrealisatie.

Om aan te tonen hoe wereldse neigingen belemmeren dat de geest zich naar binnen keert om het licht te zien, vertelt men in India een verhaal. Er was eens een kat die er genoeg van kreeg om muizen achterna te zitten om de kost te verdienen. Hij dacht dat als hij zou kunnen lezen hij een betere baan zou kunnen krijgen. Op een nacht zat hij bij kaarslicht en bestudeerde het alfabet. Ten rende er net een muis voorbij. De kat gooide het boek onmiddellijk van zich af, deed het licht uit en sprong op de muis af! Wat was er met zijn verlangen om te lezen gebeurd? Ik voelde mij erg als de kat in het verhaal en was er zeker van dat als ik een tijd in Amerika door zou brengen, ik opnieuw achter het sensuele leven aan zou beginnen te hollen en geleidelijk het innerlijk licht zou verliezen dat ik met veel inspanning verkregen had.

Ik besloot om het zes maanden te proberen. Ik belde mijn moeder op dat ik binnen een paar dagen zou komen en boekte mijn ticket. Ik keerde terug naar Arunachala, ging naar de tombe van de Maharshi en bad om leiding en een veilige terugkomst. Toen ging ik verder naar Madras en vloog via Bombay naar New York waar mijn moeder me kwam ophalen. Vandaar bracht ze me naar haar nieuwe huis in Santa Fe waarnaar ze onlangs was verhuisd. De hele tijd bewaarde ik de houding van een kind in de handen van zijn moeder. Ik besloot om mijn moeder strikt te gehoorzamen als een vertegenwoordigster van God zes maanden lang. Het moest een andere oefening zijn om me over te geven aan Zijn wil.

De volgende zes maanden bracht ik door met het bezoeken van allerlei dokters. Eerst probeerde ik natuurlijk het allopathische systeem. Hoewel de dokter bereid was om toe te geven dat ik pijn had en erg zwak was, kon hij geen oorzaak ontdekken. Geen diagnose betekende geen behandeling. Vervolgens kwam kruidenbehandeling, daarna homeopathie gekoppeld aan een speciaal dieet. Toen volgden acupunctuur en zelfs hypnose. Niets leek te baten. Uiteindelijk dacht mijn moeder dat ik naar een psychiater moest gaan. Ik moest glimlachen bij het idee. Oké, als het Uw wil is, Heer, zal ik gaan, dacht ik bij mezelf.

"Herinner je je vader?" vroeg de psychiater mij.

"Natuurlijk, iedere minuut van mijn leven denk ik aan mijn Vader," antwoordde ik.

"Is dat zo? Heel interessant. Waarom zou je je vader zo vaak willen herinneren? Je moet een erg traumatische ervaring met hem gehad hebben," zei hij.

"Ja, traumatisch zou een goed woord ervoor zijn. Hij heeft een verlangen in mijn geest geschapen om Hem te zien en één met Hem te worden. Vanaf die dag heb ik steeds geprobeerd om aan Hem te denken en Hem te zien in alles waar mijn blik op viel."

"Wat bedoel je met 'vader'?" vroeg hij.

U en ik en iedereen hebben slechts één Vader, dat is God. We zijn allemaal Zijn kinderen. Je kunt kiezen om niet in Zijn bestaan te geloven. Dat is aan U. Wat mij betreft ik kan Zijn bestaan niet ontkennen. Ik voel duidelijk Zijn aanwezigheid in me. U mag het een hersenschim noemen of wat U maar wil. Ik zou daarentegen zeggen dat het heel normaal is om het Echte in jezelf te voelen en dat niets dan gedachten en rusteloosheid ervaren, wat de meeste mensen doen, een soort ziekte is," antwoordde ik. "Hoewel mijn lichaam ziek is, voel ik me volmaakt rustig en gelukkig."

"Jij kunt je rustig voelen en dus is het misschien prima voor jou, maar ik heb veel patiënten die hier met ernstige mentale problemen komen. Geloof in God is voor hen geen oplossing. Zij zullen vragen: 'Als er een God is, waarom dan dit lijden?' Niet alleen zou ik hun geen antwoord kunnen geven, maar ik vraag het mezelf ook af."

"Dokter," begon ik, "U bent opgegroeid in een samenleving waar het christendom en jodendom domineren. Het is moeilijk om aan een rationalist het bestaan van God of de waarde van overgave aan Zijn wil te bewijzen als men de filosofische stellingen van die religies gebruikt. Het zou alleen een kwestie van vertrouwen of blind geloof zijn. Tegenwoordig denken de mensen diep over iets na voordat ze het als waar aanvaarden. Als men de filosofische kant van oosterse religies zou onderzoeken, zou men ontdekken dat zij gebaseerd zijn op conclusies die getrokken zijn op grond van logische, methodische experimenten. De conclusies die door de Indiase wijzen getrokken werden, waren het resultaat van hun spirituele oefeningen die zij hun hele leven verrichtten en die hun bepaalde ervaringen gaven. Als iemand de wegen die zij voorgeschreven hebben zou volgen, zou hij de ervaringen krijgen die duizenden gehad hebben. Hun levensfilosofie is volkomen logisch en in overeenstemming met de huidige wetenschappelijke bevindingen.

De hoogste hindoe-opvatting van God bijvoorbeeld is niet dat Hij iemand is die ergens in de hemel zit en als een dictator de heerschappij voert over de schepping. Eerder is God je meest innerlijke kern die direct ervaren kan worden wanneer men de geest onder controle brengt en subtiel en rustig maakt. De zon kan niet duidelijk gezien worden op het oppervlak van een meer dat door golven in beweging wordt gebracht. Onze geest is als een meer dat de Goddelijke Aanwezigheid zal reflecteren als wij het kalm maken. Omdat we het zicht op het juweel in ons verloren hebben, rennen we rusteloos rond op zoek naar geluk. We kunnen zelfs geen minuut stil zitten. Wanneer we van iets genieten, wordt onze geest voor korte tijd rustig en die rust noemen we geluk. Hieruit volgt logisch dat als men de rusteloosheid van de geest onder controle brengt en hem stil in zichzelf maakt zonder genot als een middel te gebruiken, geluk een blijvende ervaring wordt.

In het Oosten is religie niet alleen een kwestie van vertrouwen maar eerder is het de wetenschap van het beheersen van de geest om de directe ervaring van de Realiteit, de bron van de geest, te krijgen. Handelingen die ons van dat centrum in ons afvoeren, kunnen we slecht noemen. Goed is dat wat ons dichter bij het centrum brengt. De wetenschap van de natuurkunde beweert dat iedere actie een gelijke maar tegenovergestelde reactie heeft. Dit is op alle gebieden van het leven van toepassing, fysiek zowel als mentaal. Zoals je zaait, zo zul je oogsten. Als we anderen fysiek of mentaal pijn doen, moeten we uiteindelijk dezelfde pijn lijden. Dit geldt ook voor goed doen aan anderen. Het resultaat komt misschien niet onmiddellijk, maar het moet komen als de wetenschap gelijk heeft.

Dit vereist natuurlijk het geloof in een vorig en toekomstig bestaan, want waarom lijden we anders voor iets waarvan we ons niet kunnen herinneren dat we het gedaan hebben of waarom genieten we wanneer er geen verdienste is? Sommige mensen leiden een heel slecht leven en komen er zonder kleerscheuren vanaf. Anderen doen alleen goed voor anderen en lijden hun hele leven. Wat men in dit leven ervaart is voor een groot deel afhankelijk van handelingen in het vorige leven. Niemand komt met een schone lei. Wat we vandaag doen zal morgen naar ons terugkomen of in een toekomstig leven. We maken zelf ons lot en kunnen God niet de schuld geven van ons lijden. De rekening vereffenen is een Natuurwet. Het is aan ons om die wetten te leren en in harmonie ermee te leven om lijden te vermijden en eeuwige rust en geluk te bereiken.

Als men in gedachten houdt dat men bij het oogsten van de resultaten van zijn handelingen in de vorm van aangename of pijnlijke ervaringen alleen de rekening vereffent, dan zal de geest rustig blijven en niet ellendig of dolblij worden. In zo'n vredige geest ziet men duidelijk het uiterst subtiele spirituele licht, dat de basis van de geest en zijn incidentele flitsen van geluk is, en gaat hierin op. Dat is de essentie van gelukzaligheid en zo iemand wordt daarom een heilige genoemd en schijnt als een bron van inspiratie voor de dwalende mensheid.

Hoewel U Uw patiënten tot rust kunt brengen en sommige problemen van hen kunt oplossen, zullen er steeds weer nieuwe

192

problemen opkomen. Alleen wanneer men begrijpt dat de geest zelf onder controle gebracht kan worden en bevrijd kan worden van alle gedachten, inclusief de problematische, zal het mogelijk zijn om iemand goed te adviseren zodat problemen niet meer opkomen, in ieder geval op het mentale niveau. Ik weet niet of U alles wat ik gezegd heb, kon volgen. Misschien lijkt het voor U een vreemde manier om tegen dingen aan te kijken."

De psychiater begreep in feite wat ik gezegd had, want hij had een beetje Indiase filosofie gestudeerd. Hij vond ook dat het aanpakken van de geest zelf in plaats van al zijn talloze problemen een logischere manier was om rust te krijgen, maar omdat hij geen training gekregen had om dat te doen, kon hij niemand adviseren om dat te doen. Toen ik wegging gaf ik hem een exemplaar van een boek getiteld *Who am I?* dat het onderricht van de Maharshi in een heel beknopte vorm bevat. Hij nodigde me uit om een andere dag samen met hem te eten en we hadden een lang gesprek over spirituele onderwerpen. Toen mijn moeder dit allemaal zag, kwam ze tot de conclusie dat ik bij de psychiatrie geen baat zou vinden, dus drong ze er niet op aan dat ik de bijeenkomsten voortzette. Ik had haar ook gezegd dat het wat mij betreft niet nodig was om de psychiater vijftig dollar per uur te betalen zodat ik hem wat innerlijke rust kon geven!

Er waren al vijf maanden voorbijgegaan sinds mijn terugkeer naar de Verenigde Staten. Mijn vertrekdatum kwam naderbij. Het enige wat mij tegenhield om het vliegtuig te nemen was dat ik een langer inreisvisum voor India had aangevraagd en het antwoord te laat kwam. Ondertussen ontwikkelde zich een zeer lastige situatie op een ander front. De laatste drie of vier maanden kwam een jonge vrouw van mijn leeftijd mij regelmatig opzoeken. Als ze op een bepaalde dag niet kon komen, dan belde ze me in ieder geval op om te horen hoe het met mij ging. Eerst dacht ik dat ze belangstelling had voor spirituele zaken en dat ze daarom wat tijd bij mij wilde doorbrengen. Ik sprak alleen over spirituele dingen met haar. Na enige tijd merkte ik op dat ze nu en dan gebaren maakte die als amoureus geïnterpreteerd konden worden. Ik zette het van mij af als een verzinsel van mijn onzuivere verbeelding of misschien als een aspect van de vrouwelijke aard.

Ik begon een soort subtiel genoegen in haar gezelschap te ervaren en soms vroeg ik me af waarom ik dacht dat het pad van volledige onthouding van wereldse genoegens het pad voor mij was. Ik was verrast dat zulke gedachten in mijn geest opkwamen. Ik wist dat, zelfs als ik ten prooi zou vallen aan de verleiding, het slechts voor een ogenblik zou zijn want ik was reeds door het wereldse leven gegaan en was erdoor gedesillusioneerd. Maar toch zou een val een val zijn en er zou tijd en energie verloren gaan. Toen ik de neiging van mijn geest zag, besloot ik dat ik bij de eerst mogelijke gelegenheid naar India terug moest gaan. De atmosfeer had, spiritueel gezien, zeker een slechte invloed op mij gehad.

Ik hoefde niet lang te wachten. Mijn visum kwam binnen een paar dagen en ik boekte mijn ticket onmiddellijk. Mijn moeder wilde natuurlijk niet dat ik ging maar ik was onvermurwbaar. De dag van mijn vertrek brak aan. Het meisje kwam naar mijn huis om afscheid te nemen. Ze nam me apart en zei: "Neal, moet je gaan? Ik hou heel veel van je."

"Ik hou ook van je, maar alleen zoals een broer van zijn zus houdt," antwoordde ik. "Bovendien is het voor mij niet mogelijk om van de een meer dan van de ander te houden. Dezelfde vonk is in iedereen en daaraan bied ik mijn liefde aan. Hoewel er verschillende soorten apparaten zijn, is de elektrische stroom die ze laat werken hetzelfde. Het principe dat onze lichamen levend en aantrekkelijk maakt, is een en hetzelfde in allen en zodra het weggaat, blijft er alleen een lijk achter. We moeten alleen van 'Dat' houden," antwoordde ik, blij dat ik op mijn weg terug naar India was.

Thuis, mijn lieve thuis. Ik dacht dat ik je nooit meer zou zien, mijn geliefde Moeder India. Hoewel je niet gezegend bent met materiële rijkdommen, heb jij de rijkdom van de spirituele soberheid van duizenden van je kinderen die de oneindige gelukzaligheid van Godsrealisatie door de eeuwen heen bereikt hebben. O Moeder, laat mij jou niet opnieuw verlaten!

India was mij dierbaar voordat ik vertrok. Nu, na mijn terugkomst, was zij dubbel dierbaar geworden. Ik ging direct naar Arunachala en probeerde mijn gebruikelijke mentale toestand terug te krijgen. Ik ervoer dat die zes korte maanden in Amerika inderdaad mijn onthechting aangetast hadden zoals ik gevreesd had. In plaats van constant vreugde te scheppen in het mediteren op het Licht in me was er een drang om van uiterlijke voorwerpen te genieten en de rusteloosheid die daarmee gepaard gaat in een hoek van mijn geest binnengedrongen. Ik vroeg me af of ik mijn oude staat ooit terug zou krijgen. Ik bracht echter zoveel mogelijk tijd bij Ramana's tombe door en de situatie van voorheen was spoedig hersteld.

Het subtiele, verraderlijke effect van het leven in een wereldse atmosfeer werd me kristalhelder. De neiging om naar buiten te kijken neemt langzaam de met moeite verdiende innerlijke rijkdom van een leven van intense meditatie weg. Als er zelfs een klein lek in een vat zit, zal men snel zien dat al het water verdwenen is, men weet niet waarheen.

Mijn gezondheid bleef iedere dag slechter worden. Ik kon door zwakte nauwelijks honderd meter lopen en kon niet meer dan een paar minuten rechtop zitten. De pijn in de rug werd veel erger en zelfs eten werd pijnlijk. Het voelde alsof er ergens een zweer zat bij de twaalfvingerige darm. Op advies van een plaatselijke homeopathische arts begon ik alleen het zachte binnenste deel van het brood te eten en melk te drinken. Zelfs dit vond ik pijnlijk. Ik vroeg me af hoeveel dagen mijn lichaam zo nog zou overleven.

De dood was te verkiezen, maar dat had ik niet in de hand. Ik had me aan Ramana overgegeven en moest de situatie waarin hij mij plaatste accepteren. Ik gebruikte medicijnen maar of er wel of niet enige verbetering zou zijn, was helemaal in Zijn handen.

In die moeilijke toestand kwam ik een boek tegen met de titel *I am That*, een verzameling gesprekken met Nisargadatta Maharaj, een Gerealiseerde Ziel die in Bombay woonde. Ik vond dat zijn onderricht identiek was aan dat van de Maharshi en omdat ik de Maharshi tijdens zijn leven niet gezien had, koesterde ik een sterk verlangen om iemand als hij te zien. Naar Bombay gaan leek volslagen onmogelijk dus schreef ik Maharaj een brief waarin ik mijn fysieke, mentale en spirituele toestand uitlegde en om zijn zegen vroeg. Net de volgende dag, toen ik de brief op de post gedaan had, kwam een Franse dame me opzoeken. Ze had onlangs hetzelfde boek gelezen en had besloten om naar Bombay te gaan en de Maharaj op te zoeken. Ik vertelde haar mijn verlangen en mijn onvermogen om te reizen.

"Je zou een vliegtuig naar Bombay kunnen nemen. Als je wil, zal ik je helpen om daar te komen," zei ze.

Ik dacht dat dit een buitenkansje was en stemde meteen met haar voorstel in. Ze had veel boeken over de Vedantafilosofie gelezen die beweert dat er slechts één Realiteit is, dat de wereld een manifestatie van Dat is en dat je ware aard alleen Dat is. Het is zo goed als onmogelijk om dat bewustzijn te bereiken zonder doelgerichte devotie voor God of de guru en een volledige zuivering van je lichaam, taal en geest, inclusief je handelen. Ananda, zoals ze heette, dacht zoals de meeste pseudo-nondualisten, dat er niets anders nodig is dan de oppervlakkige overtuiging dat men Dat is. In naam van de Hoogste Waarheid geven zulke mensen zich over aan allerlei ongedisciplineerde, onverantwoorde en soms immorele activiteiten. Toen we in een taxi op weg naar Madras waren, stelde zij me vragen: "Waarom al deze discipline, regels en voorschriften. Zelfs devotie voor God is niet nodig. Al deze dingen zijn alleen voor zwakke mensen. Je moet gewoon doorgaan te denken 'Ik ben Dat, Ik ben Dat,' en je zult de waarheid ervan op een dag realiseren."

"Ik denk dat je een belangrijk punt in de Vedantafilosofie over het hoofd gezien hebt," protesteerde ik. "Alle teksten en leraren van die gedachteschool staan erop dat men bepaalde kwaliteiten moet hebben voordat men ook maar aan de studie ervan begint. Een kind in de kleuterschool kan een universitair studieboek onmogelijk eer aandoen. Hij kan de betekenis zelfs verdraaien. Op dezelfde manier moet de geest voordat men aan de studie of beoefening van Vedanta begint, in zo'n mate onbeweeglijk gemaakt worden dat de reflectie van het Echte daarin gezien kan worden. Zich vasthouden aan die reflectie leidt tot het oorspronkelijke. Als de reflectie niet zichtbaar is waarop moet men dan de geest richten in naam van dat men zelf de Waarheid is? Op gedachten, gevoelens, het lichaam? We brengen reeds heel veel onheil aan met dit kleine, vergankelijke lichaam. Als we beginnen te denken dat we het Hoogste Wezen zijn, wat zullen we dan zonder aarzelen niet allemaal doen? Wat is een demon of een dictator anders dan iemand die vindt dat zijn kleine zelf gelijk is aan of groter is dan God? Er is zelfs geen spoortje kwaad in de Hoogste Realiteit en iemand die zulke negatieve eigenschappen als lust, kwaadheid en hebzucht niet opgegeven heeft, kan niet gezien worden als iemand die de Waarheid gerealiseerd heeft. Een veiligere weg zou zijn om jezelf te zien als kind van een Gerealiseerde Ziel of van God. Om ervan te profiteren dat men het kind van zo iemand is, moeten we proberen zijn karakter te benaderen. Alleen als we dat kunnen doen, zal onze geest geleidelijk zuiver en niet gestoord door passies worden en pas dan zal de Waarheid gezien worden en niet eerder."

"Jij bent werkelijk zwak. Je zult zien wanneer we bij Maharaj komen. Hij zal je zeggen al deze halfzachte sentimentaliteit overboord te gooien," antwoordde ze een beetje geïrriteerd. Ik had al een aantal mensen zoals zij ontmoet en wist dat het geen zin had om te argumenteren, dus hield ik mijn mond.

Toen we in Bombay aankwamen, bracht een vriend ons naar de flat van Maharaj. Maharaj was als jongeman sigarettenhandelaar geweest. Op een dag nam een van zijn vrienden hem mee naar een befaamde heilige die in Bombay was. De heilige initieerde Maharaj in een mantra en zei hem ook dat hij zijn geest moest zuiveren door alle gedachten op te ruimen en zich vast te houden aan het gevoel van zijn of "ik ben." Hij beoefende dit drie jaar intensief en na veel mystieke ervaringen loste zijn geest op in de Transcendente Realiteit. Hij bleef in Bombay zaken doen en instrueerde degenen die naar hem toekwamen in spirituele zaken. Hij was nu in de tachtig en woonde met zijn zoon in een driekamerflat. Hij had ook een kleine vliering in de woonkamer gemaakt, waar hij de meeste tijd doorbracht. Daar ontmoetten we hem.

"Kom binnen, kom binnen. Je komt uit Arunachala, is het niet? Je brief is gisteren aangekomen. Geniet je van rust bij de Maharshi?" vroeg Maharaj mij joviaal en hij gebaarde mij om bij hem te gaan zitten. Onmiddellijk voelde ik een intense rust bij hem, voor mij was dit zeker een teken dat hij een grote ziel was.

"Weet je wat ik met rust bedoel?" vroeg hij. "Wanneer je een donut in kokende olie doet, komen er veel bellen naar boven totdat al het vocht in de donut verdwenen is. Het maakt ook veel lawaai, nietwaar? Tenslotte is alles stil en is de donut klaar. De stille toestand van de geest die tot stand gebracht wordt door een leven van meditatie, wordt vrede genoemd. Meditatie is als het koken van de olie. Het laat alles in de geest naar buiten komen. Alleen dan kun je vrede bereiken." Dit was een zeer aanschouwelijke en precieze verklaring van het spirituele leven zoals ik nog nooit had gehoord!

"Maharaj, ik heb U geschreven over de spirituele oefeningen die ik tot nu tot gedaan heb. Wees zo vriendelijk me te vertellen wat ik nog meer moet doen," vroeg ik.

"Mijn kind, je hebt meer dan genoeg gedaan. Het zal echt voldoende zijn als je gewoon doorgaat met het herhalen van de Goddelijke Naam totdat het doel bereikt is. Devotie voor je guru is voor jou de weg. Die moet perfect worden en ononderbroken door gedachten. Accepteer alles wat er op je afkomt, als Zijn genadige wil voor je eigen bestwil. Je kunt nauwelijks rechtop zitten, nietwaar? Het doet er niet toe. Het lichaam van sommige mensen wordt op deze manier ziek wanneer ze oprecht meditatie en andere spirituele oefeningen doen. Het hangt van ieders fysieke gesteldheid af. Je moet je oefeningen niet opgeven maar volharden totdat je het doel bereikt of het lichaam sterft," zei hij.

Hij wendde zich tot Ananda en vroeg: "Wat voor soort spirituele oefeningen doe jij?"

"Ik ga gewoon door te denken dat ik het Hoogste Zijn ben," antwoordde ze een beetje trots.

"Is dat zo? Heb je nooit van Mirabai gehoord? Ze was een van de grootste vrouwelijke heiligen die ooit in India geboren zijn. Vanaf haar jeugd voelde ze dat Heer Krishna haar Geliefde was en ze bracht het grootste deel van haar dagen en nachten door met het aanbidden van Hem en het zingen van liederen over Hem. Uiteindelijk had ze een mystiek visioen van Hem en haar geest ging in Hem op. Vanaf toen zong ze liederen over de glorie en gelukzaligheid van de staat van Godrealisatie. Op het eind van haar leven ging ze een Krishnatempel binnen en verdween in het heiligdom. Je moet dezelfde weg als zij bewandelen als je Realisatie wilt bereiken," zei Maharaj glimlachend.

Ananda werd bleek. Maharaj had haar berg van Vedanta met één klap verpulverd! Ze kon niets zeggen.

"Ik kan over Vedanta spreken met sommige mensen die hier komen," ging Maharaj verder. "Dat is niet voor jou bedoeld en je moet geen aandacht schenken aan wat ik anderen vertel. Het boek met mijn gesprekken moet niet als mijn laatste woord over mijn onderricht beschouwd worden. Ik heb antwoord gegeven op de vragen van bepaalde personen. Die antwoorden waren bedoeld voor die mensen en niet voor iedereen. Instructie kan alleen op individuele basis plaatsvinden. Hetzelfde medicijn kan niet voor iedereen voorgeschreven worden.

Tegenwoordig zijn mensen vol intellectuele eigenwaan. Zij hebben geen vertrouwen in de oude traditionele praktijken die tot Zelfkennis leiden. Zij willen dat hun alles op een zilveren schotel geserveerd wordt. Het pad van kennis spreekt hen aan en daarom willen ze dat beoefenen. Ze ontdekken dan dat het meer concentratie vereist dan zij op kunnen brengen. Zij worden langzaam nederig en beginnen tenslotte aan gemakkelijkere oefeningen zoals het herhalen van een mantra of aanbidden van een vorm. Langzaam daagt bij hen het geloof in een Kracht groter dan zijzelf en er ontstaat een gevoel voor devotie in hun hart. Pas dan kunnen zij zuiverheid van geest en concentratie krijgen. Mensen die verwaand zijn moeten een grote omweg maken. Daarom zeg ik dat devotie goed genoeg voor jou is," besloot Maharaj.

Het was tijd voor het middageten, dus lieten we Maharaj alleen. Toen we vertrokken vroeg hij mij of ik een paar dagen in Bombay zou blijven.

"Ik weet het niet. Ik heb geen plannen," antwoordde ik. "Heel goed. Kom dan hier vanmiddag na vier uur," zei hij.

's Middags was ik terug in Maharaj's kamer. Hij vroeg mij om bij hem te zitten. Hoewel ik hem pas een paar uur kende, voelde ik me alsof ik zijn eigen kind was, dat hij mijn vader of moeder was. Iemand uit Europa kwam binnen en legde een groot bankbiljet voor Maharaj neer.

"Alstublieft, neem het terug. Ik ben niet geïnteresseerd in iemands geld. Mijn zoon is hier. Hij geeft me te eten en zorgt voor me. Als je wat innerlijke rust gekregen hebt, is er tijd genoeg voor deze dingen. Neem je geld mee, neem het!" riep hij uit.

Met veel moeite ging ik zitten en keek naar wat er tot zeven uur gebeurde. Ik voelde me heel vervuld en vredig en dacht dat ik onmogelijk nog meer kon ontvangen dan dat Maharaj me verteld had. Ik dacht erover om de volgende dag naar Arunachala terug te gaan. Ik zei het hem en vroeg hem om zijn zegen.

"Als je dat graag wil, dan mag je gaan. Weet je wat mijn zegen voor jou is? Dat je volledige devotie en overgave aan je guru mag hebben totdat je je lichaam verlaat." Maharaj keek vol mededogen naar me. Bewogen door zijn vriendelijkheid begon ik te huilen, maar ik beheerste me. Maar zelfs toen druppelden er nog een paar tranen over mijn wangen. Hij glimlachte en gaf me een vrucht. Hij stond toen op, nam een paar enorme cimbalen en begon devotionele liederen ter ere van zijn guru te zingen. Ik boog voor hem en ging in mijn kamer rusten. Ik had Ananda sinds de ochtend niet gezien. Ik dacht dat de vernedering te veel voor haar geweest was en ze haar gezicht niet wilde laten zien. Ik worstelde daarom in mijn eentje en bereikte Arunachala zonder een bedroefde maar wijzere Ananda.

Hoofdstuk 6

Naar Moeder toe

In de volgende maanden in Arunachala hield ik op moeite te doen om mijn gezondheid te verbeteren. Maharaj had mij verteld dat de oorzaak spiritueel was. Ik had ook eerder van zulke gevallen gehoord. De Maharshi had eens aan een toegewijde uitgelegd dat, hoewel de levenskracht bij de meeste mensen door de zintuigen naar buiten stroomt, een spirituele aspirant probeert om die om te keren en op te laten gaan in de bron in zichzelf. Dit veroorzaakt spanning op de zenuwen, ongeveer als wanneer een dam in een rivier aangelegd wordt. De spanning kan zich op een aantal manieren manifesteren, zoals hoofdpijn, lichamelijke pijn, spijsverteringsproblemen, hartproblemen en andere symptomen. De enige kuur is om door te gaan met je oefeningen.

Het opgeven van het rusteloze zoeken naar een behandeling resulteerde in veel innerlijke rust. Terwijl ik meestal in bed bleef, ging ik door met het herhalen van mijn mantra zoals Maharaj geadviseerd had en wachtte af wat de toekomst zou brengen. Dood of leven, het was in Ramana's handen.

Eén nacht had ik een heel levendige droom, de laatste droom die ik van de Maharshi had. Ik was in de ashram bij het ziekenhuis daar. Een grote groep toegewijden liep daar rond en wachtte op iets. Ik vroeg wat er aan de hand was en men vertelde mij dat Ramana in het ziekenhuis was opgenomen en spoedig naar buiten kon komen. Er kwam een man op me af die mij een tablet aanbood om mijn gezondheid te verbeteren. "Nee, dank je. Ik heb ieder soort medicijn al geprobeerd en niets helpt," zei ik tegen hem. Net op dat moment ging de voordeur van het ziekenhuis open en de Maharshi liep naar buiten en ging op de grond voor het ziekenhuis zitten op een open pleintje. Ik ging naar hem toe en boog voor hem. Toen ik boog, legde hij zijn hand op mijn hoofd en bewoog hem over mijn ruggengraat naar het midden van mijn rug. Ik keek toen omhoog en zag zijn stralende gezicht. Hij glimlachte en zei: "Weet ik niet hoe veel je lijdt? Maak je geen zorgen." Toen stond ik op omdat ik dacht dat anderen misschien bij hem wilden komen. Op dat moment werd ik wakker. Hoewel ik het toen niet wist, zouden de omstandigheden weldra een zeer onverwachte wending nemen.

Een paar dagen later werd er op mijn deur geklopt.
"Mag ik binnenkomen?" vroeg een jongeman.
"Ja, kom binnen," zei ik hem.
"Misschien kunt U me helpen. Ik ben uit Kerala gekomen. Een jonge vrouw daar heeft me hier naar Tiruvannamalai gestuurd en heeft me gezegd dat ik een gelofte van stilte van eenenveertig dagen af moest leggen. Ze heeft me ook gezegd dat ik het gezelschap van vrouwen strikt moest vermijden terwijl ik hier was. Ik heb geprobeerd om onderdak te vinden op de heuvel in een grot, maar de monnik daar die erin woonde, bracht veel tijd door met het praten met bezoekers uit de stad over de liefdes-affaires van de mensen. Ik ben weggerend en ben op zoek naar een plaats om te verblijven zodat ik mijn gelofte na kan komen. Weet U een plaats?" vroeg hij.

Ik bekeek hem nauwkeurig. Hij zag er een beetje uit zoals ik Ratnamji op die leeftijd voorgesteld had. Hij was ongeveer vijfentwintig. Hij leek serieus te zijn wat betreft mediteren.

"Er is een ander huis hiernaast. Het was eigendom van mijn spirituele gids. Nu is hij niet meer. Je kunt daar verblijven," zei ik hem. Toen ik deze woorden gezegd had, had ik het gevoel dat ik op het punt stond om in tranen uit te barsten zonder aanwijsbare reden. In feite liepen mijn ogen vol tranen en mijn hart voelde een plotselinge stroom van liefde die het vulde. Ik kon een paar ogenblikken niet spreken en vroeg me af wie de vrouw was die deze jongen hierheen gestuurd had. Ze moest zeker een groot heilige zijn. Op een onbekende manier had haar kracht mij gezegend op het moment dat ik onderdak aanbood aan dit kind van haar. Hoewel het misschien niet erg rationeel klinkt, is dat de conclusie die ik toen trok. Het bleek later volkomen juist te zijn.

Nadat ik hem in het huis had laten intrekken, gaf ik hem iets te eten. Toen ik zag dat hij geen horloge had, bood ik hem er een aan die ik overhad, zodat hij kon weten hoe laat het was om zich aan zijn routine te houden. Toen ik het horloge pakte, viel mijn oog op een rozenkrans, waarvan ik dacht dat hij nuttig voor hem zou zijn en dus gaf ik die ook aan hem.

"Toen ik bij Amma wegging, vroeg ik haar om een horloge en een rozenkrans. Ze gaf mij op mijn kop en zei me dat ik alleen om het hoogste, dat wil zeggen om God, moest vragen. Ze zei ook dat ik ongevraagd de dingen zou krijgen die voor mijn oefeningen nodig zijn," zei hij duidelijk heel aangedaan.

"Wie is Amma?" vroeg ik een beetje nieuwsgierig.

"Er is een klein vissersdorp in Kerala, ongeveer vijftig kilometer ten noorden van de stad Kollam. Het ligt op een eiland tussen de Arabische Zee aan de westkant en de backwaters aan de oostkant. Amma is de dochter van een van de dorpelingen daar. Al vijf of zes jaar lang geneest ze nu veel mensen van ongeneeslijke ziekten zoals kanker, verlammingen en melaatsheid door haar spirituele kracht. De mensen komen met allerlei wereldse problemen naar haar toe en die worden op een of andere manier door haar zegen opgelost. Drie keer per week zit ze de hele nacht om mensen te ontvangen. Dan onthult ze haar eenheid met Heer Krishna en de Goddelijke Moeder."

"Wat bedoel je daarmee?" onderbrak ik. "Wordt ze dan bezeten door een goddelijke kracht?"

"Wel, ik denk dat dat afhangt van wat je wilt geloven. Wat mij betreft is ze de Goddelijke Moeder zelf. Maar de dorpelingen denken dat Krishna haar de eerste helft van de nacht bezit en dan komt Devi of de Goddelijke Moeder de rest van de nacht. Daarvoor en daarna lijkt ze een heel ander iemand te zijn en herinnert ze zich niet wat ze toen zei," legde hij uit.

Ik had door de jaren heen veel van zulke mensen gezien toen ik met Avadhutendraji en Ratnamji reisde. Sommigen waren ongetwijfeld kanalen voor Goddelijke Kracht, maar omdat hun geest een verschillende mate van zuiverheid had, kon men hun woorden niet zonder meer aannemen. Hun normale bewustzijn lijkt een tijd buiten werking en na afloop herinneren zij zich niet wat ze gezegd of gedaan hebben. Ze halen echter wel voordeel uit dit tijdelijke contact met het Goddelijke in de vorm van intuïtie in verschillende gradaties. Maar ik had bij echte heiligen geleefd. Waarom zou ik zo iemand willen zien? Wel, misschien kon ze mij helpen om iets van mijn gezondheid terug te krijgen, zodat ik niet de hele dag op bed hoefde te liggen. Zo denkend vertelde ik de jongeman mijn conditie en vroeg hem of Amma iets voor mij kon doen.

"Ik zal haar schrijven en op antwoord hopen, maar pas als mijn gelofte van eenenveertig dagen voorbij is, zou ik je daarheen kunnen brengen." Hij vertelde me toen sommige gevallen die zij genezen had. Eén was een melaatse die van top tot teen etter afscheidde. Hij was meer dood dan levend. Zijn broers waren al aan dezelfde ziekte gestorven. Zijn ogen, oren en neus waren nauwelijks zichtbaar door het verwoestende effect van de ziekte. De stank die van zijn lichaam kwam was zo sterk dat hij zijn bedelkom op een afstand van vijftig meter van waar hij stond moest houden, zodat degenen die medelijden met hem hadden er wat voedsel in konden doen. Op een dag vertelde iemand hem dat er een dame in een dorp in de buurt was die goddelijke vermogens manifesteerde en dat ze hem misschien kon helpen.

Hij dacht dat hij niets te verliezen had en ging erheen maar hij aarzelde om dicht bij de menigte te komen. Amma die in de tempel als Devi zat, herkende hem op een afstand, sprong op en riep naar hem: "O mijn zoon, maak je geen zorgen. Ik kom eraan." Ze rende toen naar hem toe, gaf hem een bemoedigende omhelzing en sprak geruststellende woorden tegen hem. Hij schudde als een blad, bang voor wat er met haar of met hemzelf zou gebeuren. Ze waste hem met potten water terwijl hij daar met zijn kleren aan stond en smeerde tenslotte handenvol heilige as over zijn hele lichaam. Ze adviseerde hem om iedere week terug te komen op de drie avonden dat ze in de tempel was. Daarna ging ze weg en verwisselde haar kleren die onder de vlekken zaten van de etter uit zijn wonden. De rest van de nacht zat ze om de anderen te dienen.

De melaatse kwam de volgende zes weken regelmatig en ze behandelde hem op dezelfde manier. Na zes weken hielden zijn wonden op etter af te scheiden en begonnen te genezen. Op het ogenblik is hij volledig genezen van de ziekte, hoewel zijn huid de lidtekens ervan draagt. Als Amma zelfs maar een klein scheurtje in zijn huid vindt, likt zij eraan en de volgende dag is het gesloten.

Eenenveertig dagen later gingen ik en mijn nieuwe vriend Chandru per trein naar Kerala, ongeveer achthonderd kilometer ten zuidwesten van Arunachala. Het landschap was betoverend. Kerala wordt als de tuin van India beschouwd. Overal waar je kijkt, is overvloedige plantengroei. Men kan in iedere tuin bananenbomen en kokospalmen zien groeien. Het speciale gebied waar Amma woonde was een dicht woud van kokospalmen, te talrijk om te tellen, die zich kilometers in alle richtingen uitstrekten. Het was een beetje als een paradijs op aarde, helemaal in tegenstelling tot het droge, hete klimaat van Tiruvannamalai. Toen we uit de trein stapten, kochten we wat fruit en ander voedsel om aan Amma te geven en namen een taxi voor de laatste vijftien kilometer naar haar dorp. Gelukkig reisde Chandru met me mee, anders was de reis niet mogelijk geweest. Ik was zo zwak dat ik nauwelijks een paar stappen kon lopen.

Omdat Chandru Amma twee maanden niet gezien had, dacht ik dat hij wat tijd alleen met haar zou willen doorbrengen zonder door mijn aanwezigheid afgeleid te worden. Ik zat op de veranda van een huis vlakbij en zei hem door te lopen en voor mij terug te komen nadat hij zoveel tijd als hij wilde met haar doorgebracht had. Tot mijn verrassing kwam hij echter binnen een paar ogenblikken terug voorafgegaan door een jongedame die gekleed was in een witte rok en bloes en met een witte sjaal over haar hoofd. Ik had alleen een kleine foto van Amma gezien, die een paar jaar eerder genomen was. Ik herkende haar niet als dezelfde persoon. Maar ik stond wel op en Chandru zei: "Dit is Amma," waarop ik voor haar boog. Ze stak haar handen uit om mijn handen in de hare te nemen, maar ik aarzelde. Twaalf jaar lang had ik geen vrouw aangeraakt en geen enkele vrouw toegestaan om mij aan te raken. Dit was een deel van de discipline die van een celibataire monnik verwacht werd. Wat moest ik nu doen? Ik keek uitzinnig om me heen en zag het fruit dat ik voor haar had meegebracht. Ik legde dat in haar handen, opgelucht dat ik een oplossing voor het probleem gevonden had. Mijn opluchting was echter van korte duur. Ze gaf het fruit aan Chandru en stak haar handen weer uit. Terwijl ik de naam van God herhaalde en omdat ik haar als een heilige zag in plaats van een gewone vrouw, legde ik mijn handen in de hare en werd door haar naar de kleine tempel geleid waar ze de meeste tijd doorbracht. Die was amper zeven vierkante meter en er stond alleen een soort krukje of bank in het midden. De muren waren bedekt met afbeeldingen van verschillende hindoegoden en heiligen. Er leek geen centraal beeld voor

De oorspronkelijke darshantempel en Amma's huis - 1979

aanbidding opgesteld te zijn. Amma nam wat vermiljoenpoeder en drukte het op de plaats tussen mijn wenkbrauwen, de plaats waar volgens de yogi's het derde oog of het oog van intuïtie zich bevindt. Ik voelde een soort vervoering, maar kon nauwelijks meer dan een paar minuten staan. Ik werd toen naar een beschutting van palmbladeren geleid bij de tempel waar Amma en Chandru zaten te praten. Ik ging liggen en observeerde haar nauwkeurig. Ze was nauwelijks een meter vijftig lang met kleine handen en voeten en met een donkere huidskleur. Ze was niet ouder dan vijfentwintig. Ik kon geen gloed of schitterring waarnemen die men gewoonlijk van het gezicht van een groot heilige ziet stralen. In feite scheen haar gezicht als dat van ieder normaal iemand. Ze was heel liefdevol voor Chandru alsof zij zijn eigen moeder was.

Nadat ik daar een paar uur gelegen had, zei ik tegen Chandru: "Weet je, jullie praten een hele tijd. Het is al over twaalven. Denk je niet dat Amma honger heeft? Vanochtend toen ze in de tempel haar vinger tussen mijn wenkbrauwen hield, voelde ik haar trillen als iemand die zwak van de honger is. Misschien voelt ze zich erg zwak. Waarom laat je haar niet iets eten?"

Chandru vertaalde wat ik zei voor Amma en ze moesten er allebei hartelijk om lachen.

"Het trillen komt niet door zwakte. Het is er continu. Het komt door de kracht die ononderbroken in haar trilt. Kijk eens goed naar haar handen. Zo schudden ze altijd een beetje. Het heeft niets te maken met ziekte of zwakte," antwoordde Chandru.

We gingen toen een huis binnen dat naast de tempel lag. Men zei mij dat hier haar ouders met hun andere kinderen woonden. Het scheen dat Amma liever alleen in de tempel woonde of buiten in het zand. Er werd gezegd dat men haar zelfs in het regenseizoen slapend of zittend in de regen kon aantreffen zich helemaal niet bewust van haar lichaam. Ze kwam achter mij zitten en legde haar hand precies op de plaats van mijn rug waar ik de meeste pijn had.

Amma wendde zich tot mij en zei: "Mijn zoon, iedereen moet de effecten van zijn handelingen uit het verleden ondergaan. Het is te wijten aan slechte handelingen in je vorige leven dat je nu zo lijdt. Maar het is uiteindelijk allemaal alleen voor je eigen bestwil. Ik denk niet dat er een dokter is die een oorzaak van deze ziekte kan vinden. Het komt door de wil van God om je hogerop in het spirituele leven te laten gaan. Het zou fout zijn als Moeder het zou verwijderen. Als je de ziekte blij verdraagt als komend van God en om Hem huilt en je geest op Hem richt, dan hoef je niet herboren te worden. Aan de andere kant als Moeder deze moeilijkheid voor je verwijdert, zul je zeker weer geboren moeten worden en zelfs meer lijden dan nu." Chandru vroeg toen om heet water en maakte van melkpoeder wat melk voor me klaar en gaf me wat brood.

"Hoe lang eet je nu al zo?" vroeg Amma.

"Ongeveer drie maanden. Alles wat ik eet veroorzaakt veel pijn in mijn buik. Zelfs dit veroorzaakt pijn, maar ik moet iets eten, nietwaar?" antwoordde ik. Ik werd ondergebracht op een bed in een kamer van het huis. Uitgeput viel ik in slaap en werd midden in de nacht wakker toen ik Amma en Chandru in de kamer zag praten. Hij gaf mij weer iets te eten en ik viel weer in slaap. Toen ik om vier uur opstond, waren ze nog steeds aan het praten. Slaapt zij niet? vroeg ik me af. Ik kwam later te weten dat ze gewoonlijk slechts twee of drie uur sliep overdag of 's nachts, wanneer het het beste uitkwam.

De volgende ochtend kwamen Chandru en Amma, gingen bij me zitten en begonnen te praten.

"Wat voor spirituele oefeningen doe je?" vroeg ze.

"Ik herhaal de Goddelijke Naam en doe ook Zelfonderzoek. Denkt U dat het nodig is om met een mantra geïnitieerd te

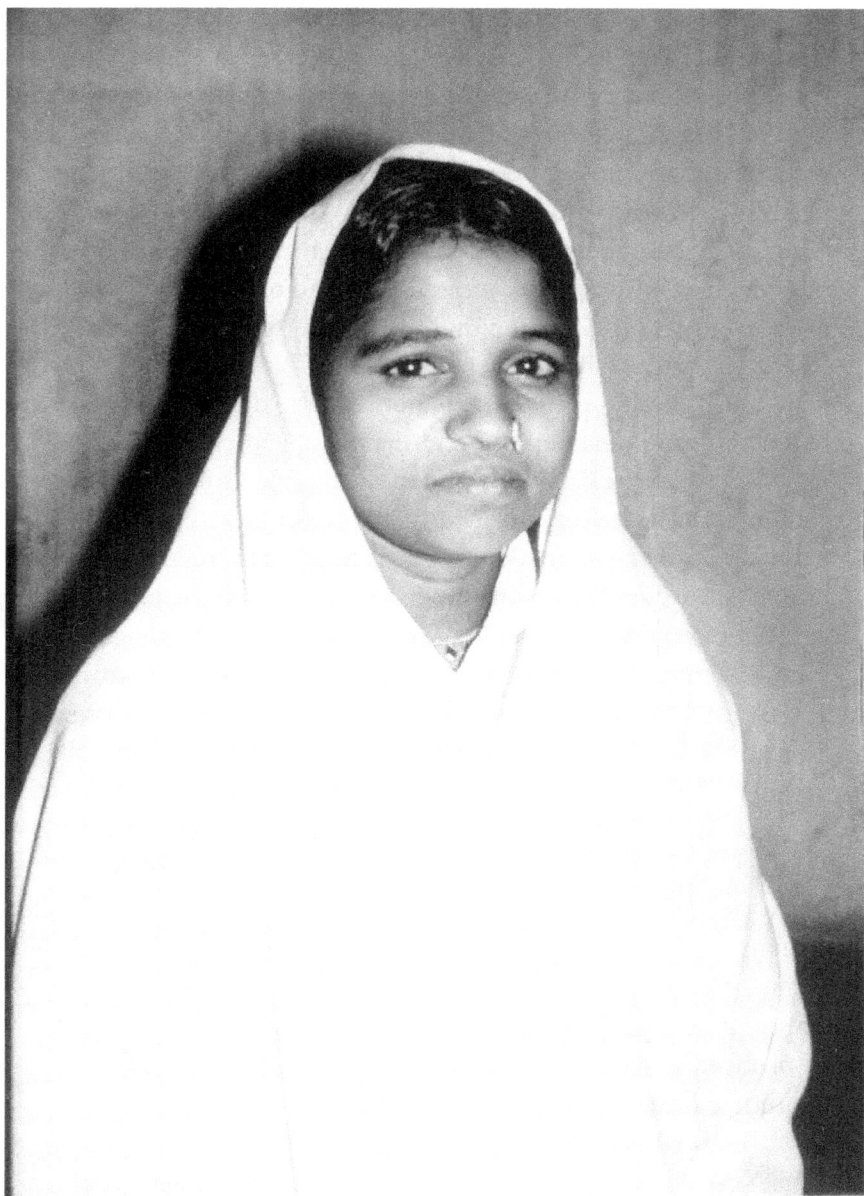

Amma in 1979

worden? Is er enig verschil tussen het herhalen van de Naam van God en de mantra die de guru gegeven heeft?" vroeg ik.

"Door de naam van God te herhalen kan men ongetwijfeld God realiseren, maar initiatie door een guru geeft de leerling veel vertrouwen om met zijn oefening door te gaan in de overtuiging dat hij de kracht van zijn guru achter zich heeft," antwoordde Amma. "Je hebt lange tijd het pad van kennis bewandeld en hebt nog niet bereikt wat je je voorgenomen had te bereiken. Waarom probeer je niet om te huilen tot God of tot je guru Ramana? Misschien slaag je op die manier."

"Hoe is het mogelijk om zonder reden te huilen? Er moet een reden zijn om je te laten huilen, nietwaar?" vroeg ik haar.

"Is deze ziekte van je niet reden genoeg? Je kunt amper bewegen en moet de hele tijd in bed liggen. Je kunt zelfs niet eten. Je moet een foto van je guru nemen, die naast je houden en tot hem huilen dat hij zich aan jou moet bekendmaken en je van al je verdriet bevrijden. Probeer het eens. Het is niet zo onmogelijk als je denkt," zei ze mij. "We moeten naar het huis van een familielid aan de andere kant van het eiland gaan. Ik ben binnen twee of drie uur terug." Terwijl ze dit zei, stond ze op en ging met haar moeder weg.

Er was vier uur voorbijgegaan en Amma was nog niet teruggekeerd. Ik wilde eten en vroeg Chandru om mij de gebruikelijke melk met brood te geven. Net toen ik op het punt stond om de lepel in mijn mond te steken, begon ik te huilen. "Wat is dit nou?" dacht ik en legde de lepel neer. Het huilen hield op. Opnieuw stopte ik de lepel in mijn mond en opnieuw begon ik te huilen. Ik probeerde het vier of vijf keer maar hetzelfde herhaalde zich. Chandru keek naar me met een bezorgde uitdrukking.

"Doet je maag zo'n pijn?" vroeg hij.

"Nee, ik weet niet wat het is. Plotseling flitste het beeld van Amma door mijn geest en ik begon te huilen als een baby. Ik voelde op dat moment een geweldig verlangen en rusteloosheid om haar te zien. Misschien heeft ze iets gedaan om mij me zo te laten voelen," antwoordde ik.

"Ik ga buiten in de zon zitten en mijn mantra herhalen. Misschien komt ze daardoor sneller terug," zei Chandru en hij ging naar buiten. Ik stond op en ging naar de aangrenzende kamer. Daar hing een foto van Amma. Zodra ik die zag, begon ik te huilen. Ik voelde me alsof ik God in de foto zag. Het diepste van mijn wezen werd door elkaar geschud en mijn geest was daarop gericht. Ik ging terug en ging op het bed zitten.

Juist toen kwam Amma's moeder de kamer binnenrennen. "Amma komt eraan. We waren aan de andere kant van de backwaters en konden geen boot krijgen om ons over te zetten. Amma begon te schreeuwen: 'Chandru zit daar in de hete zon en Neal zit te huilen om me te zien. Als je niet snel een boot vindt, zwem ik het water over!' Op de een of andere manier konden we vlak daarop een boot krijgen." Terwijl ze dit zei, keek ze verbaasd naar mijn door tranen bevlekte gezicht. Net toen kwam Amma de kamer binnen.

"Huilen?" vroeg ze onschuldig, alsof ze niets wist. Ik kon mijn hoofd niet optillen om naar haar te kijken. Ze had me vernederd en ik voelde me een nul voor haar. Mijn geest en hart waren slechts een stuk speelgoed in haar handen. Chandru kwam binnen en vertelde haar wat er was gebeurd toen zij weg was. Ik had geen neiging om te spreken en zat dus stil te wachten.

"Vandaag is er darshan. Er komen hier veel mensen om Krishna en de Goddelijke Moeder te zien. Nu gaat het zingen beginnen. Chandru, laat jij Neal zien waar hij moet zitten wanneer de Bhava begint." Toen Amma Chandru zo geïnstrueerd had, ging ze de kamer uit. Darshan was de audiëntie die Amma drie avonden per week aan de mensen gaf en Bhava was haar woord voor de transformatie die ze dan onderging.

213

Toen men een uur gezongen had, stond Amma op en ging de tempel in. Chandra vroeg mij om op de tempelveranda te zitten, zodat ik duidelijk kon zien wat er gebeurde. Amma zong toen een lied dat tot Krishna gericht was en toen ze halverwege was schokte haar lichaam plotseling. Het voelde alsof er een onzichtbare golf van kracht uit de tempel kwam en over mij heen spoelde. Mijn haren rezen te berge en ik voelde me vol spirituele gelukzaligheid. Het zwaarmoedige gevoel in mijn hart dat er door de langdurige ziekte geweest was, verdween ogenblikkelijk. Chandru kwam en bracht me de tempel in.

Amma stond daar in de hoek. Ze was gekleed als Krishna met een kroontje waar zelfs een pauwenveer in stak. Het was niet alleen maar een kostuum. Haar gezicht straalde met Goddelijke Glans en men voelde dat men werkelijk Heer Krishna zelf zag. Chandru duwde me naar haar toe. Ze omhelsde me liefdevol en gleed met haar hand over mijn rug over mijn pijnlijke wervelkolom. Haar hele lichaam trilde met een verbazingwekkende snelheid. Ze keek me toen recht in de ogen. Die ogen, waar had ik zulke ogen gezien? Ratnamji had zulke ogen in zijn ogenblikken van absorptie. Ramana had altijd zulke ogen. Het waren de ogen van iemand die één was met de Hoogste Realiteit, vol vrede en als het ware dansend van innerlijk geluk. Ze omhelsde me weer liefdevol en ik barste in tranen uit.

Als God ooit op aarde bestaan heeft, was het in de persoon van Amma. Ik was eindelijk bij de Schat der schatten gekomen. Ze gebaarde dat ik bij haar moest staan. Vandaar keek ik toe hoe zij iedereen ontving die naar haar toe kwam. Ze gaf iedereen een liefdevolle omhelzing en hield haar vinger een ogenblik tussen hun wenkbrauwen. Ze gaf hun toen een stuk banaan en wat gewijd water te drinken en sprak geruststellende woorden tot hen. Als ze een ziekte hadden, raakte zij hen aan op het zieke lichaamsdeel. Kleine kinderen mochten het eerst naar haar in de tempel komen.

Ze kwamen voornamelijk voor de banaan! Amma's uitdrukking van Goddelijke Gelukzaligheid en onwankelbare vrede veranderde zelfs geen moment. Ze stond daar vijf of zes uur lang totdat de laatste persoon haar darshan ontvangen had. Er was geen haast. Ze toonde hetzelfde geduld en zorg voor mannen en vrouwen, voor kinderen en oudere mensen, voor de rijken en de armen. Dit was echte gelijkheid van visie. Ze was volmaakt bewust en gewaar van alles wat er gebeurde. Ze had niets gemeen met mensen die ik gezien had en die bezeten waren door Genade. Dit was een Gerealiseerde Ziel, die gevestigd was in perfecte gelijkmoedigheid. Wat een wonder dat ze zich zo volmaakt kon verbergen dat niemand kon begrijpen wie of wat ze was! Ik zat daar vol verbazing. In dit kleine vissersdorp woonde zo iemand incognito. Ik had gehoord dat zulke mensen bestaan die hun identiteit als perfecte wijze verbergen. Ik zag er nu zelf een. Ik was gekomen om gezondheidsredenen. Ik schaamde me nu voor mijn egoïsme en bekrompenheid en besloot om mijn toevlucht te nemen tot deze Grote Ziel om mij de weg naar Godrealisatie te tonen.

Met veel tegenzin kwam ik de tempel uit en ging in het huis liggen. Door pijn en zwakte kon ik daar eenvoudig niet langer staan, hoewel ik voor altijd wilde blijven. Toen Krishna Bhava voorbij was, kwam Amma mijn kamer binnen samen met enkele andere toegewijden en ging op de vloer zitten. Ik stond van mijn bed op en ging op de vloer liggen. Ik voelde me te nederig om op een hoger niveau te liggen dan waarop zij zat.

"Wat vond je van Krishna?" vroeg ze.

"U bent heel handig in het voorwenden dat U niets weet, terwijl U in feite alles weet," antwoordde ik. Ze lachte.

"Echt, ik weet niets," zei ze, "Ik ben maar een gekke meid." Gek! Laat me niet lachen!

Na een half uur ging Amma de tempel weer in. Deze keer zong ze een lied tot Devi, de Goddelijke Moeder. Opnieuw schudde haar lichaam en na een paar minuten stond ze daar als Kali, het woeste aspect van de Goddelijke Moeder. Hoewel de Goddelijke Moeder Mededogen en Genade zelf is, neemt Zij een woeste vorm aan om de mensheid schrik aan te jagen zodat ze hun dwaalwegen serieus corrigeren. Een goede ouder moet vriendelijk en liefhebbend zijn maar tegelijkertijd moet hij niet aarzelen om een kind dat de verkeerde kant opgaat, te straffen of te leren gehoorzamen. Als het kind geen gevoel van ontzag of eerbied voor zijn ouders heeft, zal hij niet aarzelen om te doen waar hij zin in heeft, goed of slecht. De mensen uit vroeger tijden geloofden nooit, zoals de huidige psychologen, dat men kinderen moet toestaan om op te groeien zoals ze willen, als onkruid. Het leven heeft een doel en bestemming en om dat te bereiken moet er in de jeugd een helder besef van goed en verkeerd bijgebracht worden. Het is de plicht van de ouders om hun kinderen deze waarden te leren. Een moreel besef is niet aangeboren bij het menselijke dier maar moet geleerd en verworven worden.

Amma's woeste vorm, die een zwaard in de ene hand hield en een drietand in de andere, inspireerde de mensen die voor gunsten naar haar kwamen, om hun geest zuiver te houden, in ieder geval voor de tijd dat zij in haar aanwezigheid waren. Hoewel een wereldse toegewijde zich zelfs niet één minuut in vierentwintig uur op God concentreert, kon hij een paar uur intense concentratie krijgen als hij bij haar verbleef. Naarmate er in de loop der tijd steeds meer spirituele aspiranten naar Amma toe kwamen, onderging haar woeste aspect tijdens Devi Bhava geleidelijk een verandering, totdat het volkomen kalm en rustig werd. Ze hield zelfs op het zwaard of de drietand in haar handen te houden en houdt in plaats daarvan alleen maar bloemen vast.

Ik ging de tempel binnen en men vroeg mij om naast haar te zitten. Ze hield mijn hoofd in haar schoot en aaide over mijn rug. Ik voelde dat ik werkelijk in de schoot van de Goddelijke

Moeder zelf was. Haar uiterlijk en persoonlijkheid waren totaal verschillend van die van Krishna of Amma. Ik vroeg me af hoe deze verschillende persoonlijkheden tegelijkertijd in één persoon konden bestaan. Ze was zich duidelijk volledig bewust van wat er zich de hele tijd afspeelde. De persoon was dezelfde, maar de persoonlijkheid en het uiterlijk veranderden. Ik besloot om haar hierover na afloop te vragen.

Ik zat daar zo lang ik kon en ging toen weg en ging in het huis liggen. De darshan was om vier uur 's nachts afgelopen. Ze riep mij toen naar de tempel, nadat ze naar haar normale stemming teruggekeerd was. Ik had een kleine bandrecorder met mij meegebracht, wat Chandru gesuggereerd had, zodat Amma wat liederen van Avadhutendraji kon horen. Ze vroeg mij om die af te spelen. Toen ze die hoorde, sloot ze haar ogen en liepen er tranen over haar wangen. Ze was duidelijk in extase. Was dit dezelfde persoon die ik slechts een paar uur geleden als God zelf gezien had? Ik zat een tijdje bij haar en ging toen liggen om te slapen, maar de slaap kwam niet. Ik voelde me opgeladen met een sterke stroom van gelukzaligheid die door mijn lichaam heen ging en slapen onmogelijk maakte. In feite kreeg ik de volgende drie dagen praktisch helemaal geen slaap.

De volgende morgen kwam Amma kijken hoe het met me ging. Ik besloot om van de gelegenheid gebruik te maken om mijn twijfel op te lossen.

"Zou U mij willen vertellen wat U ervaart tijdens Devi Bhava?" vroeg ik.

"Wanneer ik tot Krishna of Devi zing, zie ik dat speciale aspect van de Allerhoogste. Ik bied mij helemaal Daaraan aan en voel mij opgaan in Hem of Haar en wordt helemaal met Hen geïdentificeerd." Dit zeggend maakte ze een teken als een "V" met twee vingers en bracht ze samen om te laten zien dat de twee één werden.

"Waarom pretendeert U dat U niets weet over wat er tijdens de Bhava gebeurt? U bent duidelijk helemaal bewust. Ik heb van Chandru gehoord dat U veel geleden hebt onder uw verwanten en enkele onwetende dorpelingen die geloven dat U gek bent. Had U hun de waarheid niet kunnen vertellen?" vroeg ik.

"Ik heb een bepaalde taak op mij genomen die God mij heeft toevertrouwd. Ik wil dat de mensen God aanbidden, niet mij. Zij denken dat God mij drie nachten per week bezit en met dat vertrouwen komen zij hier en worden hun problemen opgelost. Bovendien kennen de meeste van deze mensen het abc van het spirituele leven niet. Zelfs als ik hun de waarheid zou vertellen, wie zou het dan begrijpen? En bovenal, als men alles als God ziet, zal er dan enig besef zijn dat ik en de anderen verschillend zijn? Iemand die vindt dat hij iets speciaals is en dat anderen in onwetendheid stuntelen, heeft zeker een lange weg te gaan om God te realiseren."

Met grote moeite kwam ik iets over de geschiedenis van Amma's leven te weten. Omdat zij van nature erg nederig is, sprak ze alleen over zichzelf na veel vleien. Maar zelfs dan werd ze rusteloos en ging weg voordat ze een bepaald incident afgemaakt had.

Het zaad van devotie was in haar hart vanaf haar vroegste jaren. Ze beschouwde Krishna als heer Geliefde en begon liederen voor Hem te componeren toen ze pas vijf jaar was. Ze bewaarde altijd een kleine afbeelding van Hem in haar onderjurk en nam die er af en toe uit en sprak met Hem. Toen ze acht of negen was, werd haar moeder ziek en de last van het huishouden kwam op haar schouders terecht. Ze werd gedwongen om de school te verlaten, hoewel ze wel naar een confessionele school ging om naaien te leren. Haar moeder en broer waren voorstanders van strenge tucht en aarzelden niet om haar te slaan of te schoppen als ze iets in haar gedrag onjuist vonden. Vooral haar broer was een grote bron van lijden voor haar omdat hij tegen haar devotie voor God was en haar vaak mishandelde voor het luid zingen van de Goddelijke Naam.

Van drie uur 's morgens tot elf uur 's nachts was ze bezig met het vegen van de tuin, het voeren van de koeien, eten koken, het schoonmaken van de potten en pannen, het wassen van de kleren van het gezin en talloze andere klussen. Alsof dit niet genoeg was, werd ze naar de huizen van haar verwanten gestuurd om ook bij hun huishoudelijk werk te helpen. Maar de hele tijd herhaalde ze de Goddelijke Naam binnensmonds, de dag afwachtend dat ze haar Heer, Sri Krishna, mocht zien.

Ze had de gewoonte om alles in huis weg te geven aan een arm of hongerlijdend iemand, wat haar in de problemen bracht als het ontdekt werd. Op een keer werd ze aan een boom gebonden en tot bloedens toe geslagen omdat ze de gouden armband van haar moeder weggegeven had aan een hongerlijdend gezin.

Toen ze in haar tienerjaren kwam begon ze vaak visioenen van Heer Krishna te krijgen en voelde ze dat ze met Hem vereenzelvigd was. Ze sloot zich op in het kleine altaarkamertje in het huis en danste en zong in de extase van Godsbewustzijn, of bleef urenlang in diepe meditatie verzonken, haar omgeving volledig vergetend.

Soms vond men haar buiten bewustzijn op het toilet zitten met tranen die over haar gezicht stroomden en de woorden "Krishna, Krishna" mompelend. Slechts met grote moeite kon haar moeder haar tot normaal bewustzijn brengen. Uiteindelijk werd haar innerlijke Realisatie zichtbaar voor de buitenwereld.

Toen ze op een dag gras voor de koeien aan het plukken was, hoorde ze een lezing over Heer Krishna die in het aangrenzende huis gehouden werd. Ze kon zich niet beheersen en rende naar de plaats en stond daar in de gedaante van Krishna zelf. De dorpelingen konden niet begrijpen wat er precies met het jonge meisje gebeurd was. Velen geloofden dat ze door Krishna bezeten werd, anderen dachten gewoon dat ze een soort aanval had. Niemand kon natuurlijk begrijpen dat zij één was met Hem. Er begon zich een menigte te verzamelen. Men vroeg haar om een wonder te verrichten om te bewijzen dat ze Krishna was. Eerst weigerde ze en zei hun dat ze het echte wonder moesten zien, God in henzelf, maar later stemde ze met hun verzoek in.

Men vroeg een man om een kleine kruik met water mee te brengen en zijn vinger erin te steken. En kijk! Het water veranderde in een soort zoete jam die aan alle aanwezigen werd uitgedeeld. Uit die kleine kruik kregen bijna duizend dorpelingen een volle portie jam en toch was de kruik nog vol. Vanaf toen geloofden velen dat Krishna inderdaad gekomen was om het dorp te zegenen.

Dit was geenszins een zegen voor Amma. Vele dorpelingen en zelfs naaste familieleden die geloofden dat ze een bedriegster was en een schandvlek voor de familienaam, deden hun best om haar te doden. Zij vergiftigden haar voedsel en namen zelfs messen om haar neer te steken. Maar zij faalden in al hun pogingen en ondergingen verschillende rampen kort daarop.

Ongeveer zes maanden gingen op deze manier voorbij toen Amma op een dag het verlangen om de Goddelijke Moeder te zien ontwikkelde, net zoals ze eerst naar het visioen van Krishna verlangd had. Ze dacht dat ze door meditatie en ascese de gunst van Devi kon winnen en bracht al haar tijd geabsorbeerd in diepe meditatie op Haar vorm door. Soms als ze overweldigd werd door rusteloosheid om Haar te zien, huilde ze als een kind om haar moeder. Men vond haar vaak in het zand liggen, haar gezicht vol strepen van de tranen en haar haar, oren en ogen vol modder. Ze dacht er niet aan om haar lichaam te beschermen tegen de elementen en zat of lag in de middagzon of zware regen. Door haar intensieve verlangen en haar constant denken aan Devi begon ze het hele universum als Haar vorm te zien. Ze kuste de bomen en omhelsde de grond, ze huilde bij een aanraking door de wind omdat ze voelde dat die vol was met Moeders aanwezigheid. Maar ondanks al haar verlangen en ascese kon ze de persoonlijke vorm van de Goddelijke Moeder, wat het object van haar verlangen was, niet zien.

Ten langen leste verscheen de Goddelijke Moeder voor haar in een levende vorm en sprak met haar. Ze vertelde Amma dat ze geboren was voor het welzijn van de wereld en dat ze de mensen de weg moest tonen om in hun Ware Zelf op te gaan. Minzaam glimlachend transformeerde de Goddelijke Moeder zich daarop in een stralende schittering en ging op in Amma. In Amma's eigen woorden: "Vanaf dat moment hield alle objectieve waarneming op en begon ik alles als mijn eigen Zelf te zien." Zij realiseerde haar Ware Aard als vormloos en met alle vormen, zelfs de vorm van God, in zich. Vanaf toen begon naast Krishna Bhava ook Devi Bhava. Dit was beslist niet het einde van Amma's moeilijkheden.

Misschien uit gevoelens van jaloezie, omdat er enorme groepen mensen naar Amma kwamen, of enkel voor de lol van het problemen scheppen, bleef een aantal mensen haar treiteren. Sommigen informeerden de politie en probeerden haar te laten arresteren op beschuldiging van het verstoren van de rust, maar toen de politie haar stralend en gelukzalig gezicht zag, bogen zij voor haar en gingen weg. Een moordenaar, die ingehuurd was om haar uit de weg te ruimen tijdens de darshan, kwam de tempel binnen met een mes verborgen onder zijn kleren. Amma glimlachte stralend en welwillend naar hem wat hem met berouw vervulde over zijn slechte bedoeling. Hij viel aan haar voeten en smeekte om vergeving en werd een ander mens. Toen ik naar haar kwam, waren de zaken min of meer tot rust gekomen, maar er waren nog een aantal dorpelingen tegen haar.

Op een dag, toen haar vader genoeg had van de moeilijkheden die door haar goddelijke stemming en de daaruit voortvloeiende mensenmenigten veroorzaakt werden, benaderde hij haar tijdens Devi Bhava. Omdat hij van mening was dat Devi haar lichaam bezat, smeekte hij: "Ik wil mijn dochter terug zoals ze was voordat U kwam. Ga alstublieft weg."

"Als ik ga," antwoordde zij, "zal je dochter een lijk worden." De vader sloeg geen acht op haar woorden en stond erop dat zijn verzoek ingewilligd werd. Op dat ogenblik viel Amma ter plekke dood neer. Acht uur lang was er geen teken van leven in haar lichaam. Er ontstond opschudding en de vader werd verweten dat hij de oorzaak van haar vroegtijdige dood was. Er werden lampjes rondom haar dode lichaam aangestoken en er werd tot God gebeden om haar terug tot leven te brengen. De vader die zich zijn fout realiseerde en intens berouw had, viel languit op de grond voor de tempel en huilde. Hij schreeuwde uit: "Vergeef me, Goddelijke Moeder! Ik ben een onwetende man. Ik zal zulke woorden nooit meer herhalen. Breng mijn dochter alstublieft terug tot leven." Langzaam werden er kleine bewegingen in Amma's lichaam zichtbaar. Uiteindelijk werd haar fysieke conditie weer normaal. Vanaf die tijd hielden haar ouders op haar beperkingen op te leggen en ze mocht min of meer doen wat ze wilde.

Amma had twee ongehuwde zussen die voor het huishoudelijk werk zorgden en ook naar school gingen. Heel wat jongemannen, die aangetrokken werden door Amma's moederlijke genegenheid en spirituele gesprekken, wilden meer tijd bij haar doorbrengen na de darshan, maar haar vader stond het niet toe. Hij vreesde dat hun bedoelingen niet zo onschuldig waren en dat er problemen zouden ontstaan in verband met zijn andere dochters. Hij joeg deze jongens weg zodra de darshan voorbij was.

Chandru was een van die jongemannen die zich bedroefd voelde door het gedrag van haar vader. Op een dag deed hij een beroep op Amma: "Als Uw vader zo blijft handelen, hoe zal deze plaats dan ooit een ashram worden of een toevluchtsoord voor oprechte spirituele aspiranten? Hij is onvriendelijk tegen U en tegen hen die bij U willen blijven. Bovendien is er niemand om voor U te zorgen. U hebt zelfs geen deken om U mee te bedekken, of goed voedsel om te eten. Ik kan het niet verdragen om alles zo te zien verlopen."

Amma troostte hem, glimlachte en zei tegen hem: "Mijn zoon, maak je geen zorgen. Jij gaat naar Arunachala en doet een gelofte van stilte van eenenveertig dagen. Alles zal na je terugkomst in orde komen. In Arunachala zul je de mensen vinden die voor mij en de toekomstige ashram zullen zorgen. Je zult ook kinderen vinden uit landen buiten India die van mij zijn. Je zult het zien. De dag zal komen dat vader je als zijn eigen zoon met liefde en affectie zal verwelkomen." Chandru was naar Arunachala gegaan en kort daarop hadden wij elkaar ontmoet.

Het was nu de derde dag van mijn verblijf bij Amma. De hele dag had ik een hemels parfum geroken. Ik dacht dat het misschien wierook was die in de tempel werd gebruikt, maar ik kon het daar niet vinden. Ik vroeg Amma waar ik zulke wierook kon krijgen. Ze lachte en zei me: "Zo'n geur is in geen enkele winkel te krijgen. Die geur bestaat in iedereen, maar alleen yogi's weten hoe ze die naar buiten moeten brengen."

Ik had gehoord dat de Maharshi bij gelegenheid sommige toegewijden gezegend had door de kracht van zijn ogen. Het was alsof er stralen subtiel licht uit zijn ogen kwamen en wanneer ze iemand raakten, kreeg die persoon allerlei spirituele ervaringen. Ik vroeg Amma of zij hetzelfde wilde of kon doen. "Ik ben een gekke meid. Ik kan niets doen," antwoordde ze lachend.

Die avond was er darshan. Ik bleef zo lang ik kon in de tempel tijdens beide Bhava's. Ik voelde dat de atmosfeer in de tempel geladen was met spirituele vrede. Meditatie kwam met heel weinig moeite. Ik ging achter de tempel liggen. Ik had geen zin het huis in te gaan. Ik wilde zo dicht mogelijk bij Amma zijn.

De darshan was bijna afgelopen en Chandru kwam me roepen. Hij zei dat Devi me riep om naar de voorkant van de tempel te komen. Ik kwam naar de voorkant van de tempel en stond tegenover haar. Toen ze me daar zag, stapte ze kordaat op mij af en gaf me een liefdevolle omhelzing. Toen boog ze en fluisterde in mijn oor: "Mijn zoon, maak je geen zorgen. Je lichaam zal beter worden." Ze liep toen langzaam achteruit de tempel in en stond in de voordeur naar me te kijken. Toen ze naar me keek, merkte ik op dat haar gezicht steeds meer straalde. Geleidelijk breidde de helderheid zich zo uit dat die haar hele lichaam in beslag nam en toen de tempel en zelfs de omgeving. Ik kon alleen maar dat stralende maar kalmerende licht zien. Plotseling trok de schittering samen tot de omvang van een punt en de straling ervan deed mij scheel kijken. Een ogenblik later hield het op. Ik zag Amma weer naar me glimlachen. De tempeldeuren werden gesloten en de darshan eindigde.

Ik voelde duidelijk dat Amma mij was binnengegaan. Mijn geest was vol met de gedachte aan haar alleen en ik voelde duidelijk haar aanwezigheid in me. Ik voelde dat ik een glimp van haar echte vorm, Goddelijk Licht, had gekregen. Ik verbaasde me over haar meesterlijke manier om haar identiteit van grote heilige te verbergen en zich heel dom en soms zelfs gek te laten lijken. Dit was inderdaad een unieke persoonlijkheid. Er waren heiligen die na veertig of vijftig jaar van intense meditatie op de een of andere manier Zelfrealisatie bereikten, maar dit was een heel ander geval. Vanaf haar zestiende of zeventiende was zij gevestigd in de Hoogste Staat en had het op deze unieke manier gebruikt voor het welzijn van de gewone man zonder haar identiteit bekend te maken of acht te slaan op de mishandelingen waarmee zij overladen werd. Ze verloor nooit haar geduld maar toonde iedereen die haar opzocht, gelijke liefde, zelfs degenen die probeerden haar kwaad te doen.

Toen ze over de mensen sprak die geprobeerd hadden haar kwaad te doen, zei ze op een dag: "Het waren hun verkeerde opvattingen die hen lieten spreken en handelen zoals ze deden. Zij konden de betekenis en het doel van het spirituele leven niet beseffen. Als dat het geval is, waarom zouden we dan boos op hen zijn? Kijk naar deze mooie rozen. Wat een fijne geur. Maar wat geven we om ze te laten groeien? Mest! Wat een verschil tussen de mooie bloem en de stinkende mest. Op dezelfde manier zijn hindernissen de mest die ons spiritueel doen groeien. Moeilijkheden creëren is de aard van de onwetenden. We moeten tot God bidden om hen te vergeven en hen naar het juiste pad te leiden."

De volgende morgen kwam Amma naar me toe en vroeg of ik genoten had van de darshan de vorige avond. Ik vertelde haar mijn ervaring.

"Jij hebt veel geluk. Ik voelde me alsof mijn innerlijk licht uit mijn ogen kwam en in je opging. Ik vroeg me af of je iets gevoeld had," zei ze.

De viering van Ramana's honderdste verjaardag zou over drie dagen beginnen. Het zou een heel grote plechtigheid worden. Hoewel ik bij Amma wilde blijven, wilde ik ook de plechtigheid in Arunachala bijwonen. Amma die mijn hart kende, zei me om terug te keren naar Arunachala en de viering daar bij te wonen. Ze zei Chandru dat hij met mij mee moest gaan en me moest helpen zolang het nodig was. Ze vond dat hij, omdat hij niet bij haar kon blijven, op zijn minst het gezelschap van een aspirant op het pad moest hebben. Bovendien had ik iemand nodig die voor mij zorgde. Ik vroeg haar of ik terug kon komen en permanent bij haar kon blijven omdat dat mijn vurig verlangen was.

"Als vader er geen bezwaar tegen heeft, kun je komen en blijven," antwoordde ze. Ik benaderde haar vader en vroeg hem om mij toe te staan om te blijven. Hij stemde in maar zei dat het een goed idee zou zijn om een hut voor mezelf te bouwen. Nu dat de enige voorwaarde was, zei ik hem dat ik spoedig terug zou komen.

Amma vertelde me toen dat een negatieve kracht invloed op mij uitoefende en gedeeltelijk verantwoordelijk was voor mijn ziekte. Ze zei dat ik eenenveertig dagen in Tiruvannamalai moest blijven en een speciale rite moest uitvoeren die die kracht zou neutraliseren. Ze legde ook de details van de rite uit.

Amma riep haar vader en vroeg hem om ons een dansdemonstratie te geven. Als jongeman had hij de traditionele dans van Kerala geleerd, de kathakali. Hij begon de kamer rond te dansen. Hij was niet langer een jongeman. Hij had o-benen gekregen en had een geweldige buik als een ballon. Amma rolde over de grond van het lachen. Hoe meer we lachten, des te sneller danste hij en sprong rond als een grote bal. Tenslotte hield hij op, naar adem snakkend.

Toen ik afscheid van Amma nam, verwijderde zij de krans van rudrakshakralen om mijn nek. "Ik vind die leuk," zei ze. Ik zei haar dat ik ze in zilver zou laten rijgen en haar zou geven wanneer ik terugkwam. Ze gaf me een moederlijke omhelzing en zei me: "Maak je geen zorgen. Ik ben altijd bij je." Ze vergezelde me toen naar de bootsteiger en bleef daar staan totdat we de overkant van de backwaters bereikt hadden.

Daar wachtte een taxi om ons naar Chandru's huis ongeveer zestig kilometer verderop te brengen. Zodra ik in de taxi stapte, barstte ik in tranen uit toen ik me de affectie herinnerde die zij mij getoond had. Ik kon me niet beheersen totdat we zes of acht kilometer gereden hadden. Chandru keek vol verbazing naar mij. Dit huilen was niets nieuws meer en dus zag hij ervan af om me te vragen wat er aan de hand was. Een onbeschrijfelijke gelukzaligheid vulde mijn geest en ik kon aan niets anders denken dan Amma. Chandru begon over iets te praten maar ik kon hem geen antwoord geven. Mijn geest weigerde eenvoudig om te denken.

Hoewel ik nog ziek en zwak was, bekommerde ik me niet erg om mijn lichaam meer. Zij had gezegd dat ik beter zou worden. Het moet zo zijn, dacht ik.

Nadat we bij Chandru's huis aangekomen waren, had ik voor het eerst in maanden honger. Ik vroeg zijn moeder om wat rijst en groenten klaar te maken die ik opat zonder maagpijn te ervaren. Vanaf die dag kon ik normaal voedsel eten. Hierdoor werd ik langzaam sterker zodat ik rond kon lopen en zelfs kleine werkjes kon doen. Hoewel de zwakte en de pijn in de rug voortduurden, waren ze niet zoals ze geweest waren toen ik naar Amma toeging.

De volgende dag stapten we op de trein naar Tiruvanna-malai. Toen we ongeveer een half uur gereden hadden, begon ik de goddelijke geur te ruiken die ik in Amma's aanwezigheid geroken had. Ik doorzocht mijn tassen en ontdekte dat de geur van de rozenkrans kwam die zij aangeraakt had. Het was zo sterk alsof iemand er parfum over gegoten had. Ik deed hem in een plastic zak en stopte hem weg. Na een paar minuten merkte ik dezelfde geur weer op. Ik begon me te voelen alsof ik zou gaan huilen. Plotseling veranderde de geur in die van jasmijnbloemen, toen in verse citroenen, gewone wierook en tenslotte in gekookte tapiocawortel, allemaal dingen die men bij Amma kon vinden. Toen we haar hadden gezien, was ze tapiocawortel aan het eten in plaats van rijst als hoofdvoedsel.

Ik riep Chandru en vroeg hem of hij deze dingen kon ruiken. Hij kon dit niet. Ik vroeg hem om zijn neus naast de mijne te houden om te zien of hij iets kon ruiken. De andere passagiers moeten zich afgevraagd hebben wat wij in ons schild voerden. Nog steeds kon hij niets ruiken hoewel de geuren mijn neusgaten vulden alsof de dingen recht onder mijn neus gehouden werden. Het moet Amma's spel zijn, dacht ik. Chandru ging in zijn stoel zitten. Na twee minuten riep hij uit: "Nu ruik ik het, nu ruik ik het!" Tijdens de reis van zestien uur manifesteerden de geuren zich nu en dan samen met een gevoel van Amma's aanwezigheid. Ongetwijfeld is dit een abstract idee, dat iemand aanwezig kan zijn, maar niet zichtbaar. Dit was echter onze indruk en het werd later bevestigd door Amma zelf.

De volgende eenenveertig dagen bleven we in Tiruvannamalai. Het eeuwfeest van Ramana's geboorte was werkelijk groots en werd op een indrukwekkende schaal gevierd. Ik was blij dat ik het bij kon wonen, maar mijn geest was bij Amma zelfs als ik voor de graftombe van Ramana stond. Ik voelde me als iemand die weggevaagd werd door een tornado hoewel hij zich vasthield aan een boom. Elf jaar lang was Ramana het middelpunt en de steun van mijn leven geweest. Zelfs mijn vriendschap met Ratnamji en Avadhutendraji leek door Ramana gegeven en geleid te zijn. Vanuit zijn tombe voelde ik een levendige aanwezigheid die een bron van steun en troost geweest was voor mijn vaak verwarde geest. In feite was zelfs het subtiele licht of de stroom van bewustzijn die zich in mijn geest deed voelen, gelijkgesteld met Ramana's aanwezigheid.

Nu voelde ik, hoewel ik voor hem stond, dat die innerlijke aanwezigheid Amma was. Was dit het effect van haar op mystieke wijze binnengegaan bij mij op de nacht voor mijn vertrek bij haar? Ik had er geen twijfel over dat dit zo was, en daar had ik geen spijt over. Het gezelschap en de leiding van een Gerealiseerde Ziel die in het lichaam leeft, is altijd te verkiezen boven dat van iemand die zijn fysieke omhulsel verlaten heeft. Ik troostte me door te denken dat Vader besloten had om me naar Moeder te sturen nadat hij me enigszins had opgevoed.

De rite die Amma mij had aangeraden te doen, hield in voor een tempel te gaan staan voor twee uur 's nachts en biddend tot God om de invloed die mij aantastte te verwijderen, een brandend stuk hout over en rond mijn hoofd te bewegen. Dit deed ik alle eenenveertig dagen. In deze tijd deed Chandru zijn best om voor mij te zorgen. Het was een moeilijke tijd voor hem. Ratnamji had me op zo'n strikte manier getraind dat iedere handeling op een bepaalde manier gedaan moest worden. Zelfs een lucifersdoosje mocht niet willekeurig neergezet worden. Ik stond erop dat Chandru hetzelfde deed. Hij moest natuurlijk worstelen, maar gaf later toe dat het hem van pas kwam toen hij Amma voor de daaropvolgende vier jaar moest verlaten om Vedanta in Bombay te studeren.

In deze tijd ontmoette ik Gayatri. Zij kwam uit Australië en was naar Arunachala gekomen zonder enig vooropgezet plan. De omstandigheden hadden haar op de een of andere manier daarheen geleid en ze had daar het afgelopen jaar gewoond. Ze kookte voor enkele plaatselijke toegewijden en leidde een erg sober leven. Ze had helemaal geen geld en op bepaalde dagen moest ze zelfs bladen van de bomen plukken zodat ze voor anderen en zichzelf iets te eten had. Op een mysterieuze manier kreeg ze af en toe een beetje geld of eten en kon zo verdergaan. Ze had van Chandru over Amma in de loop van een gesprek gehoord en had een intens verlangen om haar te zien. Ze wenste eigenlijk dat ze dicht genoeg bij Amma kon komen om haar als persoonlijke bediende te kunnen dienen.

Gayatri had een uitzonderlijk onschuldige geest en ze kon tegenover niemand enige tijd een kwade wil koesteren hoeveel ze haar ook uitscholden. Bovendien wilde ze geen werelds leven leiden en was afhankelijk van God om haar te onderhouden en haar de weg te tonen om Hem te realiseren. Toen ze op een dag mediteerde, zag ze een lichtflits en zag Amma als een levende vorm in zichzelf. Een schreeuw "Moeder, Moeder, Moeder!" kwam spontaan in haar op en toen zonk alles weg in een diepe stilte. Vanaf toen werd ze uiterst rusteloos om naar Amma te gaan. Toen ze hoorde dat wij binnenkort zouden vertrekken om naar Amma terug te gaan, vroeg ze of we haar mee wilden nemen. Chandru keek me aan en zei: "Ik denk dat dit meisje Amma's bediende kan worden. Laten we haar met ons meenemen." Nadat we geregeld hadden dat iemand op de huizen in Tiruvannamalai zou passen, vertrokken wij drieën. We hadden er geen idee van dat er zich een heel nieuw leven voor ons zou openen.

"Moeder is zich gaan baden. Ze zal spoedig terugkomen." Het was een van de jongens die Amma bezocht op dagen dat er geen darshan was. Hij had voor de tempel zitten mediteren. Wij zaten op Amma te wachten. Binnen een paar minuten kwam ze als een klein meisje aanrennen en groette ons liefdevol. We bogen voor haar voeten en stelden Gayatri aan haar voor. Ze bekeek Gayatri nauwkeurig en ging toen bij ons zitten. Chandru vertelde haar onze ervaringen in de trein.

"Toen je deze plek verliet, was je erg ziek," zei ze terwijl ze mij aankeek. "Ik dacht aan je en daarom voelde je mijn aanwezigheid."

"Moeder, is het voldoende dat U slechts aan iemand denkt om hem te laten voelen dat U aanwezig bent? Hoe is het mogelijk?" vroeg ik haar.

"Zoon, concentratie is nodig en alleen dan is het mogelijk. Ik denk eerst 'Die en die verblijft in een bepaalde plaats. Maar die plaats en alle plaatsen zijn in mij.' Zo denkend gaan mijn gedachten naar die persoon. Als zijn geest een beetje zuiver is, zal hij zeker iets voelen. Als je me vraagt waarom ik naar een bepaalde persoon toe ga, kan ik het niet zeggen. Het komt zo bij me op, dat is alles." Toen ze dit zei, begon ze te lachen. Enkele kleine kinderen speelden vlakbij. Ze stond op en begon hen achterna te rennen. Ze speelden tikkertje. Ze rende en schreeuwde net als zij. Als ze niet zo groot was geweest zou men gedacht hebben dat ze zes of zeven jaar oud was. Na een kwartiertje kwam ze buiten adem naar ons terug.

"Men moet iedere dag wat tijd met kleine kinderen doorbrengen," zei ze. "Hun onschuld zal op ons overgaan en we zullen het geluk van een kind genieten. Eigenlijk is onze ware aard om een onschuldig kind van God te zijn maar we laten dit bedekken door zaken als lust, kwaadheid en hebzucht. Dezelfde onschuld die je in de ogen van een kind ziet, kun je zien in de ogen van een gerealiseerd iemand."

Moeder, want zo spraken we haar aan, vroeg Gayatri om naast haar te zitten en te mediteren. Na een paar minuten drukte ze haar vinger tussen Gayatri's wenkbrauwen en sloeg haar intens gade. Ze leek hiermee een bepaald doel te hebben. Nadat ze haar vinger zo een paar minuten gehouden had, glimlachte ze plotseling. Wat het ook was dat ze had willen doen, ze had het blijkbaar gedaan. Gayatri opende langzaam haar ogen. Ze was heel verlegen en aarzelend bij Moeder.

"Wees niet zo verlegen, dochter. Als een meisje hogerop wil komen in het spirituele leven, moet die verlegenheid verdwijnen. Enkele eigenschappen van mannen zoals onthechting en moed, moet een vrouw ook in zich opnemen als ze wil slagen. Vrouwen zijn over het algemeen niet geïnteresseerd in het verzaken van het wereldse leven om God te bereiken. Wie zou de schepping in stand houden? Maar als hun belangstelling op de een of andere manier aangewakkerd wordt, kunnen zij zelfs sneller vooruitgang maken dan mannen."

Er werd besloten dat ik in het huis ondergebracht zou worden, Moeder en Gayatri zouden in de tempel slapen en Chandru zou rusten overal waar hij een plaats uit de kou en de regen kon vinden. Die nacht liet Moeder Gayatri naast zich slapen en viel in slaap met haar benen op die van Gayatri. Moeders kinderlijke onschuld samen met haar moederlijke affectie en advies, raakten Gayatri's hart en bonden haar onmiddellijk aan haar. De tweede dag had ze al besloten om nooit naar Arunachala terug te keren.

In die tijd bracht Moeder, behalve wanneer ze mediteerde, al haar tijd met ons door: ze gaf ons met haar eigen handen te eten, maakte grappen met ons of zong liederen en vertelde interessante anekdotes. Er was nooit een saai ogenblik en we ervoeren dat terwijl de tijd voorbijging alleen Moeder in onze gedachten bestond.

De darshan begon om zes uur 's avonds en duurde tot zes of zeven uur de volgende morgen. Zelfs daarna zat Moeder voor de tempel en praatte met bezoekende toegewijden tot tien of elf uur. We konden niet begrijpen hoe ze dag in dag uit zo'n spanning kon verdragen. We hadden geen neiging om die drie nachten te slapen. Wanneer Moeder de hele nacht wakker bleef om de mensen te helpen, hoe konden wij dan comfortabel slapen? Aanvankelijk kon de plaatselijke bevolking niet begrijpen waarom twee buitenlanders in een klein vissersdorp bij een "gekke" meid als Amma wilden verblijven, maar ze begonnen ons spoedig als een van hen te zien die eenvoudig, zoals zijzelf, een sterke aantrekking tot Moeder voelden. Moeder verbood ons om haar ware identiteit van mahatma bekend te maken aan de bezoekers of de dorpelingen. Ze vond dat hun vertrouwen niet gestoord moest worden omdat hun problemen door dit vertrouwen werden opgelost.

"Iedereen zal op de juiste tijd komen, kinderen. Wie heeft jullie hier gebracht? Dezelfde zal alles wat nodig is tot stand brengen en wanneer het nodig is. Laten wij gewoon onze plicht doen zonder enig verlangen naar de resultaten te hebben. Moeder heeft geen propaganda nodig. Zij die een zuiver hart hebben en naar God verlangen, zullen komen en haar zoeken en begrijpen." Ze ging door met de dubbelrol spelen van God tijdens de darshan en een enigszins gek maar alleraardigst meisje daarbuiten.

Kort nadat we naar Moeder gekomen waren om blijvend bij haar te gaan wonen, werd er een hut gebouwd die het eerste ashramgebouw zou worden. Hij bestond uit één enkele kamer die groot genoeg was om voor de helft als keuken te gebruiken en in de andere helft te wonen en slapen. Moeder en Gayatri verbleven aan de ene kant en Balu, een jongeman die voldoende geluk had om van de vader toestemming te krijgen om bij ons te blijven, en ik verbleven aan de andere kant. Gayatri kookte. Hoewel de hut van kokospalmbladeren gemaakt was, was hij voldoende om ons tegen de elementen te beschermen. Omdat het de enige beschikbare beschutting was, bezetten helaas zoveel bezoekers als erin geperst konden worden, op darshannachten de hut en lieten nauwelijks ruimte voor ons over om te liggen.

We brachten de meeste tijd door met proberen ons aan te passen aan de constante stroom mensen die de hut in- en uitkwam op ieder uur van de dag en nacht. Het werd een fulltime taak om mensen ervan te weerhouden Moeder te storen nadat ze eindelijk was gaan slapen. Ze kamen steeds wanneer ze tijd konden vinden en ze dachten er nooit aan dat ze misschien twee of drie dagen niet geslapen had. Vaak moest ik in de deuropening gaan liggen zodat er niemand in kon en Moeder een paar uur rust kon krijgen. Te zien dat haar rust niet gestoord werd, werd mijn grootste vreugde. De wereld is vol lof over iemand die af en toe wat onbaatzuchtigheid toont. Moeder was de belichaming van onbaatzuchtigheid zelf. Ze was bereid om haar leven op te geven enkel om de gewone man van zijn lijden te verlossen. Om dat te doen gaf ze slaap, voedsel en alles wat van haar genoemd kon worden, op. Eén voorbeeld is voldoende om dit punt duidelijk te maken.

Op een nacht was de darshan een beetje vroeg afgelopen, rond vier uur 's morgens. Het was het regenseizoen en het aantal mensen was dus niet zo groot als anders. Na de darshan zat Moeder op de tempelveranda tot bijna half zes met enkele toegewijden te praten. Na veel vleien van onze kant stemde ze er eindelijk mee in om naar de hut te gaan en te rusten. We waren net gaan liggen en hadden de lichten uitgedaan toen we een stem bij de deur hoorden. Het was een vrouw die de bus gemist had om naar deze plaats te komen. Ze had de hele nacht een grote afstand gelopen om hier te komen en Moeder tijdens de Bhava te zien. Toen ze zag dat de darshan over was, dacht ze dat ze in ieder geval Amma kon zien voordat ze terugging. We waren niet geneigd om de deur open te doen.

"Doe de deur open," drong Moeder aan. "Ik ben hier niet om van rust en comfort te genieten. Als ik het lijden van de mensen ook maar een beetje kan verlichten, is dat genoeg voor mij. Hun geluk is mijn geluk. Realiseren jullie je met hoeveel moeilijkheden deze vrouw hier gekomen is om haar hart bij mij uit te storten? Sommige mensen die hier komen zijn zo arm dat ze hun centen dagenlang moeten opsparen om de busreis te betalen. Voordat jullie allemaal hier kwamen, was ik vrij om iedereen die kwam te ontmoeten wanneer hij ook kwam. In de toekomst moet ik dat ook mogen doen of anders slaap ik buiten zoals ik vroeger deed. Heb ik deze deken of dit kussen nodig? Ik had voorheen niets en ook nu heb ik niets nodig. Alleen om jullie een plezier te doen gebruik ik deze dingen." Ze stond op en sprak met de vrouw en pas nadat ze haar getroost had, ging ze slapen.

Nadat Moeder me door haar liefdevolle gedrag aan zich gebonden had, begon ze mij langzaam en subtiel te instrueren. Ze gaf me nooit lange verklaringen, maar zei slechts een paar woorden of suggereerde een kleine verandering in mijn manier van denken en doen. Slechts drie of vier dagen na mijn aankomst merkte ze op dat de tempel niet schoongemaakt was, hoewel het zeven uur 's ochtends was. Ze riep mij. Omdat ik nog erg zwak was en pijn in het lichaam had, bracht ik de meeste tijd liggend door. Omdat ze zelf volledig onthecht was van haar lichaam en wilde dat ik ook tot haar niveau steeg, wat echter volkomen onmogelijk was, zei ze me dat ik de tempel moest schoonmaken en begon ze deze taak uit te voeren. Ik worstelde en leed pijn maar kreeg het werk af. Ze leek altijd wat werk te kunnen vinden dat alleen ik kon doen. Het was niet zo dat ik niet wilde werken. Fysiek werk betekende pijn en dat wilde ik vermijden. Hoewel ik wist dat dit een hindernis was voor spirituele vooruitgang, aarzelde ik toch om de pijn te ondergaan.

Er wordt gezegd dat net zoals er drie soorten dokters zijn, er zo ook drie soorten gurus zijn. De eerste dokter adviseert de patiënt en gaat weg zonder dat hij er zich zelfs om bekommert of de patiënt het medicijn ingenomen heeft. Dit is als een guru die zijn leerlingen adviseert maar er niet om geeft of zij volgens zijn advies handelen en vooruitgaan. Het tweede type dokter schrijft het medicijn voor en haalt de patiënt over om het in te nemen. Dit is als een guru die oprechter is en veel geduld met een leerling toont en oneindig veel moeite doet om de leerling alles uit te leggen en hem over te halen om volgens het gegeven advies te handelen. De derde en de beste soort dokter aarzelt niet om op de borst van de patiënt te gaan staan en het medicijn door zijn keel te dwingen, omdat hij weet dat hij het anders niet zal innemen. Amma was als de laatste soort dokter. Omdat ze wist dat ik gehechtheid aan het lichaam niet uit eigen beweging op zou geven, dwong zij mij ertoe dit te doen. Zelfs wanneer ik tijdens de darshan op het punt stond om op te staan, zei ze dat ik moest gaan zitten en vond een reden waarom ik daar moest blijven.

"Ik ben Shakti (Kracht) zelf," zei ze. "Zal ik je niet genoeg kracht geven om hier te zitten? Omdat je je zorgen maakt hoe je je morgen zult voelen, wil je opstaan en vandaag weggaan." Hoewel ik rusteloos was en pijn leed en zwak was, ontdekte ik tot mijn verbazing dat ik in de tempel naast haar kon zitten tot het einde van de darshan. In feite had ik die dagen mijn beste meditatie.

Op een dag in het regenseizoen vatte ik licht kou en kreeg koorts. Toen de koorts over was, begon ik te hoesten. Deze hoest werd zo zwaar en hardnekkig, dat ik dacht dat ik een ziekte aan de longen had opgelopen. Het ging bijna een maand door. 's Nachts zat ik buiten op een afstand van de hut en hoestte urenlang. Ik probeerde de slaap van Moeder en de anderen niet te verstoren. Ik ging uiteindelijk naar een dokter die me wat medicijnen gaf en me zei dat ik het een week in moest nemen.

Toen ik naar de ashram terugging, legde ik het medicijn in Moeders hand en vroeg haar het te zegenen. Dit was de gebruikelijke gewoonte van mensen die medicijnen wilden nemen maar ook vertrouwen hadden dat zij door Amma's genade zonder mankeren beter zouden worden. Ze sloot haar ogen een paar momenten en gaf het medicijn aan mij terug. Ze had een besluit genomen, of een *sankalpa* zoals het genoemd wordt. Door de kracht daarvan kon men er zeker van zijn dat men genas. Men gelooft dat de wilskracht van een verlicht iemand volmaakt is en zelfs het schijnbaar onmogelijke tot stand kan brengen. Als zij een serieuze beslissing nemen, is de vervulling ervan zeker, wat de hindernissen ook mogen zijn. Ik nam de medicijnen een dag of twee, maar voelde geen verbetering. Ik had zware pijn in mijn borst onder het ademen en ik werd ongedurig om wat verlichting te krijgen. Ik besloot om naar een andere dokter te gaan en met meer medicijnen terug te komen. Opnieuw legde ik de medicijnen in Amma's handen en zij sloot opnieuw haar ogen en gaf ze aan mij terug. Ik probeerde het een paar dagen, maar voelde geen verlichting. Was er iets mis met haar beslissingskracht? Die dag ging ze naar een dorp in de buurt om een bezoek te brengen aan een toegewijde die haar daar had uitgenodigd. Omdat ik dacht dat ik voor anderen een last zou kunnen worden, besloot ik om mij in een privé-ziekenhuis op te laten nemen en daar te blijven tot ik beter was. Ik wist dat Amma, omdat ze zo moederlijk was, er niet mee in zou stemmen om me te laten gaan en in een ziekenhuis te blijven. Ik maakte daarom gebruik van deze gelegenheid nu ze weg was en ging met haar vader naar een ziekenhuis op een afstand van ongeveer vijftien kilometer.

Ik bleef daar drie dagen, maar er was geen verbetering in zicht. Er werden volop antibiotica toegediend maar zonder resultaat. Ondertussen was Moeder mijn ontsnapping te weten gekomen, maar ze zei niets. De derde nacht van mijn verblijf begon ik haar aanwezigheid intens te voelen en, oncontroleerbaar huilend, werd ik rusteloos om naar haar toe te gaan. Maar hoe was dat mogelijk? Ik had besloten om het ziekenhuis niet te verlaten totdat ik genezen was. De volgende dag kwam de dokter en gaf me wat tabletten met de woorden dat ik misschien aan een soort allergie leed en niet aan een infectie. Juist op dat moment kwam Amma binnen met ongeveer vijftien mensen.

"Mijn zoon, afgelopen nacht begon ik intens aan je te denken. Ik had erg te doen met je lijden en schreef dit lied voor de Goddelijke Moeder:"

Iswari Jagadisvari

O Godin, Godin van het Universum,
O Beschermster, Schenkster van Genade,
U, de Schenkster van Eeuwige Verlossing,
verlos mij alstublieft van al mijn verdriet.

Ik heb de geneugten van dit wereldse leven,
dat vol kwellingen is, gezien.
Laat me alstublieft niet lijden
als de mot die in het vuur vliegt.

Gebonden door de strop van verlangen voor ons
en de strop van de dood achter ons,
Moeder, is het niet zonde
om te spelen dat we ze aan elkaar binden?

Toon me niet het verkeerde pad,
O Eeuwige, stort Uw genade over mij uit.

239

O Moeder die lijden vernietigt,
verwijder alstublieft de last van mijn verdriet.

Wat vandaag gezien wordt, is er morgen niet meer.
O Zuiver Bewustzijn, alles is Uw spel.
Dat wat 'is' kent geen vernietiging,
alles wat vernietigd kan worden, is voorbijgaand.

O Moeder van het Universum,
met samengevouwen handen bid ik
om het doel van de menselijke geboorte te bereiken.
O Godin van het Universum, die in alle vormen zijt,
ik buig aan Uw voeten.

"Ik heb besloten dat ik vandaag hier moest komen en je meenemen. Je moet terugkomen naar de ashram. Maak je geen zorgen. Je zult spoedig beter worden," zei ze.

Ik vroeg haar: "Moeder, waarom werkten de medicijnen die U gezegend hebt, niet?"

"Toen ik het besluit nam, dacht ik: 'Laat hem beter worden door dit medicijn te nemen.' Maar je nam het niet meer dan een dag of twee in. Hoor je niet geduldiger te zijn en het besluit een kans te geven om te werken? Als een rusteloos kind rende je van de ene dokter naar de andere. Zelfs als ik het medicijn zegen, moet je het innemen om het effect te laten hebben," zei ze.

De dokter stemde er natuurlijk mee in dat ik ging en we gingen terug naar de ashram. Die avond was er darshan. De hoest was nog zwaar. Tijdens Krishna Bhava ging ik naar Moeder. Ze legde een van haar handen op mijn hoofd en de andere op mijn hart en stond zo een paar ogenblikken naar me te glimlachen. Toen gebaarde ze me te gaan zitten in een hoek van de tempel. Toen ik zat en rondkeek, ontdekte ik tot mijn verbazing dat er in het gezicht van iedereen naar wie ik keek, duidelijk een Goddelijk

Licht zichtbaar was. Ook voelde mijn lichaam alsof het van hout was, niet zwaar maar ongevoelig. Hoewel ik hoestte, kon het me helemaal niets schelen. Ik genoot een intense onthechting van mijn fysieke lichaam en een gelukzalige vervoering in mijn geest.

Ik stond op en ging de tempel uit. Ons avondeten werd op een vaste tijd geserveerd en ik kuierde naar de keuken maar ik kon me er niet toe brengen iets te eten. Het eten zag eruit en smaakte als rubber. Wie wilde er eten op die tijd? Wie kon er zelfs maar aan denken? Ik ging de tempel weer in en bleef daar nog een uur. Na ongeveer drie zulke uren keerde ik langzaam naar mijn gewone toestand terug. Binnen twee dagen begon de hoest af te nemen en verdween spoedig helemaal.

Hoofdstuk 7

Bij de Goddelijke Moeder

Amma is de Moeder van allen die naar haar toe komen, of het nu mannen of vrouwen zijn, oud of jong. Ze beschouwt allen als haar eigen kinderen. Dit inspireert hen op hun beurt om haar als hun eigen moeder te zien. Dit bracht een grote mentale omwenteling teweeg bij veel mensen die haar aanwezigheid zochten. Zij zagen dat ze van niemand iets wilde, maar in plaats daarvan haar tijd, voedsel, gezondheid en zelfs rust onbeperkt aan hen aanbood ongeacht wie of wat zij mochten zijn. Zij dachten dat zo'n onbaatzuchtige liefde nergens op aarde bestond. Je eigen moeder kan kwaad worden als je haar niet gehoorzaamt of haar minacht, maar Amma vergaf zelfs degenen die probeerden haar te doden en hield van hen alsof ze alleen maar ondeugende kinderen waren. Ze vroeg nooit iets aan iemand en accepteerde iedereen zoals hij was, vies, schoon of hoe dan ook.

Deze liefde zonder verlangen bond vele mensen aan Moeder in een standvastige, hechte band. Velen vonden dat zij behalve in haar gezelschap geen betekenis in hun leven konden vinden. Ze was altijd aanwezig in hun gedachten. Ze begonnen te voelen dat zij zich van hun tekortkomingen moesten bevrijden omdat die niet pasten bij een kind van haar, hoewel zijzelf dit nooit tegen hen zei. Sommigen van hen kwamen blijvend bij haar wonen ondanks haar protest dat zij niemand kon onderhouden of te eten geven, en zij verlieten hun huis, werk of school. De mensen die besloten om bij haar te blijven, wat zij of anderen ook mochten zeggen, waren vooral jongemannen die een universitaire graad hadden maar vonden dat het wereldse leven geen vooruitzicht bood op echt geluk in het licht van haar fantastische, zuivere en onbaatzuchtige liefde.

Als ze met deze jongens sprak, benadrukte ze de illusie van het zoeken van geluk in een werelds leven, hoe men ter wille van een paar ogenblikken plezier met jaren pijn betaalt. Men wordt rusteloos door het verlangen naar genot en zelfs na het genieten hiervan komen er steeds opnieuw sterke verlangens op. Herhaaldelijk genot leidt helemaal niet tot voldoening maar tot verveling en uiteindelijk tot wanhoop. Als echt en blijvend geluk niet in het eindeloos genieten van zintuiglijk plezier ligt, waar is het dan wel te vinden?

Amma wees deze jongemannen erop dat dezelfde energie die voor wereldse doeleinden gebruikt werd, aangewend kon worden om de ervaring van innerlijke gelukzaligheid en Goddelijke Kennis te krijgen. Werelds genot put je energie uit en is een langzame dood, terwijl spirituele ervaring je met energie vult en je brengt naar het gebied van realisatie en verfijnde gelukzaligheid die onbekend zijn voor de gewone man. Ze zei vaak: "Er zit nectar boven in het hoofd in de mystieke lotus met duizend bloemblaadjes, maar de mens neemt nooit de moeite daar te kijken omdat hij zo druk bezig is met de vijf zintuigen beneden." Omdat zij zelf de Waarheid gerealiseerd heeft, hadden haar woorden een autoriteit die geen enkele hoeveelheid boekenkennis kon geven. Ze leefde wat ze preekte. Maar ze dwong niemand om een bepaalde spirituele oefening op te pakken maar bracht hen alleen met deze ideeën in aanraking.

Twee jaar na mijn komst kwam er een groep van vijf of zes jongemannen bij Moeder wonen. Er was voor niemand onderdak en dus sliepen zij buiten in de open lucht onder een boom of op de tempelveranda. Zij sloegen geen acht op hun eten of kleding maar behielpen zich eenvoudig met wat er beschikbaar was. Moeder zei hun herhaaldelijk dat ze hen niet kon onderhouden,

243

maar zij waren toch niet bereid om bij haar weg te gaan. Haar gezelschap en haar woorden waren alles wat zij wilden. Men moest bewondering hebben voor hun geest van verzaking. Hoewel zij niet brandden met het verlangen naar Zelfrealisatie, vonden zij niettemin dat het wereldse leven niet de oplossing was voor het probleem van het zoeken naar geluk. Zij waren onverschillig voor alle wereldse genoegens en vonden dat Amma's gezelschap hun enige bron van vrede en geluk was.

Behalve dat zij hun ogen een paar minuten sloten of devotionele liederen tijdens de darshan zongen, kon men echter niet zeggen dat zij op het spirituele pad waren. Hoewel ik me bewust was van hun achtergrond en hun relatie met Amma, begon hun gebrek aan ernst bij het doen van spirituele oefeningen mij te irriteren. Hun houding tegenover Moeder was die van kinderen met hun moeder. Het kind wil niets doen dan alleen bij zijn moeder zijn. Waarom zou het proberen om als zij te zijn? Het geluk van haar gezelschap is genoeg.

Omdat ik Amma's gezelschap gezocht had om hogerop te komen in het spirituele leven en omdat ik haar als mijn guru en gids beschouwde, deed het me pijn dat sommige jongens haar niet het respect toonden dat men een Gerealiseerde Ziel verschuldigd is. Ze vertelde me telkens opnieuw dat zij haar niet op dezelfde manier zagen als ik en dat ik daarom niet moest verwachten dat zij zouden handelen zoals ik. Dit begon op mijn zenuwen te werken en ik vroeg me werkelijk af waarom ik bleef. Het gezelschap van een heilige is ongetwijfeld de grootste hulp die er is voor spirituele vooruitgang maar de atmosfeer in de omgeving moet ook bevorderlijk zijn. Dit was mijn gedachtegang.

Omdat ik een ashramatmosfeer rondom Amma wenste en verwachtte en die niet vond, dacht ik dat de schuld lag bij degenen die er waren komen wonen. Ik begon hun fouten en gebrek aan spiritualiteit te zien in plaats van hun goede eigenschappen en hun onthechting van het wereldse leven. Mijn geest werd erg rusteloos en ik dacht erover om terug te gaan naar Arunachala. Misschien had ik een verkeerde keuze gemaakt door hiernaartoe te komen om er voor altijd te wonen. Ik had niet verwacht dat de zaken zo'n wending zouden nemen. Ik had gehoopt dat Moeder erkend en gerespecteerd zou worden als een verlicht iemand en dat er zich een ashram rondom haar zou vormen. Ik was teleurgesteld.

Toen ik bijna besloten had om de plaats te verlaten, had ik op een nacht een droom. Ik zag Amma naar mij kijken terwijl de volle maan links van haar aan de hemel scheen en de zon rechts van haar scheen. Ze wees naar de zon en zei: "Zie je de heldere straal van de zon? Zoals die straal, probeer de straal van Goddelijk Licht in ieders ogen te zien." Ik werd wakker en voelde me heel gelukkig. Ik vroeg Moeder er de volgende morgen naar.

"Ja," zei ze, "je moet proberen om dat Licht in iedereen te zien. Als je de fouten van anderen niet over het hoofd ziet, hoe kun je dan dat onschuldig licht zien? Je moet proberen om die onschuld in iedereen te zien." Ik vond dit een heel geschikt advies. Als men het kon perfectioneren, waar was dan de plaats voor lust, kwaadheid, jaloezie en afkeer? Zij kon duidelijk het Goddelijke Licht in iedereen zien en kon dus anderen adviseren om dat ook te doen. Was haar hele leven niet een uitdrukking van die ervaring? Ze voegde er ook aan toe dat, hoewel men zich aanvankelijk moet voorstellen dat men God in iedereen ziet, zoals een repetitie voor de eigenlijke uitvoering, het later een directe ervaring zou worden. Door haar advies op te volgen ervoer ik dat mijn afkeer van de bezoekers en bewoners oploste en bereikte ik een nieuw niveau van innerlijke rust dat steeds minder beïnvloed werd door uiterlijke omstandigheden. Ik verlangde er nog naar dat Moeder het juiste respect werd getoond, maar het zou nog een aantal jaren duren voordat dat zo zou zijn. Ik moest al mijn goede ideeën en hoge verwachtingen opgeven en dieper gaan in

245

de subtiele aanwezigheid van Moeder in mij en alleen daaraan aandacht schenken.

De daaropvolgende tijd kwamen er meer mensen die bij Moeder gingen wonen. Ze drong er niet op aan dat zij mediteerden of een bepaalde dagelijkse routine hadden. De reden was duidelijk: de mensen die naar haar toe kwamen zochten haar gezelschap niet omdat ze naar spirituele realisatie verlangden, maar om het geluk en de rust die zij in haar aanwezigheid ervoeren. Als ze een bepaalde discipline aandrong, zouden ze terug naar huis en de wereldse activiteiten rennen. Ze was in het proces om hen aan zich te binden door haar onbaatzuchtige liefde. Op de juiste tijd zou ze beginnen hen spiritueel te vormen.

Dit is de weg van een echte guru. Het zijn niet zijn filosofie of idealen die de relatie tussen hem en zijn leerlingen intact houden tijdens de erop volgende inspannende en langdurige reeks spirituele oefeningen, maar alleen de wetenschap van de leerling dat de guru oneindige en grenzeloze liefde en zorg voor hem heeft. Een echte guru zal zijn leerling, nadat hij hem door liefde aan zich gebonden heeft, geleidelijk discipline bijbrengen om hem langzaam het hele functioneren van de geest te tonen, zowel grof als subtiel tot het meest subtiele punt waar het bestaan van de geest begint. Wanneer de leerling de 'bodem' van de geest bereikt, begint hij de Waarheid die in hem straalt als zijn eigen Zelf te zien en ontdekt hij dat het lichaam en de geest onechte projecties van dat Zelf, zijn Ware Aard, zijn. Dit proces is voor de meeste aspiranten langdurig en kan zelfs meer dan één leven duren. Er zijn veel beproevingen en tests op de weg naar Zelfkennis en verzaking van de onechte geest. Liefde is de primaire drijfkracht van het universum en alleen liefde kan je tot het einde door laten gaan ondanks moeilijkheden die je onderweg tegenkomt. Als liefde vanaf het begin ontbreekt, zal de leerling vluchten wanneer de tocht een beetje zwaar wordt. Daarom is het de plicht van de guru om het hart van de leerling bij het begin van de relatie met dat gevoel van liefde en vertrouwen te vullen en al het andere over het hoofd te zien.

Vergeving bij pijn, fysiek of mentaal, is een essentiële eigenschap om verblijf in het Zelf te bereiken, waar zelfs grote pijn of verdriet de innerlijke gelukzaligheid onberoerd laten. Ik vond dat Amma om mij te helpen die toestand te bereiken veel gelegenheden gaf om te oefenen. Ik werd daarvan kort daarna overtuigd door een buitengewoon voorval.

Op een dag werd Moeder uitgenodigd om het huis van een toegewijde te bezoeken ongeveer vijftien kilometer hiervandaan. Er zouden 's avonds ongeveer twee uur devotionele liederen gezongen worden. In die tijd waren er vier mensen die het harmonium konden bespelen wat essentieel was voor de muzikale begeleiding. Een van deze vier was een jongen die een boodschap was gaan doen en nog niet teruggekeerd was. Ik was er ook een. Ik had de hele dag aan zware hoofdpijn geleden en ik kon nauwelijks overeind zitten. Moeder riep mij om met haar mee te gaan.

"Moeder, mijn hoofd barst bijna," klaagde ik. "Kan er niet iemand anders meegaan en op het harmonium spelen?"

"Wat," riep ze uit, "Hoe is dat mogelijk? Als je niet komt, is dat niet juist. Je moet komen."

Ik had besloten om me over te geven aan mijn guru, wat er ook mocht gebeuren. Nu had ik de kans om dat in de praktijk te brengen. Ik ging met haar mee naar het huis en ging zitten om te spelen. Ik had tranen in mijn ogen, niet omdat ik verdriet of devotie voelde, maar vanwege de druk en pijn in mijn hoofd. Ik werd gedwongen om mijn geest los te maken van mijn lichaam en speelde zonder om de gevolgen te geven. Ik dacht op dat moment dat de dood zo moest zijn. Men moet eenvoudig de pijn ervan ondergaan omdat men niets anders kan doen. Na afloop, toen er eten werd opgediend, kon ik niet eten door een misselijk gevoel in

mijn maag. Toen we naar huis teruggekeerd waren, viel ik eindelijk in slaap. Toen Amma mij de volgende dag voorbijliep, merkte ze op tegen iemand die naast mij stond: "Kijk, hoe wreed ik ben! Hoewel hij vreselijke hoofdpijn had, liet ik hem het harmonium bespelen." In feite vond ze dat dit effectief was om mij spiritueel te laten groeien.

Dit moet ons niet doen geloven dat Amma wreed is tegenover haar kinderen. Integendeel, ze is juist het tegenovergestelde, maar ze zal niet aarzelen om dat te doen waarvan ze weet dat het goed is voor het spiritueel welzijn van haar leerlingen, of het nu aangenaam of pijnlijk is.

Bij een andere gelegenheid dat ik een dergelijke hoofdpijn had, riep Moeder mij en begon over iets te praten. Ik zei haar dat het onmogelijk voor mij was om me te concentreren op wat ze zei door de zware pijn. Ze zei me dat ik moest gaan liggen. Ik ging naar mijn kamer en zij ging naar het devotionele zingen 's avonds voor de tempel. Ze hield midden in het tweede lied op met zingen. Net op dat moment verscheen er een kalmerend licht in mijn mentale veld en toen verdween het. Na een paar ogenblikken verscheen het weer en zoog alle pijn in zich op als het ware. Het verdween toen weer en Moeder begon weer te zingen. Nu ik me prima voelde, stond ik op en ging naar de tempel en ging daar zitten om de rest van het zingen te horen.

Er waren andere gelegenheden dat Moeder mij van intense pijn bevrijdde. Op een dag tijdens Krishna Bhava ging ik de tempel in en stond in de hoek naar haar te kijken. Ik had ongebruikelijk intense pijn in mijn lichaam. Ik ging de tempel in met het idee te mediteren. Ze draaide zich om en keek naar me met een standvastige blik en ik voelde dat de pijn uit mijn lichaam getrokken werd. Ik ervoer dat in haar aanwezigheid mijn meditatie heel snel diep werd en als een stromend water vloeide. Wat in vele jaren van eenzame meditatie niet bereikt kon worden, werd gemakkelijk gedaan in Moeders goddelijke aanwezigheid.

Naarmate de tijd verstreek, begon ik me langzaam te realiseren wat een grote meester Amma was. Hoeveel mensen er ook naar haar toe kwamen, ze begreep hun spiritueel niveau, hun problemen, hun mentale opbouw en hoe ze hen spitritueel moest opvoeden en, indien nodig, materieel helpen. Ze wist precies hoe ze ieder moment moest handelen met hoeveel mensen dan ook. Haar handelingen leken geen overdenking nodig te hebben maar stroomden eerder uit een spontane bron en pasten altijd bij de situatie. Wat een medicijn voor de een is, is vergif voor de ander, en dit principe kende zij helemaal. In feite kon iets wat op een bepaald moment een medicijn voor iemand was, dezelfde persoon een andere keer schaden.

In mijn eigen relatie met haar vond ik een geleidelijke maar duidelijke verandering. Toen ik de eerste keer naar haar kwam, stortte zij haar moederlijke affectie over mij uit. Ze gaf me zelfs met haar eigen handen te eten. Ze bracht de meeste tijd door met mij en een of twee anderen die daar woonden. Omdat ik me rusteloos voelde wanneer ik zelfs maar een paar momenten niet bij haar kon zijn, vertelde ik haar dat. "Je zult me spoedig altijd in je voelen en niets geven om de uiterlijke aanwezigheid," stelde ze mij gerust. Haar woorden bleken profetisch.

Doordat ik dag na dag dieper naar binnen ging als gevolg van haar instructies en de bijzondere situaties waarin ik mij bevond, begon ik haar subtiele aanwezigheid duidelijk in mijn geest te voelen. Ik gaf er de voorkeur aan alleen te zijn en me daarop te concentreren boven in haar aanwezigheid te zitten. Natuurlijk ervoer ik tijdens de darshan een bijzonder sterke mate van concentratie waar ik goed gebruik van maakte. Maar toen ik dieper ging, merkte ik een bijzondere verandering in Moeders houding tegenover mij op. Steeds wanneer ik bij haar kwam, negeerde zij

Bhajans in de oude tijd

me. Zelfs wanneer ik met haar praatte, stond ze abrupt op en liep weg. Ik kon die verandering in haar houding tegenover mij eerst niet begrijpen. Toen vond er een voorval plaats dat mijn ogen opende.

Hoewel ik vele jaren gemediteerd had, leek de gelukzaligheid van eenheid met God nog ver weg. Ik wist dat een Gerealiseerde Ziel de kracht had om het scherm van onwetendheid te verwijderen dat de Werkelijkheid in de geest van een leerling verbergt. Ik had Amma hierover gevraagd en ze gaf toe dat het gedaan kon worden, maar alleen als de leerling er volkomen rijp voor was. Hij moest zich door spirituele oefeningen zo gezuiverd hebben dat hij als een rijpe vrucht geworden was die op het punt stond van de boom te vallen. Ik besloot Moeder te vragen waarom ze me niet zou zegenen met zo'n genade omdat ik me al zo lang inspande. Ik realiseerde me natuurlijk niet dat mijn kwestie een bepaalde valse trots inhield dat ik een volmaakt rijpe toestand bereikt had. Ik benaderde haar toen ze alleen was.

"Moeder, U heeft gezegd dat Verlichte mensen de kracht hebben om hun leerlingen te bevrijden. Wilt U dat ook niet voor mij doen?" vroeg ik. "Ik heb ook over veel gevallen gehoord waar de guru de leerling met de Hoogste Staat gezegend heeft." Ik ging verder met het vertellen van verhalen van grote heiligen die de Hoogste Realisatie bereikt hadden door de genade van hun guru.

"Zij hadden de hoogste devotie voor hun guru," begon ze. "Wanneer een leerling zulke zichzelf wegcijferende devotie voor zijn Meester heeft, dan komt zelfs zonder te vragen de gedachte bij de guru op om de leerling te zegenen met de volledige verwijdering van onwetendheid en de eruit voortvloeiende toestand van bevrijding. Tot dan toe, als men die graad van rijpheid niet bereikt heeft, kan en zal ik hem niet met realisatie zegenen, zelfs als hij voor me gaat liggen en zelfmoord pleegt zeggend dat ik het moet doen. Op het moment dat je er klaar voor bent zal het door mijn geest flitsen om dat te doen en niet daarvoor."

"Wat moet ik dan tot dan toe doen? vroeg ik. "Zal ik gewoon wachten?"

"Als je gewoon wacht, zul je echt een lange tijd moeten wachten! Wacht niet, werk!" zei ze met nadruk.

"Kunt u niet iets suggereren dat ik kan doen en dat me zal zegenen met die genade?" drong ik aan.

Moeder zei niets. Ik wachtte geduldig vijf minuten en stelde haar opnieuw dezelfde vraag. Nog steeds zweeg ze. Wat moest ze zeggen? Ze had me al antwoord gegeven en er was niets anders meer te zeggen. Ze stond tenslotte op en ging weg.

Een paar dagen later benaderde ik haar opnieuw met hetzelfde verzoek. Opnieuw was er stilte. Geleidelijk begon ik te begrijpen dat haar stilte betekende dat ik stil moest zijn. In feite betekende het opkomen van de vraag dat mijn overgave en vertrouwen in haar niet volledig waren en als dat het geval was, waar waren dan volledige rijpheid en volwassenheid? Als ik mijn geest volkomen zonder verlangens kon maken, zou ik me door directe ervaring realiseren dat mijn diepste Zelf dat verborgen was achter een wolk van verschillende subtiele en grove verlangens, precies datgene was wat ik zocht. Door Moeder te vragen de Waarheid aan mij bekend te maken, maakte ik de sluier dikker en stelde ik de realisatie verder uit. Mijn geest gericht houden op de Moeder van binnen en alle andere gedachten beletten op te komen scheen de essentie van alle spirituele praktijken te zijn. Ik besloot om dat van toen af van ganser harte na te streven. Maar ondanks mijn besluit stelde ik Moeder nog een paar keer vragen over onnodige twijfels. Als antwoord daarop zei ze niets. De stilte was een aanwijzing voor me dat ik mijn geest moest beheersen en die volkomen stil moest maken. Er was geen andere manier.

Amma en Neal

Omdat een buitenlander niet langer dan zes maanden in India kan wonen, tenzij hij verbonden is aan een instelling voor studie of zaken, werd het noodzakelijk om de ashram officieel te laten registreren bij de regering. Hierop volgend vond Amma dat de toegewijden die daar verbleven een soort discipline moesten beginnen te volgen. Met dat doel stelde ze een verplicht dagschema op dat zij die verkozen om bij haar te wonen, moesten volgen. Haar hele houding begon in deze tijd te veranderen van die van een moeder naar die van een spirituele gids. Hoewel dezelfde moederlijke zorg en geduld er nog waren, begon ze haar toegewijden van ganser harte te adviseren om deze of gene soort spirituele oefening te volgen. In feite ging ze zelfs zo ver te zeggen dat degenen die geen meditatie en andere spirituele oefeningen wilden doen, met de eerstvolgende bus naar huis konden gaan. Dit was nogal een schok voor hen die een zorgeloos leven geleid hadden met de gedachte dat het voor altijd zo zou zijn.

Voor mij was het een grote opluchting en zelfs een beetje een verrassing om te zien dat Moeder de teugels in handen nam om van haar kinderen heiligen te maken. Ik begon me meer thuis te voelen en de atmosfeer begon te veranderen van die van een groot huis naar die van een ashram vol spirituele aspiranten die een sober en toegewijd leven leidden. Moeder vroeg mij om op een algemene manier op de discipline van de bewoners te letten, omdat het onmogelijk voor haar was om de hele tijd bij iedereen te zijn. Ik moest haar iedere overtreding van de dagelijkse routine melden.

Terwijl het leven in de ashram uitgebreide veranderingen onderging, veranderde er buiten de ashram ook veel. Steeds meer mensen begonnen Amma te erkennen als een levende heilige, die de Hoogste Waarheid gerealiseerd had. Haar unieke universele liefde, geduld en zorg voor allen werden bekend. Ze werd in alle belangrijke tempels in Kerala uitgenodigd en werd met alle eer ontvangen. Ook veranderden de soort mensen die de ashram bezochten, in de richting van hen die spirituele verbetering wilden. De zaken waren uiteindelijk geworden zoals ik lang geleden gewenst had. Ik genoot een diepe innerlijke rust en herinnerde mij de woorden van Moeder zoals zij die in een lied zong dat het doel van haar leven beschrijft:

Dansend op het pad van gelukzaligheid
verdwenen voorkeur en afkeer...
Mijzelf vergetend ging ik op in de
Goddelijke Moeder en zag van alle genietingen af.

Talloos zijn de yogi's die in India geboren zijn
en de grote principes van Goddelijke Wijsheid gevolgd heb-
ben zoals de Ouden die geopenbaard hebben.
Talrijk zijn de naakte waarheden die zij uitgedrukt hebben
en die de mensheid van ellende kunnen bevrijden.

De Goddelijke Moeder zei me dat ik de mensen moest inspi-
reren met het verlangen naar Bevrijding.
Daarom verkondig ik aan de wereld
de Verheven Waarheid die Zij uitte:
"O Mens, ga in je Zelf op.
O Mens, ga in je Zelf op."